Die schönsten Bergtouren im
Lungau und Nockgebiet

Engelbert Katschner

Die schönsten Bergtouren im Lungau und Nockgebiet

Mit beigelegtem Tourenheft

Styria

Touren im lungauischen Nockgebiet 81

DAS NOCKGEBIET 87

Allgemeines über das Nockgebiet 88

Bergtouren im Nockgebiet 109

Östliches Nockgebiet mit Gurktaler Alpen 109

Nationalpark Nockberge 119

Westliches Nockgebiet 135

Register 142

Vorwort

Der Lungau und das Nockgebiet haben aufgrund jahrhundertelanger Abgeschiedenheit bodenständige Eigenart und reichhaltiges Brauchtum bis heute erhalten.
Im vorliegenden Buch werden die schönsten Wanderungen und Bergtouren beider Gebiete beschrieben und allgemeine Informationen über Flora, Fauna, Brauchtum und vieles mehr geboten.
Der *Lungau* ist der kleinste der fünf Gaue des Salzburger Landes, begrenzt im Norden und Osten von der Steiermark, von den Radstädter und Schladminger Tauern, von den Hohen Tauern und vom Nockgebiet.
Der Lungau fasziniert als vielseitiges und schier unerschöpfliches Bergwander- und Tourenparadies. Hans Wödl, der Erschließer der Niederen Tauern, schreibt über die Lungauer Bergwelt: „. . . das Erkennen ihrer kostbarer Reize und Schönheiten erfordert ein näheres Eingehen und Aufsuchen ihrer geheimnisvollen Abgeschiedenheit.“
Von komfortablen Berghütten aus bieten sich herrliche Gipfelziele, Weitwanderwege, sowie Touren von Hütte zu Hütte im schroffen, hellen Kalkgestein, im dunklen Tauerngebirge, sowie in den sanften Nockbergen an. Groß ist die Zahl der wunderschönen, oftmals sehr einsamen Bergseen, Wasserfälle und rauschenden Gebirgsbäche.
Der Lungau ist aber auch reich an Kunst- und Kulturschätzen. Man findet sie in den Heimat- und Schloßmuseen, in den uralten Kirchen und Kapellen sowie in den alten Häusern mit den gemauerten „Troadkästen“.
Das *Nockgebiet* ist ein Teil der Norischen Alpen, an der auch die Länder Salzburg und Steiermark Anteil haben.
Die Nockberge stellen in ihrer spezifischen Erscheinungsform, die vorwiegend durch sanfte Kuppen geprägt ist, eine einzigartige, unverwechselbare Landschaft dar.
Seit 1. Jänner 1987 gibt es in Kärnten den Nationalpark „Nockberge“. Dem Naturliebhaber und Bergfreund bleibt somit der ursprüngliche Charakter des Nockgebietes erhalten. In der Kernzone des Nationalparkes findet sich eine große Anzahl überaus seltener und bemerkenswerter Pflanzenarten, und für die Vogelwelt konnten viele verschiedene Arten, wovon mehr als zehn Arten auf der „Roten Liste“ der bedrohten Vögel Österreichs stehen, nachgewiesen werden.
Über Jahrhunderte haben Bergbauern die Wälder und Almen gepflegt und erhalten. Die Almwirtschaft ist in diesem Bergland auch heute noch sehr bedeutsam.
Von den reichen Kunstschätzen Kärntens liegen viele im Bereich des Nockgebietes.
Außerordentlich vielseitig ist die Auswahl an Berg- und Wanderzielen im Nockgebiet. Bestens markierte Pfade führen durch unversehrte Wiesen- und Waldlandschaft zu unzähligen kleinen und größeren Seen im Almgelände bis auf über 2000 m hohe Berggipfel.
Das Tourenheft im Taschenformat mit den Kurzangaben und Skizzen dient der Orientierung unterwegs und kann in jeder Anoraktasche mitgenommen werden.
Abschließend noch eine persönliche Anmerkung:
Meine erste Bekanntschaft mit dem Lungau geht in die fünfziger Jahre zurück. Damals hatte ich noch keinerlei Erfahrung im Hochgebirge und ging im jugendlichen Übermut mit einem Bergkameraden an einem Tag von der Rotgüldenseehütte auf den Hafner und zur Kattowitzer Hütte und weil es erst Mittag war, brachen wir nach kurzer Rast, trotz Schlechtwettervorhersage, auf, um über den Weinschnabel und die Schmalzscharte bis zur Sticklerhütte weiterzuwandern. Nach fast zwölfstündiger Tour erreichten wir bei Nebel und Schneefall müde und triefend naß die rettende Hütte. Eine Riesenportion Kaiserschmarren versöhnte uns mit der Wetterungunst. Diese erste Hochgebirgstour war gleichsam der Anfang meines Bergsteigerlebens, und damals entstand gleichzeitig ein besonderes Nahverhältnis zum Lungau.

Graz, im April 1994

Tamsweg, die Bezirkshauptstadt des Lungaues: Besonders sehenswert sind das Rathaus, der Marktplatz, das Lungauer Heimatmuseum sowie die nahe gelegene Wallfahrtskirche St. Leonhard

Der Lungau

Allgemeines zum Lungau

Der Lungau ist der kleinste der fünf Gaue des Salzburger Landes, begrenzt im Norden und Osten von der Steiermark, im Süden von Kärnten, im Westen vom Pongau. Der Lungau ist von hohen Gebirgszügen eingeschlossen, von den Ausläufern der Hohen Tauern und von den Niederen Tauern, den Murbergen und Gurktaler Alpen (Nockberge).

Schon der berühmte Bergsteiger Ludwig Purtscheller, der im Jahre 1889 mit Dr. H. Meyer den Kilimandscharo, Afrikas höchsten Berg, ersterstiegen hat, schreibt über den Lungau: „Es gibt im Bereich der Ostalpen nur wenig Gebiete, die so selten von Reisenden besucht werden und die dem Verkehr mehr entrückt sind als der Lungau."

Diese vielhundertjährige Abgeschiedenheit hat den Lungauern eine eigene Mundart und eine eigenständige Hauslandschaft bewahrt, die bewußt weiter gepflegt wird.

Der Lungau fasziniert als vielseitiges und schier unerschöpfliches Bergwander- und Tourenparadies im Sommer, aber auch im Winter. Hans Wödl, der Erschließer der Niederen Tauern, schreibt über die Lungauer Bergwelt: „Das Erkennen ihrer kostbaren Reize und Schönheiten erfordert ein näheres Eingehen und Aufsuchen ihrer geheimnisvollen Abgeschiedenheit."

Von komfortablen Berghütten aus bieten sich herrliche Gipfelziele und Weitwanderwege sowie Wanderungen von Hütte zu Hütte im schroffen, hellen Kalkgestein, im dunklen Tauerngebirge sowie in den sanften Nockbergen an. Unglaublich groß ist die Zahl der wunderschönen, teilweise sehr einsamen Bergseen, Wasserfälle und rauschenden Gebirgsflüsse.

Der Lungau ist besonders reich an Kunst- und Kulturschätzen, man findet sie in den Heimat- und Schloßmuseen, in den uralten Kirchen und Kapellen sowie in den alten Häusern mit den gemauerten „Troadkästen" auf Schritt und Tritt.

Der Lungau bietet eine Fülle an lebendigem Brauchtum, wie sie sonst kaum zu finden ist. Auszugsweise seien nur das Prangstangentragen, die Samsonumzüge sowie das Preberschießen genannt. Der Lungau ist also viel mehr als eine Ferienlandschaft.

Bis zum heutigen Tag konnten Herkunft und Bedeutung des Wortes „Lungau" nicht eindeutig geklärt werden, man weiß nicht, ob es aus der illyrisch-keltischen, der römischen oder der slawischen Siedlungszeit des Gaues stammt. Im 17. Jahrhundert, zur Zeit des Erzbischofs Paris Lodron, hat sich die heutige Schreibweise Lungau herausgebildet und gefestigt.

Im frühen Mittelalter wurde bei den Behörden in Salzburg für die Landschaft oftmals der Ausdruck „im Gepürg" oder „jenseits des Tauern" oder „hinter dem Tauern" gebraucht.

In ganz alter Zeit aber hatte die Gegend überhaupt einen anderen Namen, nämlich „Katsch" oder „Chatina". Es scheint dies ein illyrischer Name zu sein; er geht somit auf die älteste nachweisbare Siedlungsperiode des Lungaues um 1000 v. Chr. zurück.

Aus dem Jahre 754 ist überliefert, daß Bischof Modestus im Althofener Becken eine Laurentiuskirche „ad Lungovne", im „Lounga", eingeweiht hat. Belegt ist der Name auch aus dem Jahre 890 in der „Arnulfschen Urkunde", in der sich das Hochstift Salzburg den Besitz zahlreicher Güter, unter anderem auch das von „Lungouwi", von König Arnulf bestätigen ließ. Dieses Lungouwi und Lungovne ist die älteste nachweisbare schriftliche Bezeichnung des Lungaues.

Auf den Spuren der Geschichte des Lungaues

Vom Steinzeitmenschen zu den künstlerischen Kelten

Wer waren die ersten Siedler? Leider gibt es für die Frühzeit keine verläßliche Antwort. Sicher haben Menschen der Steinzeit den Lungau bereits durchstreift. Diesbezügliche Spuren wurden am Fuße des Preber und in der Gegend von Seethal gefunden. Das war etwa 2500 Jahre v. Chr. Die Sümpfe in den Talbekken sowie die dichten Nadelwälder an den Hängen und das damals rauhe Klima haben eine Dauerbesiedlung noch nicht zugelassen. Die ältesten bekannten Bewohner dieser Gegend sollen die Illyrer gewesen sein, die sich vom Adriaraum aus über die gesamten Alpenländer verbreitet hatten.

Überreste ihrer Sprache haben sich als Flur- und Gewässernamen erhalten, dies läßt darauf schließen, daß sie dauernd hier gewohnt haben und diese Besiedlung nie mehr unterbrochen wurde. Sonst hätten nämlich die Namen nicht

überliefert werden können. So aber wurden sie von Volk zu Volk weitergetragen. Um 500 v. Chr. drangen keltische Volksstämme von Westeuropa her ein und verschmolzen allmählich mit den Illyrern. Im Laufe der Zeit entstand das Königreich „Norikum" mit dem Zentrum im heutigen Kärnten. Von den Römern wurden sie später „norische Taurisker" genannt. Von diesem Volksstamm der Taurisker leiten sich die Namen Tauern und Taurach ab. Die Keltenmuseen in Hallstatt und Hallein bezeugen, wie sehr sich die Kelten auf eine hohe Kulturstufe emporgearbeitet haben.
Die beiden Lungauer Pässe aber sind die ersten passierbaren in der Ost-West-Richtung. Verständlich, daß alle durchziehenden oder seßhaften Völker sowie alle Eroberer und Landesherren stets in den Besitz dieses Gaues und damit dieser Übergänge kommen wollten.

Die Römerzeit

Die sogenannte „Peutingerische Tafel", die Pergamentkopie einer alten römischen Straßenkarte, gibt ebenso wie die vielen aufgefundenen Meilensteine über das damalige Straßennetz gute Auskunft. Demnach führte eine wichtige Verbindung von der Hafenstadt Aquilea, an der Mündung des Isonzo gelegen, über Udine, Villach, Maria Saal zum Neumarkter Sattel, über das Murtal und den Pyhrnpaß bis an die Donau. Eine für den Lungau wichtige Abzweigung führte muraufwärts über Ranten–Seethal–Wölting–Mariapfarr–Niederrain–Weißpriach–Oberhüttensattel nach Forstau. Erst später gelang den Römern dank ihrer hervorragenden Straßenbaukunst der kürzere und um 130 m niedrigere Übergang über die Tauern. Die vielen Meilensteine tragen daher den Namen des Kaisers Septimus Severus.
Oberhalb von St. Margarethen, im Leißnitzgraben, kann heute noch ein Stück dieser einstmals so wichtigen römischen Straße mit drei Meilensteinen besichtigt werden, und fast jeder Autofahrer, der den Tauernpaß überquert, kennt die Meilensteine zwischen Tweng und Obertauern.
Aber noch zahlreiche weitere Funde weisen auf die über vier Jahrhunderte dauernde Römerherrschaft hin und geben Zeugnis von der damaligen Kultur und Wirtschaftsblüte im Lungau. Handel und Verkehr schlossen den Lungau an den römischen Geldmarkt an, Kunst und Wohnkultur zogen ein.

Die Slawen im Lungau

Nach dem Zusammenbruch des Römischen Reiches besiedelten ab dem Jahre 570 die Slawen den Lungau und hatten ihn beinahe 200 Jahre in ihrem Besitz. Sie kamen aus dem Osten und standen dort zeitweise unter der Herrschaft der Awaren. Daran erinnert noch heute der Ortsname Fanning, der vom Wort „Ban", der awarischen Bezeichnung für eine hohe Adelswürde, abgeleitet ist. Die Slawen waren hauptsächlich Viehzüchter und haben als Siedler nicht nur die Haupttäler, sondern auch die Seitentäler des Lungaues bis hinein zu den Taleinschlüssen, den Winkeln, durch Rodung urbar gemacht. Es war ein armes, aber fleißiges Volk. Sie werden auch Alpenslawen und Karantaner genannt. Viele Namen erinnern an diese Zeit. Als Beispiele seien Tamsweg (aus slaw. Damesvice = das Dorf des Damecha), Lessach (slaw. Lesach = bei den Leuten im Wald) und Göriach (slaw. Gorjah = bei den Leuten am Berg) genannt. Aber auch die Namen Karneitschen, Gurpitsch, Tscheipitsch usw. erinnern an die Zeit, da hier die Slawen gelebt haben.

Die „Römersteine" in Mauterndorf geben so wie viele andere Funde Zeugnis von der über vier Jahrhunderte dauernden Römerherrschaft im Lungau

„Pfui teitsch!"

Im 8. Jahrhundert wurden die Slawen von den Bajuwaren unterworfen. Das Volk der Viehzüchter wurde seiner Anführer und Stammes-

ältesten beraubt und so hilflos und gefügig gemacht. Um das Jahr 1000 scheinen sich die Bayern restlos durchgesetzt zu haben, und damit dürfte die Eindeutschung der Slawen im Lungau vollzogen gewesen sein.
Dazu beigetragen zu haben scheint das sogenannte „ius primae noctis", nämlich das Recht auf die erste Nacht, das die Grundherren bei allen neuvermählten Töchtern ihrer Leibeigenen für sich in Anspruch nahmen. So war manch Erstgeborenes einer Slawenfamilie bereits deutscher Abkunft.
Tatsächlich hat sich das Volk sehr rasch vermehrt. Die Vielweiberei führte auch dazu, wie weiter berichtet wird, daß das Los der Frauen ganz und gar nicht günstig war.
Noch heute wird erzählt, daß ein jungverheirateter Bauer seinem Freund klagt, seine Ehefrau erfülle so gar nicht seine Erwartungen, was er ihm da rate. „Koan ondan oes wia den Hosnream nehma und's Weiberleit oewei wieda fest wixn, fest wixn" („nichts anderes als den Hosenriemen nehmen und die Frau immer fest hauen, fest hauen).
Der slawische Bevölkerungsanteil im Lungau hat viel geleistet. Ein besonderer Wirtschaftszweig war das Kastrieren von Haustieren. Zur Zeit Maria Theresias erhielten die Lungauer Sauschneider durch kaiserliches Patent die Berechtigung, daß sie in allen Ländern der habsburgischen Krone, aber auch im Ausland dieses Gewerbe ausüben durften. In der Mitte des 18. Jahrhunderts wurden 246 Meister und etwa 100 Knechte gezählt, die diesem Beruf nachgingen.

Der Lungau im Mittelalter

Die Christianisierung des Gaues begann bereits ab dem 8. Jahrhundert von Salzburg aus. Der starke Zustrom bayerischer Siedler erfolgte erst im 10. Jahrhundert. Seit dem 12. Jahrhundert bildete der Lungau eine Grafschaft, die einem Grafen als königlichem Amtsträger unterstand. Diesem oblagen die Rechtsprechung, die Steuereinhebung und die militärische Führung im Gaubereich.
Sitz der Grafen war die Burg in Mariapfarr. Kaiser Friedrich II. übertrug 1213 alle Rechte und Besitzungen des Reiches an den Salzbur-

Althofen mit Mariapfarr – die Wiege des Lungaues?

Schloß Moosham, einst Sitz des Gerichtes, heute ein vielbesuchtes Museum

ger Erzbischof Eberhard II. So gelangte der Lungau zwischen 1246 und 1252 endgültig an Salzburg.
Der größte Grundherr im Lungau war das Salzburger Domkapitel, das schon im Jahre 1052 von König Heinrich II. ein Gut im Lungau erhalten hatte, zu dem auch Tavernen und Zölle gehörten. Aus dieser ältesten Mautstätte im gesamten Ostalpenraum sind der Markt und das Amt Mauterndorf hervorgegangen. Aufgrund eines von Papst Innozenz IV. 1253 erteilten Privileges errichtete das Domkapitel die Burg Mauterndorf.
Das älteste geistige Zentrum war Mariapfarr, die Mutterpfarre des gesamten Lungaues, die schon im Jahre 923 als „die Kirche im Lungau" genannt wird. Die ihr unterstellten Filialkirchen St. Michael, St. Margarethen und Tamsweg wurden im 13. Jahrhundert zu selbständigen Pfarren erhoben.

Der Lungau heute

Der Mangel einer leistungsfähigen Verkehrsverbindung zur Landeshauptstadt Salzburg ließ den Lungau zu einem „Entwicklungsgebiet" werden. Trotzdem hat die Lungauer Bevölkerung sich stets zu Salzburg gehörig gefühlt und dem Land die Treue gehalten, obwohl im Jahr 1919 wie auch 1938 der Anschluß des Lungaus an die Steiermark fast schon beschlossen war.
Die allerletzten Jahre haben gezeigt, daß dies richtig war, denn mit Hilfe einer gezielten Regionalplanung hat der Lungau überraschend schnell aufgeholt.
Mit dem Bau der Tauernautobahn hat der Lungau Anschluß an die weite Welt erhalten und ist gleichzeitig noch enger an das Land Salzburg, mit dem ihn eine vielhundertjährige Geschichte verbindet, herangerückt.

Geographie des Lungaues

Seit der Erbauung der Murtalbahn Ende des 19. Jahrhunderts ist der Lungau dem Verkehrsnetz Innerösterreichs angeschlossen.
An den beiden Nord- und Süd-Transitrouten der Tauernautobahn von Salzburg nach Villach (A 10) und der Katschbergstraße über den Radstädter Tauernpaß und Katschbergpaß ist der Lungau mit 25 bzw. 33 km beteiligt. Das gesamte ländliche Straßennetz beträgt rund 400 km, wovon etwa die Hälfte auf Güter- und Forstaufschließungswege usw. entfällt. Wichtige Straßen, von Tamsweg ausgehend, sind die B 95 über Predlitz und die Turracher Höhe nach Kärnten, die B 97 nach Murau und die B 96 über Seethal ebenfalls nach Murau in die Steiermark.
Dennoch bleibt auch heute noch ein wesentliches Merkmal des Lungaues, und zwar das seiner Gebirgsumschlossenheit, aufrecht. Diese ist dadurch bedingt, daß sich die zentralalpine Wasserscheide östlich der Arlscharte in zwei Äste gabelt. Den nach Südosten abbiegenden, noch zu den Hohen Tauern gehörigen Hafnereckkamm, der östlich vom Katschberg seine Fortsetzung in den breiten Almrücken der Gurktaler Alpen findet und mit diesen zusammen den Lungau im Süden begrenzt, und den zunächst nach Nordnordost streichenden, aber bald nach Osten umschwenkenden Kamm der Niederen Tauern als Nordgrenze.
Innerhalb dieser Umgrenzung sammelt die Mur ihre Gewässer und führt sie in nur mäßig breitem Tal nach Osten.
Die Kernlandschaft des Lungaues bildet das zentrale Becken, gegen das die Quelltäler der Mur in speichenförmiger Anordnung gerichtet sind. Es gliedert sich in zwei voneinander durch den 1578 m hohen Mitterberg getrennte Talfurchen: in das breite Taurachtal zwischen Mauterndorf und Tamsweg sowie in das Sohlental der Mur zwischen St. Michael und Tamsweg.
In den beiden angeführten parallel verlaufenden Talfurchen tritt südlich davon, durch Schwarzenberg (1778 m), Lasaberg (1934 m) und Gstoder (2141 m) getrennt, ein dritter Längstalzug. Er spaltet sich vom Murtal bei Moosham ab und umfaßt das Thomatal sowie das Untertal vom Knie bei Madling abwärts. Diese drei Talschaften sind durch Quertäler miteinander verbunden, wodurch der Verkehr wesentlich erleichtert wird. Das Taurach- und Murtal sind durch die Furche Mauterndorf-Neuseß westlich des Mitterberges und bei der Vereinigung der beiden Flüsse östlich davon (unmittelbar vor Tamsweg) miteinander verbunden. Die mittlere und die südliche Längsfurche haben über den Sattel des Pichlberges (1137 m) und durch das enge Quertal der Mur zwischen Tamsweg und Madling Verbindungen.
Aus dem zentralen Becken greifen fingerförmig die Seitentäler: das enge, ernste obere Murtal, auch Murwinkel genannt; das breitere und freundlichere Zederhaustal, das sich im Riedingtal fortsetzt; das obere Taurachtal sowie das Weißpriachtal, das sich in das Znachtal aufspaltet; weiters das Lignitz-, Göriach- und Lessachtal. Das Murtal stellt, wie erwähnt, zusammen mit dem Leißnitztal, das von Seethal ins Rantental führt, die Verbindung mit der Steiermark her.

Wallfahrtskirche St. Leonhard bei Tamsweg; berühmt ist das „Goldene Fenster“

Handel und Bergbau

Neben der Landwirtschaft bildeten einst der Handel und der Bergbau das Rückgrat der Lungauer Wirtschaft. Neben Gastein und Rauris

war der Lungau das wichtigste Bergbaugebiet Salzburgs. Bereits im Jahre 1287 ist Gold- und Silberbergbau im Murwinkel um Schellgaden bezeugt. Seit dem 14. Jahrhundert wurde in Rotgülden auch das für Arzneimittel wichtige, hochgiftige Arsenik gewonnen und in jährlichen Mengen von bis zu 1500 kg nach Venedig und in den Orient exportiert.
Das zweite große Bergbaurevier im Lungau war das Gebiet von Ramingstein, in dem seit dem 14. Jahrhundert nach Gold und Silber geschürft wurde. Eisenbergbau wurde in Bundschuh betrieben – ein restaurierter Hochofen gibt heute noch Zeugnis davon. In Zederhaus-Weißpriach und Lessachwinkel wurde Kupfer abgebaut, im Weißpriachtal im 17. Jahrhundert kurzfristig auch Kobalt.
Mit dem Bergbau war eine Anzahl von Hüttenwerken, Eisenhämmern und Drahtmühlen verbunden, von denen die wichtigsten um Mauterndorf, in St. Andrä, Bundschuh und Kendlbruck standen.

Die Bergbauern überwiegen

In den 15 Gemeinden des Lungaues gibt es noch über 1000 Bauernhöfe, durchwegs Bergbauernhöfe, die jedoch nur mehr knapp zur Hälfte im Vollerwerb bewirtschaftet werden. Die durchschnittliche Größe der Betriebe liegt nur bei 9,77 ha. Darin enthalten sind auch die weniger intensiv nutzbaren Flächen wie Almen, einmähdige Wiesen, Hutweiden usw. Daher muß sich die Mehrheit der Bauern um eine zusätzliche Einnahmequelle umsehen. Fremdenverkehr, Zimmervermietung sowie Beschäftigung bei Fremdenverkehrseinrichtungen sichern das Einkommen.
Die geographischen, geologischen und klimatischen Bedingungen sind für die Land- und Forstwirtschaft des Bezirkes von ausschlaggebender Bedeutung.
Die Grünland- und Waldwirtschaft herrscht naturgemäß vor. Von der gesamten landwirtschaftlichen Nutzfläche, das sind rund 50.500 ha, entfallen 90% auf das Dauergrünland, etwa 9% werden vom Ackerland beansprucht. Hauptfrüchte auf den Lungauer Äkkern sind Sommergerste und Kartoffeln.

Geologie des Lungaues

Hohe Tauern – Niedere Tauern

Im Südwesten hat der Lungau mit dem Hafner, der zu Unrecht als der östlichste Dreitausender der Alpen bezeichnet wird (der Malteiner Sonnblick liegt noch östlicher) und den südlichen Murbergen Silbereck, Oblitzen und mit dem Kareck Anteil an den Hohen Tauern, deren östliche Begrenzung der Katschberg darstellt. Die Abgrenzung zwischen Hohen und Niederen Tauern bildet das Murtörl, das das Großarltal mit dem Murwinkel verbindet.
Die Niederen Tauern erinnern in ihrer Gestaltung stark an die Hohen Tauern. Mit diesen haben sie die fiederförmige Gliederung und das Vorherrschen des glazialen Formenschatzes gemeinsam.

Die Radstädter Tauern ähneln den Dolomiten

Die Radstädter Tauern, aufgebaut aus Kalk und Dolomit, unterscheiden sich dagegen mit ihrem oft stockartigen Gipfelaufbau und den hellen Felswänden deutlich von den übrigen Bergen der Niederen Tauern.

Das Erbhofwappen darf nur nach 200jährigem Familienbesitz geführt werden

Seite 15: Prebersee, ein vielbesuchtes Ausflugsziel mit Roteck und Preber

Sie umfassen den Hauptkamm vom Draugstein (2356 m) im Großarltal bis zur Lungauer Kalkspitze (2471 m) sowie den Hochfeindkamm und das südlich davon gelegene Weißeck (2712 m). Neben dolomitenähnlichen Gipfeln mit scharfen Zacken und Zinnen mit mächtigen Schutthalden liegen sanfte Almwiesen, die sich aus Quarzphyllit aufbauen.

Weniger reich an gesteinsbedingten Gegensätzen sind die Schladminger Tauern, denn dort herrschen, von den Kalkspitzen abgesehen, Gneise und Schiefergneis, in denen auch grüne Gesteine, z. B.: Serpentin, eingeschlossen sind, vor. Diese sind besonders eisenreich, daher schon von weitem an der rotbraunen Farbe erkennbar. Auch sind die Täler enger, die Hänge weniger durch Absätze gegliedert. Der Landschaftscharakter ist im Kristallin ernster. Sehr häufig sind im Kristallin der Schladminger Tauern die Kare.

Es handelt sich dabei meist um die schmalen Hochtalkare, die in 1900 bis 2000 m liegen. Sie sind häufig in höhere, großräumige Kare eingesenkt, so daß die bekannten Kartreppen entstehen. Aber auch die richtigen Karterrassen, wie im Lantschfeld, Göriachtal, nördlich des Gurpitscheck und beim Gipfelpaar Preber, Roteck, führen zur Bildung der landschaftlich so überaus reizvollen Hochseen.

Passionskreuze sind charakteristisch für den Lungau

Die starke eiszeitliche Vergletscherung der Niederen Tauern hat aber auch zur typischen Trogform der Täler beigetragen. Vor allem im von Gneis aufgebauten Teil des Gebirges – wie im Lignitz-, Göriach- und im unteren Lessachtal – sind sie besonders typisch, da sie wegen des widerstandsfähigen Gesteins sehr gut erhalten sind.

Der Almenreichtum des Lungaues ist letztlich auch darauf zurückzuführen, daß die Slawen seinerzeit Wälder bis in die Hochgebirgsregionen hinauf und bis in die hintersten Talwinkel zur Almlandgewinnung gerodet haben.

Die „Nocke“

Östlich des Katschberges schließen an die Hohen Tauern die Gurktaler Alpen an. Sie werden von Oberostalpinem Altkristallin aufgebaut, bei dem es sich in der Hauptsache um Granatglimmerschiefer handelt. Zwischen dem Bundschuhtal und dem Kleinen Königstuhl sind auch Granitgneise eingebettet. Diese Gesteine sind petrographisch nicht sehr verschieden, zeigen heftige Faltung bis Fältelung und verhalten sich der Abtragung gegenüber ziemlich gleichmäßig und nicht sonderlich widerstandsfähig. Es herrschen daher breite Rücken vor, die im Volksmund den bezeichnenden Namen „Nocke“ erhalten haben. Sie ordnen sich vielfach in mehreren Stockwerken an, die durch steilere Hänge voneinander getrennt sind. Die Gipfel bilden flache Prismen, abgestumpfte Schneiden und bewegen sich in Höhen von 2200 bis 2400 m. An den Nord- und Ostseiten kommt es durch Karbildung zu schärferen Gipfelformen, so z. B. am Großen Königstuhl (2255 m) oder bei dem schon auf steirischem Boden liegenden Eisenhut (2241 m). Die Nockberge bieten durch ihre flachen Rücken viele schöne Wanderungen. Sie bilden aber auch ein großes, zusammenhängendes Almgebiet. Die darunter liegenden tieferen Bereiche werden fast geschlossen vom Wald eingenommen. Viehwirtschaft und Holzgewinnung sind daher auch die Hauptwirtschaftszweige des Gebietes, seit der Bergbau im Bundschuhtal und bei Ramingstein erloschen ist.

Die Murberge

Die östliche Begrenzung des Lungauer Bekkens wird durch die sogenannten Murberge – Schwarzenberg (1778 m), Lasaberg (1934 m) und Gstoder (2141 m) – gebildet. Es ist ein breiter Mittelgebirgsrücken, der im Süden vom Murtal, im Norden vom Leißnitz- und Rantental begrenzt wird.

Das Lungauer Becken

Innerhalb des im großen Bogen von Hohen und Niederen Tauern, Murbergen und Gurktaler Alpen gebildeten Bergkranzes dehnt sich das zentrale Becken aus.
Der Lungau verdankt seine Beckenform heutiger Auffassung nach einer geringeren Hebung, während seine Umrahmung im Zuge der Gesamtaufwölbung der Alpen im Miozän wesentlich stärker gehoben wurde.
Die Aufwölbung ging stufenweise vonstatten, so daß die das Lungauer Becken umrahmenden Gebirge in Stufen in sein Inneres abfallen. Diese Treppung hat daher ebenfalls nichts mit Bruchvorgängen zu tun.

Klima, Flora und Fauna im Lungau

Als Folge der Abgeschlossenheit des Gaues gegen die von Westen und Nordwesten kommenden, mehr ozeanischen Witterungseinflüsse und der besseren Öffnung gegen Osten überwiegt hier kontinentales Klima. Der kontinentale Charakter äußert sich in sprichwörtlich strengen Wintern und relativ geringen Jahresniederschlägen.
Besonders muß hervorgehoben werden, daß die gewöhnlich als Maß für den Lungauer Winter herangezogenen Temperaturen vom fast tiefsten Punkt des Lungauer Beckens, also von Tamsweg, stammen und keineswegs für den ganzen Gau gelten.
Zusammenfassend können die Temperaturverhältnisse des Lungaues derart gekennzeichnet werden, daß auf einen langen, ziemlich strengen Winter ein spätes Frühjahr folgt und der Sommer kurz ist, da er schon frühzeitig vom Herbst abgelöst wird. Der Herbst aber ist von langen Schönwetterperioden mit herrlicher Fernsicht, also idealem Bergwanderwetter, geprägt. Der vorherrschende Wind im Lungau ist der Nordostwind, auch „Tauernwind" genannt. Ihm folgt kühles, aber heiteres, windstilles Wetter. Weht der Südwestwind, der „Kärntnerwind", kündigt sich das nahe Ende einer Schönwetterperiode an. Selten ist dagegen der Ostwind, „Steirischer Wind", der ebenfalls Schlechtwetter bringt.

Oben: Lärchenblüte
Mitte: „Wetterdistel", Silberdistel, Gr. Eberwurz (Carlina a.)
Unten: Hummel auf Knabenkraut (Dactylorhiza mac.)

Seite 17:
Oben: Alpensalamander
Mitte: Schmetterling auf Alpendost (Aderostyles a.)
Unten: Kreuzotter

Die Pflanzenwelt

Den Hauptanteil bildet zwar die Fichte, aber der charakteristische Baum des Lungaues ist doch die Lärche. Gegen die Waldgrenze zu ist sie oft in prächtigen Exemplaren anzutreffen. Das zarte Grün im Frühjahr, besonders aber das goldene Nadelkleid im Herbst begleiten und begeistern den Naturliebhaber und Bergwanderer. Besonders auffallend sind die als Naturdenkmäler gekennzeichneten und geschützten Kugellärchen.

Aber auch das häufige Auftreten der Zirbe ist eine Folge des kontinentalen Klimaeinschlages. Am Kilnprein, südlich von Ramingstein und im obersten Rotgüldental tritt die Zirbe – ein seltener Fall – im Zwergwuchs auf.

Die Flüsse sind zumeist von einem Grauerlenstreifen und der Traubenkirsche, deren weiße Blütentrauben im Frühjahr weithin leuchten, begleitet. An sonnigen Hängen finden sich die sogenannten Haselwiesen. Auf ihnen wechselt ein aus Haselsträuchern, Zitterpappel, Grauerle, Birke, Bergahorn, Vogelbeere und Himbeere zusammengesetztes Buschwerk mit trockenen Grasfluren.

Die Baumgrenze liegt, dem kontinentalen Klima entsprechend, im Mittel in 1950 m, schwankt aber im einzelnen, je nach der Exposition, zwischen 1750 m und 2000 m.

Die subalpine Zwergstrauchstufe löst nach oben hin den Wald ab. Im Silikatgebirge kommen großflächig Rostrote Alpenrose, Heidelbeere, Moosbeere und Besenheide vor.

Im Kalk dagegen ist die Bewimperte Alpenrose verbreitet, die verhältnismäßig kleine Flächen bedeckt und mit Schneeheide, Heidelbeere und Preiselbeere wechselt. Im blumenreichen Blaugras findet man Alpenaster, Wohlriechende Händelwurz, Stengellosen Enzian, Hufeisenklee und Wundklee.

Ein großer Teil der Weideflächen sowohl auf Silikat wie auch auf Kalk wird von Bürstlingsrasen eingenommen, aus dem Arnika, Punktierter Enzian, Bärtige Glockenblume und Orangerotes Habichtskraut besonders herausragen.

Oberhalb der Zwergstrauchstufe dehnt sich auf sauren Böden Krummseggenrasen aus. Der flechtenreiche Gemsheideteppich deckt oft windausgesetzte Grate. An langen, schneebedeckten Stellen bilden Echter Speik, Klebrige Primel, Zwergprimel u. a. bunte Farbflecke im Braungelb der Krummseggenrasen.

Die Tierwelt

Ständige „Begleiter" des Bergwanderers sind die Murmeltiere, die eigentlich ihre Heimat in

den Westalpen hatten, aber Anfang dieses Jahrhunderts in den Niederen Tauern ausgesetzt wurden. Auf sie wird wegen des für Heilzwecke begehrten „Murmelschmalzes" eifrig Jagd gemacht. Seinerzeit schossen „Jäger" aus den Fenstern der alten Sticklerhütte auf die Murmeltiere, die sich auf den Felsen im Hüttenbereich tummelten.
In den höheren Alm- und Felsregionen erschrecken den Wanderer bisweilen die im Sommer braun, im Winter aber völlig weißgefiederten Schneehühner, wenn sie laut knarrend auffliegen. Anläßlich von Skitouren im Frühjahr kann man sie recht häufig bei der Balz beobachten, das Männchen ist durch einen deutlich roten Brustfleck gekennzeichnet.
Unvergeßlich bleibt der Anblick eines abstreichenden Gänsegeiers im Gebiet des Eisenhutes, Richtung Lungauer Nockberge. Aber auch der Steinadler hat sich in den Niederen Tauern wieder stärker vermehrt.
Im Preberseegebiet brütet besonders der Gartenrotschwanz, die Feldlerche am Fanningberg und die Mehlschwalbe bei der Dr.-Mehrl-Hütte in 1730 m Höhe.
An Schmetterlingen gibt es im Lungau zwölf Arten, einer der auffälligsten ist das „Blutströpfchen" (Zygacna osterodensis R.).
Nicht zu vergessen ist auch die Kreuzotter. Sie ist die einzige Giftschlange und kommt verhältnismäßig häufig von 1000 m aufwärts bis in die Gipfelregion vor.

Hausformen und Brauchtum im Lungau

In der inneralpinen Beckenlandschaft des Lungaues ist der Lungauer Einhof die häufigste Hausform, er ist mit den Obermurtaler Einhöfen der Steiermark und den Einhöfen des Liesertales in Kärnten verwandt.
Auf den Hausdächern finden sich die sogenannten Essensglocken, die auch bei drohenden Unwettern zusammen mit den Kirchenglocken und zur Unterstützung derselben gegen Blitzschlag und Hagel fleißig geläutet werden.

Gemauerte „Troadkästen"

Eine nur dem Lungau eigentümliche Besonderheit stellen schließlich die in Freskomalerei mit Renaissanceornamenten gezierten, mitunter zweigeschossigen, gemauerten Getreidekästen dar. Sie sind von Künstlern und Wandermaurern aus Oberitalien (Friaul) entstanden und erfuhren im 18. Jahrhundert ihre künstlerische Hochblüte. Sie lösten die alten hölzernen Getreidekästen ab.

Links: Die „Keuschen" von Lintsching sind charakteristische Lungauer Holzhäuser

Rechts: Der Troadkasten von Zankwarn, ein besonders schönes Beispiel für die vielen künstlerisch gestalteten Getreidekästen

Der Anlaß zu Bräuchen ist im Ablauf des menschlichen Lebens und in dem des Jahres zu sehen. In seinem rhythmischen Wandel von Frühling, Sommer, Herbst und Winter fügen sich religiöse und weltliche Feste.

Das Prangstangentragen zur Sonnenwende

In der Zeit des reichsten Wachstums, im kurzen Bergsommer, wenn die Natur sich verschwendet, wird seit alters her das „Prangfest" begangen.
Das Besondere dieses Festes liegt, wie der Name schon sagt, in der „Prang", das heißt, daß man sich der überquellenden Fülle der Bergblumen bedient, um mit der Natur ein Fest der Freude zu feiern.
Die Orte Muhr und Zederhaus haben dieses Brauchtum, das in seinen Wurzeln wahrscheinlich mit anderen indogermanischen Stangenbrauchtümern verwandt ist, als einzige im Lungau bewahrt.
Die Zahl der Prangstangen schwankt von Jahr zu Jahr. In Muhr werden sie bis zu 4 m lang und bis zu 40 kg schwer, in Zederhaus 6 m lang und bis über 60 kg schwer, und sie sind in ihrer ganzen Länge mit 25.000 bis 40.000 Blumen geschmückt. Margeriten, Kornblumen, Nelken, Frauenschuh, Pfingstrosen, Frühlingsenzian und andere werden um die Stangen gewunden. Margeritengirlanden dienen als Unterlage. Über diesen werden in zwei sich stets kreuzenden Bändern die farbigen Blumenkränze, „Überwind" genannt, um den Stamm zu rautenförmigen Motiven gelegt. Ins Zentrum der freibleibenden Felder werden rote Pfingstrosen („Prangrosen") eingesteckt. Ungefähr in halber Höhe bildet man aus dem blauen Enzian die Buchstaben IHS (die Abkürzung für den Namen Jesus). Den oberen Teil der Stange bedeckt das „Regenbogen"-Motiv, das zum Knopf überleitet, der die Stange mit dem „Wipfel" (der Spitze) verbindet. In Muhr endet die Stange mit einem Fichtenbäumchen oder einem Blumenaufbau in Form einer Monstranz, während in Zederhaus der Wipfel einem kurzen Heuhiefel ähnelt. Die Prangstangen werden jährlich in den einzelnen Höfen neu hergestellt, bis zu 250 Arbeitsstunden müssen dafür aufgewendet werden.
Die Prangstangen dürfen nur von unverheirateten Burschen getragen werden, zwei lösen sich jeweils bei einer Stange ab. Nach den Flurumgängen werden die Stangen in die Kirche gebracht, wo sie den ganzen Sommer über – bis zum Erntedankfest (Mariä Himmelfahrt am 15. August) – stehen bleiben. Danach werden die vertrockneten Blumen zum Schutz der Ernte über die Felder verstreut.

Das Prangstangentragen ist eines der großartigsten Feste im Lungauer Brauchtum; alljährlich in Zederhaus am 24. Juni, in Muhr am 29. Juni

Samsonumzüge finden in vielen Orten zu festlichen Anlässen statt

Seite 21: Das Preberschießen am gleichnamigen See ist international. Das Besondere an diesem Scheibenschießen ist, daß nicht auf die Scheibe selbst, sondern auf deren Spiegelbild im Wasser gezielt und geschossen wird

Der Lungauer Samson

In vielen Lungauer Orten wie Tamsweg, Mauterndorf, Mariapfarr, St. Andrä, St. Michael, Muhr, Lessach und im benachbarten steirischen Krakaudorf wird heute noch die Sitte des Samsonumzuges gepflegt. Meistens findet das Herumtragen des Samson am Nachmittag des Fronleichnamsfestes, aber auch bei Heimatfesten und sonstigen festlichen Anlässen statt. Der Tamsweger Samson zählt zu den ältesten und ist seit 1635 historisch bezeugt. Den biblischen Riesen begleiten in Tamsweg noch zwei Zwerge mit ungeheuren Köpfen. Vor dem Samson marschiert eine Abteilung uniformierter Bürger als Leibwache, ihm folgt die Blasmusik.

K + M + B

In den Alpenländern, wie auf dem Lande überhaupt, galt bzw. gilt heute noch der 6. Jänner als der eigentliche Jahresbeginn – das Große oder Hohe Neujahr, der Bauernneujahrstag.
In den Alpen nennt man ihn allgemein den Perchtentag, galt doch die Nacht davor als letzte und gefährlichste der zwölf Rauhnächte. Haus und Stall werden mit dem Rauch ausgewählter, besonderer Kräuter durchräuchert, um die Unholde, schädigende Dämonen und Totengeister zu vertreiben. Mit der Einführung des Christentums übernahmen die drei Weisen aus dem Morgenland, Kaspar, Melchior und Balthasar, den Schutz und die Schirmherrschaft über Mensch, Vieh, Haus und Feldfrucht. Nach Absingen ihrer Lieder entbieten sie den Hausbewohnern alle guten Wünsche und Neujahrsgrüße, wobei einer der Könige mit geweihter Kreide über die Haustüre die Buchstaben „K + M + B" (Kaspar + Melchior + Balthasar) mit Kreuzen und Jahreszahl schreibt. Ein Zeichen, das dem Haus Segen bringen und Böses abhalten soll.

Das Preberschießen

Nordöstlich von Tamsweg erhebt sich als Grenzberg zwischen Salzburg und der Steiermark der 2741 m hohe Preber, zu dessen Füßen einer der größten Alpenseen des Lungaues, der Prebersee, liegt. Er ist weit über die Landesgrenzen wegen des hier abgehaltenen Preberschießens berühmt.
Das Besondere an diesem Scheibenschießen am Prebersee ist, daß nicht auf die Scheibe selbst, sondern auf deren Spiegelbild im Wasser gezielt und geschossen wird. Vom Wasser wird das Geschoß derart abgelenkt, daß es bei entsprechender Geschicklichkeit tatsächlich

Festtracht, am Tag des Prangfestes getragen

die Scheibe trifft. Trifft der wackere Schütze ins Schwarze, läßt die Musik einen Tusch ertönen oder Glocken werden geläutet bzw. Böller krachen über den See. Im Lungauer Heimatmuseum in Tamsweg ist eine Scheibe aus dem Jahre 1834 zu besichtigen. Seit wann aber dieser Brauch gepflegt wird, ist nicht bekannt. Walt Disney hat darüber einen vielbeachteten Kulturfilm gedreht.

Andere Lungauer Bräuche

Der „Vereinigte" in Tamsweg ist eine Festwoche im Jänner mit scherzhaften Bräuchen, Umzügen und Tänzen sowie täglichen „Sitzungen", einst den Zünften bzw. noch früher den nicht in einer Innung erfaßten Handwerkern vorbehalten, jetzt von allen Einwohnern des Marktes mitveranstaltet.
Besonders auch im Lungau gibt es in der Nacht vom Karsamstag zum Ostersonntag Höhenfeuer, ebenso auch zu Peter und Paul (29. Juni).
Für den festlich geschmückten Weihekorb zu Ostern, in dem verschiedene Speisen enthalten sind, wird im Lungau die Butter durch kleine hölzerne Model hübsch verziert.
Ein anderer Osterbrauch, der Umzug mit dem Christus auf dem Palmesel am Palmsonntag, wurde im 18. Jahrhundert verboten. Seit einigen Jahren aber wird dieser Brauch im Thomatal wieder gepflegt. Hinter dem Pfarrer, der auf dem Esel zur Kirche reitet, zieht die gläubige Gemeinde mit buntgeschmückten Palmbuschen.

Der Lungauer „Tälerbus"

Den Tälerbus-Führer mit sämtlichen Wandermöglichkeiten, Routenbeschreibungen und Fahrplan-Angaben erhalten Sie beim örtlichen Fremdenverkehrsverband!
Dem Lungauer Tälerbus wurde in diesem Jahr der Europäische Umweltpreis „Tourism for tomorrow award" in London verliehen!

Wandern mit dem Tälerbus		
	Ins Lessachtal	(Landschaftsschutzgebiet Klafferkessel)
		(Lanschitzseen, Naturpark Sölktäler)
	Ins Göriachtal	(Landawierseehütte, Hochgolling)
	Ins Lignitztal	(Lignitzsee, Schaustollen Zinkwand)
	Auf die Turracher Höhe	(Nationalpark Nockberge)
	Nach Obertauern	(Seekarscharte-Oberhüttensee-Weißpriach)
	Auf den Katschberg	(Aineck–Bonner Hütte–Bundschuh)
	Zum Rotgüldensee	(Oberer Rotgüldensee)
	Zur Sticklerhütte	(Murursprung, Nationalpark Hohe Tauern)
		(Übergang zur Königsalm)
	Zur Schliereralm	(Übergang zum Twenger Lantschfeld)
		(Hinterrieding, Kräuterlehrpfad)
	Zur Königsalm	(Wasserfallscharte)
		(Übergang Tappenkarsee, Kleinarl)
	Zum Prebersee	(Dürrenecksee, Grazer Hütte, Preber)
	Zum Ranten- und Etrachsee	(Rantentörl–Prebertörl)
		(Hubenbauertörl–Rantentörl)
	Nach Bundschuh	(Hochofenmuseum, Bonner Hütte)

Bergtouren im Lungau

Preber und Roteck von der steirischen Seite (Krakau)

Grenzberg Preber und Roteck

Der Preber (2740 m), nicht nur ein idealer Skiberg

Dieser Grenzberg zwischen der Steiermark und dem Lungau wird als Berg für Skitouren im Winter geschätzt. Doch viel öfter wird der Preber im Sommer und im Herbst bestiegen. Der Preber zählt immerhin zu den höheren Gipfeln in den Niederen Tauern und kann dennoch leicht bestiegen werden!

Obwohl es schon gegen Mitte September zu geht, tummeln sich in dem warmen Prebersee, 1500 m hoch gelegen, noch die letzten „Wasserratten". Der idyllische Bergsee ist zu jeder Jahreszeit reizvoll. Im Sommer spiegeln sich im klaren Wasser die dunkelgrünen Fichten, die den See einrahmen, im Herbst leuchten darin die rotgelben Riesenfackeln der Lärchen. Im Winter tummeln sich die Langläufer auf dem zugefrorenen See. Von Tamsweg kommend, fahren wir den See entlang, dann weiter Richtung Steiermark, biegen aber bald darauf, bei der Tafel „Zur Grazer Hütte" nach links ab. Wir sind spät unterwegs, daher gehen wir diesmal nicht schon vom Prebersee weg, sondern von der Grazer Hütte.

Tourenbeschreibung:

In vielen Windungen schraubt sich der teilweise sehr ausgeschwemmte Fahrweg durch Fichten- und Lärchenwald bis zu den letzten Zirben auf 1900 m. Hier parken schon sehr viele Autos. Zahlreiche „Gipfelbezwinger" kommen bereits zurück, als wir loswandern.

Froh darüber, die von der langen Autofahrt fast erstarrten Beine wieder ordentlich gebrauchen zu können, gewinnen wir rasch an Höhe. Zwar ziehen dunkle Wolken auf, und entgegenkommende Bergfreunde raten uns, nicht mehr zum Gipfel aufzusteigen, denn der wäre schon völlig im Nebel. Wir aber vertrauen dem schönwetterverheißenden Wetterbericht und steigen, dem langen Grat folgend, weiter aufwärts, Weg Nr. 787.

Tief unten glitzert der Prebersee. Der Blick in den Lungau ist durch starken Dunst verwehrt. Weit dehnt sich vor uns der Speikboden aus, und der Geruch des Speiks erfüllt die Luft. In alten Büchern liest man: „Speik-Graben wurde von den Kirchen verkündet. Früher war der

Tour auf einen Blick

Ausgangspunkt:
Entweder der Prebersee, 1514 m (unweit der Ludlalm), oder die Grazer Hütte, 1896 m, beide von Murau bzw. Tamsweg aus erreichbar.
Schlechter Fahrweg bis zur Grazer Hütte, aber fast 400 Höhenmeter Ersparnis!
Auf dem Weg Nr. 787 zum Gipfel, 2740 m. Gehzeit 2 Stunden bzw. vom See mindestens 3 Stunden, unschwierig.
Höhenunterschied 844 m bzw. 1226 m.

Speik (botanisch: Valeriana celtica, Keltischer Baldrian) ein begehrtes Handelsobjekt aus dem Lungau. Sobald der Speik seinen äußerst intensiven Geruch entwickelte, wurde dies von den Kirchenkanzeln verkündet und die Bevölkerung zum Speik-Graben aufgefordert. Man stach oder grub die Wurzelstöckchen aus, sammelte sie in den ‚Speik-Genschen', wo sie getrocknet, in Fässer verpackt und nach Salzburg, Venedig, Triest usw. gebracht wurden. Von dort ist der Speik als begehrtes Aromatikum in den Orient verkauft worden."
Der Gipfelbereich ist in den Wolken längst verschwunden, der Blick in die steirische Bergwelt, insbesondere zum auffälligen Höker des Predigtstuhls, ist jedoch frei. Auch der Tiefblick über fels- und baumdurchsetzte Steilhänge in den Prebergraben zu den Almhütten ist vom Gratwanderweg aus interessant.
Im Roßboden, so heißt der nächste Wegabschnitt, kommen uns so spät im Jahr nur mehr Schafe entgegen. Im Sommer jedoch kann es schon passieren, daß der Wanderer die hier weidenden Pferde kaum wieder los wird, wenn er sie mit Zucker angelockt hat.
Von der Roßscharte, einem markanten Einschnitt, steigt der Pfad zum Gipfel steil und über Schutt bergan. Und gleichsam als Belohnung für das beharrliche Verfolgen des Zieles

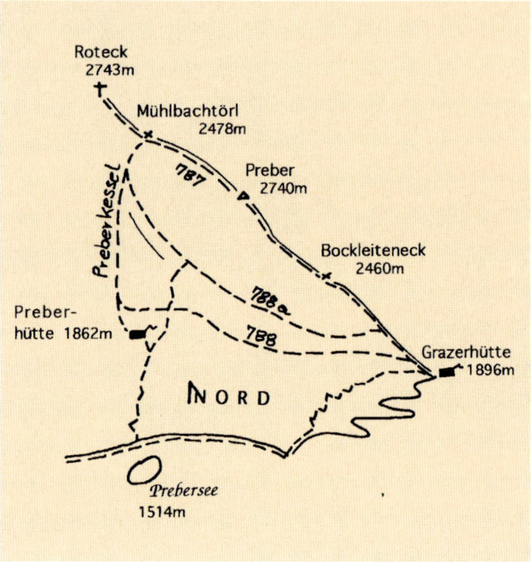

zieht plötzlich die Wolkenhaube vom Gipfel weg, und mit Genuß wandern wir in der späten Nachmittagssonne die letzten Meter bis zum Gipfelkreuz.
Konturenhaft treten Hochgolling, Kasereck und viele andere Berge hervor, und wir erleben eine genußreiche Gipfelschau.
Ein überaus gemütlicher Hüttenabend auf der gepflegten Grazer Hütte beendet den kurzweiligen Tag.

Die Grazer Hütte (1897 m) am Südostgrat des Preber

Auf das Roteck (2743 m)

Blick vom Vorgipfel des Roteck zum Kasereck und Hochgolling

Der Gipfel des Roteck ist kein Ziel für Wanderer! Es ist ein Berg für geübte, schwindelfreie und trittsichere Bergsteiger. Dazu kommt, daß so manches ausgesetzte Wegstück derzeit (1993) abgerutscht ist, die Sicherungen veraltert sind und dringend erneuert gehörten. Die guten Wegmarkierungen auf den verschiedenen Anstiegsrouten verleiten Wanderer, die weder den Wunsch noch die Voraussetzungen dafür haben, einen solchen Gipfel zu besteigen, diesen erreichen wollen und sich dabei Gefahren aussetzen.

Tourenbeschreibung:
Uns lockt wieder einmal der Nachbargipfel des Preber, das Roteck. Wir kennen den Anstieg vom Prebersee her, nicht aber von der Grazer Hütte aus. Fast allein wandern wir ab der Grazer Hütte auf Weg Nr. 787, dann 788 durch Lärchen- und Zirbenbestand in Richtung Preberkessel, während gleichzeitig der Preber scharenweise von Bergsteigern erstürmt wird. An der Baumgrenze entlang verläuft der Weg, der Blick über die Lungauer Beckenlandschaft zu den Hohen Tauern wird frei, und über der Preberhütte treffen wir auf den markierten Aufstieg zum „Preberspitz". Eben führt uns die Markierung weiter in einem großen Bogen in den Preberkessel, der vom rotbraun gefärbten Vorgipfel des Roteck beherrscht wird. Ein unbeschwertes Almwandern ist es bis zur Wegkreuzung, wo sich unser Weg in das Mühlbachtörl mit dem Anstieg aus dem Lessachtal trifft.
Das freundliche Hochtal verengt sich allmählich – linker Hand durch Fels und Geröll begrenzt, rechts durch eine dunkle Schroffenwand, in der das Wasser herabstürzt. Die Mar-

Tour auf einen Blick

Ausgangspunkt:
Grazer Hütte, 1896 m. Zunächst Weg Nr. 787 entlang, nach 10 Minuten auf Weg Nr. 788 in den Preberkessel und zum Mühlbachtörl, 2478 m.
Bis hierher 2 Stunden Gehzeit. In 1 Stunde auf den Gipfel, 2743 m. Abstieg ins Mühlbachtörl wie Aufstieg, dann auf dem Weg Nr. 788 a zurück zum Ausgangspunkt ($2^1/_2$ Stunden Gehzeit). Gehzeit insgesamt 6 bis 8 Stunden, Höhenunterschied rund 900 m.
Nur für ausdauernde, geübte Bergsteiger!

kierung führt uns nahe an die Felsen heran, von wo es steil bergauf geht – vorbei am Wegweiser, der den Weg Nr. 788a zur Grazer Hütte anzeigt, in das Törl. Ein weiteres Hinweisschild zeigt nach rechts über die Schuttflanke zum Gipfel des Preber und nach links in die Rasen- und Schrofenhänge des Roteck.

Einige Jahre zuvor sind wir vom Roteck über den Preber zurück; für Wanderer empfiehlt es sich, das Roteck auszulassen und die schöne Rundtour über den Preber zu genießen. Man kann entweder vom Prebersee oder von der Grazer Hütte über den Preberkessel in das Mühlbachtörl, oder kann den Weg am Riesenhang des Preber entlang in das Törl wählen und von hier unschwierig über Schrofen zum Gipfel des Preber. Mit dem Abstieg zur Grazer Hütte oder zum Prebersee hat man einen ausgefüllten Bergwandertag erlebt.

Wir wenden uns dem steilen Anstieg auf das Roteck zu und erreichen nach vielen engen Serpentinen im Rasenhang das Felsgelände. Ein Felsklotz mit Trittstift weist spätestens jetzt die reinen „Wanderer" ab, ebenso die nächsten gleich folgenden ausgesetzten Passagen. Vor einigen Jahren waren diese Stellen noch bequem breit, jetzt aber sind sie abgerutscht und nur sehr aufmerksam zu bewältigen.

Anschließend steigen wir auf unschwierigem Pfad zum Vorgipfel und genießen bereits von hier eine umfassende Aussicht. Fröhliche Stimmen vom nahen Hauptgipfel des Roteck lassen uns rasch absteigen in die Westflanke hoch überm Lessachtal. Der Fels ist gutmütig, Tritte und Griffe halten, daher stört es nicht weiter, daß Seile ausgerissen sind und der Anstieg auf das Roteck derzeit eher desolat ist. Man sollte aber über dem Mühlbachtörl, vor dem Einstieg zum Roteck, eine Tafel „Nur für Geübte", wie dies andernorts – z. B. am Radstädter Tauern – selbstverständlich ist, anbringen. Eine beachtliche Gipfelschau bietet sich uns dar. Aus den nahen Hängen der Barbaraspitzen blöken Schafe, die sich fast wie die Gemsen an die ausgesetztesten Plätze wagen.

Nach Rast und Fotoschüssen steigen wir auf demselben Steig ab in das Mühbachtörl. Unterwegs warnen wir noch Halbschuhtouristen vor dem Weiterweg auf das Roteck. Sie glauben uns nicht, die Wege sind so gut markiert, und steigen weiter aufwärts. Schon wieder unten im Törl sehen wir durchs Fernglas, wie sie vergeblich die erste Prüfstelle, den Felsblock, zu meistern versuchen. Nach einigen Versuchen treten sie den Rückzug an. Wir aber ziehen weiter über Geröllhalden, später über Almen mit weidenden Pferden und Rindern, der Markierung 788a nach.

Der Speik riecht schon kräftig, der Prebersee glänzt in der Nachmittagssonne, und von der Grazer Hütte hört man die Klänge einer Musikkapelle herauf. Wir erreichen den Weg Nr. 787 und steigen steil zum Parkplatz nahe der Hütte ab. Mindestens 6–8 Stunden muß man für diese Tour insgesamt einplanen.

Oben: Wegweiser unweit der Grazer Hütte

Rechts: Blick vom Gipfelhang des Roteck zum Preber und Prebersee

Touren aus dem Lessachtal, Göriachtal, Lignitztal, Weißpriachtal und Taurachtal

Die Ortschaft Lessach am Eingang des gleichnamigen Tales

Zu den drei Lanschitzseen, etwas für Genießer

Es ist Oktober, wunderbares Wanderwetter mit seidigblauem Himmel im Lungau. Wieder einmal ist unser Ziel das Lessachtal. Zu den wunderschönen Seen am Fuße des Greifenberges, des Waldhornes und den Lungauer Klafferseen bietet dieses Tal weitere reizvolle Seen inmitten markanter Berglandschaft, nämlich den Unteren, Mittleren und Oberen Lanschitzsee.

Tourenbeschreibung:
Man folgt nach der Lenzenalm dem rechts aus dem Lessachtal herausführenden Weg Nr. 784, deutlich markiert. Ein Karrenweg folgt zuerst dem Stoderbach, wenig später dem wilden Lanschitzbach. Ein steiler Anstieg im Bergwald, immer am tief eingeschnittenen, rauschenden Lanschitzbach mit Wasserfall entlang, bringt uns zur Oberen Bacheralm. Aus den Hüttendächern dringt Rauch, Jäger haben sich eingenistet, das Almpersonal ist bereits vor Wochen mitsamt dem Vieh abgewandert. Neben Jägern begegnen wir noch den letzten Beerensammlern, die ihre Gefäße fast mühelos mit herbsüßen Preiselbeeren übervoll bringen.
Der Rückblick zum Kasereck übers Lessachtal ist von hier eindrucksvoll, ebenso die Wasserfälle, die vom vor uns aufragenden Gebirgszug

Tour auf einen Blick

Ausgangspunkt:
Von Lessach taleinwärts mit Pkw bzw. Tälerbus bis knapp nach der Lenzenalm, 1253 m. Der Wegmarkierung Nr. 784 bis zur Oberen Bacheralm unter dem Unteren Lanschitzsee folgen.
Ab hier den Weg Nr. 784 verlassen und dem markierten Pfad über dem Mittleren zum Oberen Lanschitzsee folgen.
Aufstiegszeit etwa 3 Stunden.
Höhenunterschied knapp 800 m.
Gehdauer insgesamt 6 bis 8 Stunden, technisch leicht, etwas Ausdauer erforderlich.

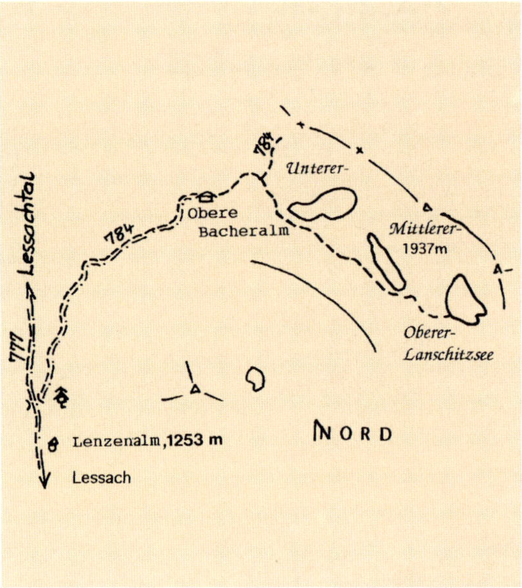

Zischken, Schafkarspitze und Schöneck herabstürzen.
Vor uns breitet sich bald darauf der von mächtigen Lärchen umsäumte Untere Lanschitzsee aus. Linker Hand schlängelt sich der Weg Nr. 784 weiter hinauf in die Lanschitzscharte, entschwindet dort unseren Blicken, fällt dann hinab zur Putzenalm, wo er sich mit dem Weg Nr. 786 vereint, der aus dem Prebergraben und dem Prebertörl kommt und am Schwarzsee vorbei zur Breitlahnhütte führt.
Auf der Südwestseite des Sees folgen wir aber der Markierung hinauf zum Mittleren Lanschitzsee, Wegdauer ca. $^1/_2$ Stunde. Im Westen taucht der Monarch der Niederen Tauern, der Hochgolling, auf.
Tief eingeschnitten, umrahmt von zackigen Felsgipfeln, dehnt sich der langgestreckte See zu unseren Füßen aus. Die dunklen Gipfel und

weißen Wolken spiegeln sich im phantastisch blauen, klaren Wasser. Direkt am Wasser vorbei, an der Südseite des Sees, führt der Weg weiter. Die letzten kleingewachsenen, zartgelb gefärbten Lärchen bleiben zurück. Noch eine kleine, rasige Geländestufe höher, bereits über 2000 m, taucht gleichsam zur Krönung dieser knapp dreistündigen Wanderung der Obere Lanschitzsee auf.
Kalter Herbstwind – in den Nordkaren der Barbaraspitzen liegt bereits Schnee – zaubert kleine Wellen in das grünblaue Wasser, die leise an das felsige Ufer plätschern. Schließt man die Augen, vermeint man, irgendwo am Meer zu sein. Im Bergrund reihen sich die Gipfel des Jägerspitz, der schon erwähnten Großen und Kleinen Barbaraspitze, des Krautkareck und Hochlahneck. Gehzeit 6–8 Stunden.

Unterwegs vom Lessachtal zu den Lanschitzseen

Über die Lungauer „Fjorde“ auf den Greifenberg

Etliche Bergsommer kann man im Lungau verbringen, und dennoch wird man immer wieder neue, eindrucksvolle Berg- und Naturerlebnisse erfahren. Ein ganz besonderes Erlebnis bringt die Wanderung durch das Lessachtal an der Ostwand des Hochgolling vorbei, am tosenden Zwerfenbergbach aufwärts zu den Lungauer Klafferseen und auf den Greifenberg. Es ist dies zwar eine lange Wanderung, aber von einmaliger Schönheit!

Tourenbeschreibung:
Bald nach der Ortschaft Lessach endet die Asphaltstraße, es beginnt die Almregion. Zwischen Holzzäunen, weidenden Kühen und Hochwald geht es mit dem Tälerbus noch weit taleinwärts bis zur Laßhoferalm.
Gemütlich wandern wir dann fast eben taleinwärts, den Lessachbach aufwärts, der Weg hat die Nummer 777. Immer in lockerem Fichten-

Blick vom Oberen Lanschitzsee zum Hochgolling

Tour auf einen Blick

Ausgangspunkt:
Das Lessachtal einwärts bis zum Parkplatz und weiter bis zur Laßhoferalm, 1290 m, mit dem Tälerbus.
Auf dem Weg Nr. 777 bis zum Zwerfenbergsee, 2029 m, und von da in westlicher Richtung am Lungauer Klaffersee, 2197 m, vorbei auf den Greifenberg, 2618 m.
Höhenunterschied 1328 m.
Gehzeit 6 bis 8 Stunden, Ausdauer erforderlich.

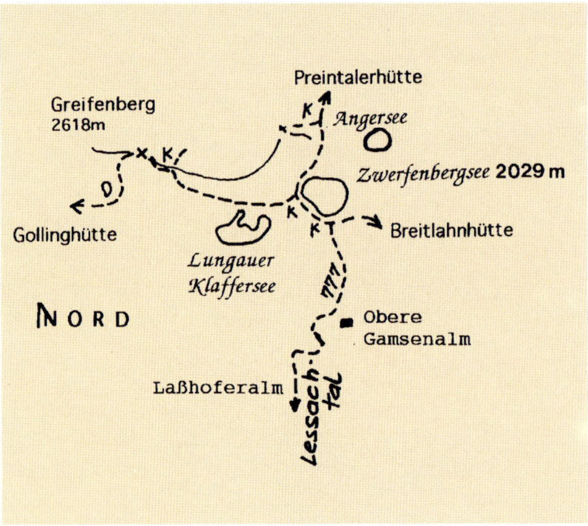

wald, folgen wir dem heute ruhig dahinfließenden Bach. Wie die zahlreichen Vermurungen hier aber zeigen, kann es nach heftigem Gewitterregen im hinteren Lessachtal sehr wild und gefährlich zugehen. Steil ragen die Felswände linker Hand zum Kasereck und Hochschuß auf. Mehrmals überqueren wir auf einfachen Holzstegen den Bach. Plötzlich taucht links von uns – bei der unteren Gamsenalm – die mächtige Hochgolling-Ostwand auf. Von der frühen Vormittagssonne ausgeleuchtet, ragt sie eindrucksvoll und begeisternd zugleich in das Blau des Bergsommers.
Noch einmal queren wir das breite, geröllldurchsetzte Bachbett, lassen Hochgolling und die Hinteralmhütten links liegen und folgen dem Zwerfenbergbach, der tosend und gischtend in Steilstufen talwärts schießt.
Der folgende Abschnitt ist ein besonderes Erlebnis: An Latschen, Lärchen und dunklen Zirben vorbei windet sich der Weg von Stufe zu Stufe höher, der Blick zum Hochgolling und den benachbarten Gipfeln wird immer freier, umfassender. Wasserfälle stürzen über Felsabsätze, und der kleine Gralatisee bei der Oberen Tromörtenalm zu Füßen der Hochgolling-Ost-

Lungauer Klaffersee

wand glänzt im Sonnenlicht. Moosgrün und erfrischend sind die Almböden und Grashänge, die zu den Felsen und Gipfeln hinaufleiten. Die ersten reifen Preiselbeeren laden zum Verweilen ein. Ab der Oberen Gamsenalm ist die Steilstufe überwunden. Mäßig ansteigend, fast gemütlich führt uns der Weg Nr. 777 direkt zum Südufer des Zwerfenbergsees. Ein wenig höher liegt der kleinere Angersee. Eingerahmt wird der Talschluß von Zischken (2681 m), Deichselspitze (2684 m), Kaiserspitze (2576 m), alle im Osten gelegen, weiters von Kieseck (2681 m), Waldhorn (2782 m) im Norden und Greifenberg (2618 m) im Westen. Hier befindet sich außerdem eine richtige Wegkreuzung. Nach Osten geht es über die Kaiserscharte hinaus zum Schwarzensee und zur Breitlahnhütte, nach Norden übers Waldhorntörl zur Preintalerhütte und nach Westen an den beiden Lungauer Klafferseen vorbei zum Greifenberg und weiter zur Gollinghütte. Nach kurzer, einsamer Rast am Zwerfenbergsee zieht es uns hinauf zu den Lungauer Klafferseen.

Ein Steilaufschwung ist rasch überwunden, und dann bleibt uns vor Staunen fast die Sprache weg. Zwei stille, langgestreckte, glasklare Seen, umrahmt von dunklem Fels und Geröll, breiten sich vor uns aus. Würden hier nicht das Waldhorn und die anderen bekannten Gipfel stehen, man könnte sich an einsamen Fjorden fühlen.

Natürlich gehört zu dieser Bergszenerie auch das richtige Kaiserwetter, wie es uns diesmal beschert ist. Nach vielen Fotoschüssen ziehen wir hinauf zum Greifenberg, wo wir uns plötzlich zwischen Menschen eingekeilt fühlen, die in großer Zahl von der steirischen Seite aufgestiegen sind. Zwar sind wir keine Außenseiter der menschlichen Gesellschaft, aber der Wirbel hier heroben läßt uns bald wieder in die Stille des Lungaues zurückkehren. Aufstiegszeit 5–6 Stunden, für den Rückweg muß man mindestens 3 Stunden rechnen.

Lungauer Klaffersee

Das Kasereck (2740 m), eine der kühnsten Berggestalten der Schladminger Tauern

So wurde früher von den Bergsteigern der zweithöchste Berg der Niederen Tauern nicht ganz zu Unrecht charakterisiert. Zwar ist der Hochgolling höher, mächtiger, aber der Gipfel des Kasereck ist tatsächlich herausfordernd und sucht seinesgleichen in den Niederen Tauern.

Die erste Ersteigung und Überquerung erfolgte durch Hans Wödl. Es ist kein leichter Berg, also kein Ziel für Bergwanderer, obwohl die Anstiege über die Südflanke und den Ostgrat nur mit I eingestuft werden.

Tourenbeschreibung:
Nachfolgend eine Schilderung aus den achtziger Jahren: An einem wunderschönen Herbsttag parken wir im Göriachtal unser Fahrzeug. Dem deutlich markierten Weg im steilen Hochwald folgend, erreichen wir nach etwa 1 Stunde die im freien Almgelände liegende Obere Pindlalm. Außer einigen Beerensammlern begegnen wir keinem Menschen. Die letzten Lärchen bleiben zurück, der Blick in die unmittelbar benachbarte Bergwelt wird frei. Der Gipfel des Kasereck verbirgt sich allerdings noch hinter einer Felsstufe. Als wir auch diese hinter uns bringen, steilt über dem kleinen, dunklen Pindlsee der Gipfel unseres Zieles auf. Hier endet der markierte Weg, doch ein deutlich sichtbares Steiglein führt durch das Seebecken zum Fuß des Gipfels. Hier verliert sich der Steig in Geröll und Schutt, doch Steinmännchen, von Bergkameraden errichtet, weisen die Richtung. Schon hier am Beginn der

Piendlsee mit Kasereck

Schrofen wäre es weniger Geübten ohne Steinmarken nicht leichtgefallen, aus dem Kuhkar hinauf in die weiterleitenden Felsrippen des Furtriegels zu finden. Hier quert man aus der Südflanke in die Westseite und sucht sich – sofern keine Steinmännchen vorhanden sind – die am leichtesten kletterbare Schuttrinne für den weiteren Aufstieg. Tatsächlich geht es hier mehrmals waagrecht, ja sogar ein kurzes Stück bergab, bis wir auf einen Grat knapp unterm Gipfel gelangen. Hier weichen wir auf die Nordseite aus und klettern im lockeren Fels vorsichtig die letzten Meter bis zum Gipfelkreuz hinauf.

„Alle Wege führen zu Gott – einer über die Berge." Diesen Spruch liest man auf der neuen Holztafel, die am einfachen Holzkreuz am Kasereck angebracht ist. Eine zweite, eiserne Gedenktafel am Kreuz erinnert an verunglückte Bergsteiger. Offenbar haben sich am Kasereck schon öfters Bergsteigertragödien ereignet. Nach kurzer Besinnung erfreuen wir uns an dem umfassenden Rundblick in die Lungauer Bergwelt, der dem vom benachbarten Hochgolling nicht im mindesten nachsteht. Links vom Hochgolling, also westlich davon, ragen überm Zwerfenberg und Großelendkopf die Dachsteingipfel mit der senkrechten Südwand auf, tief unten, fast zu unseren Füßen, glänzt der Pindlsee. Die wenigen Eintragungen im Gipfelbuch zeigen, daß nur selten Bergsteiger die Herausforderung des rassigen Kasereckgipfels annehmen. Gehzeit 5–6 Stunden.

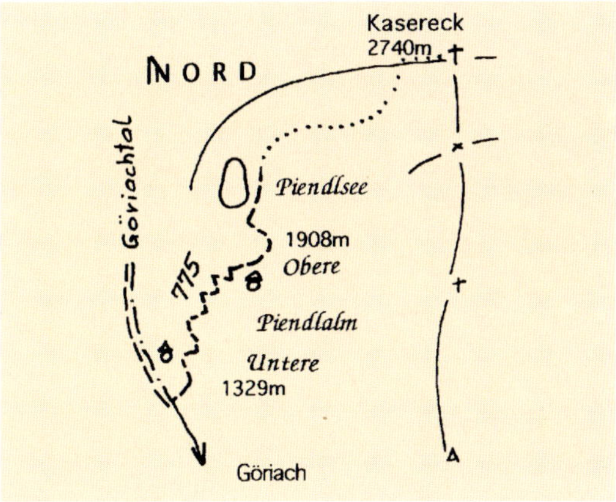

Tour auf einen Blick

Ausgangspunkt:
Von Göriach mit dem Pkw taleinwärts bis zum Schranken, dann mit dem Tälerbus bis zur Unteren Piendlalm, 1329 m.
Bis zur Oberen Piendlalm, 1908 m, in 1½ bis 2 Stunden.
Weiter bis zum Gipfel des Kasereck, 2740 m, in ca. 2 Stunden.
Schwierigkeitsstufe I.
Höhenunterschied 1411 m.
Gehzeit insgesamt 5 bis 6 Stunden.

Aus dem Göriachtal zum Hochgolling und zu den Landawirseen

Allen Tauerntälern ist unter anderem eines gemeinsam: Sie haben eine nicht zu unterschätzende Länge, die bei einer Tourenplanung keinesfalls außer acht gelassen werden darf. Gerade von der Südseite des Lungaues greifen, wie lange Finger von einer gewaltig großen Hand, die Täler tief in die Gebirgsgruppen hinein.

Hans Wödl, bekanntlich einer der Erschließer der Niederen Tauern, schrieb 1890 sinngemäß: „Der Zug der Mode, der die Alpinistik beherrscht, strebt, seit man sich überhaupt den vaterländischen Alpen zugewendet hat, den Eis- und Felsbergen der Hohen Tauern, den Kalkschrofen des Dachsteingebietes und der Admonter Berge zu. Die Niederen Tauern dagegen stehen ganz in deren Schatten und sind so abgelegen, daß sie für einen Massenbesuch höchst ungünstig sind." Weiters schreibt Hans Wödl: „Der Eindruck, den ihre zahlreichen Gipfelreihen, von der Ferne gesehen, ausüben, ist zu wenig auffallend, und das Erkennen ihrer kostbaren Reize und Schönheiten erfordert ein näheres Eingehen und Aufsuchen ihrer geheimnisvollen Abgeschiedenheit."

Von allen Almen im Tal haben die Vorderen Göriachalmen die schönste Lage; es ist ein richtiges Almdorf, alle Hütten weisen mit dem Eingang nach Süden.

Göriacher Almdorf

Tour auf einen Blick

Ausgangspunkt:
Von Göriach taleinwärts bis zum Schranken, von da mit dem Tälerbus bis zu den Vorderen Göriachalmen, 1422 m.
Auf dem Weg Nr. 775 bis in den Göriachwinkel und weiter in die Gollingscharte, 2326 m.
Auf dem Nordwestgrat (Schwierigkeitsgrat II) zum Gipfel, 2863 m.
Abstieg auf dem Normalweg (Schwierigkeitsgrat I) in die Gollingscharte.
Zur Landawirseehütte bei aperen Bedingungen den Weg hoch über dem Göriachwinkel wählen, andernfalls in den Talgrund absteigen und dem Weg Nr. 702 zur Hütte, 1985 m, und zu den Seen folgen.
Zugleich Weg Nr. 702 und Weg Nr. 775.
Höhenunterschied 1441 m.
Gehzeit 8 bis 10 Stunden.

Bis zu den Landawirseen (auch Landwirseen) reine Genußwanderung, jedermann empfehlenswert; der Hochgolling hingegen ist geübten Bergsteigern vorbehalten! Früher konnte man mit dem eigenen Pkw bis zum schön gelegenen Almdorf fahren. Heute endet die eigene Fahrt wenige Kilometer nach Göriach an einem Schranken. Eine Weiterfahrt mit dem Tälerbus von Hintergöriach bis zum Hüttendorf ist möglich und wegen der Weglänge ratsam!

Tourenbeschreibung:
Durch das Almdorf wandern wir, der Alpenvereinstafel „Zur Landawirseehütte", Weg Nr. 775, folgend, ständig entlang des Baches, der einen schönen Almboden mit großen Lärchen durchfließt. Auf Lärchenstämmen überqueren wir den Göriachbach und erreichen nach einer Talstufe, über die der Bach in prächtigen Kaskaden herunterstürzt, die Zugriegelalm. Vor uns ragen die Sandspitze (2488 m) und die mächtige, fast senkrechte Südwand des Zwerfenberges (2642 m) auf, dem man von hier aus nicht ansieht, daß er zu den schönsten Schibergen der Schladminger Tauern zählt.
Immer mehr weitet sich nun der Talboden. Rechts, also östlich, die Steilhänge des Hochgolling, linker Hand der Hohe Wagen (2320 m), der den Blick zur Landawirseehütte verhindert. Noch einmal überquert der Weg den Bach, um dann im weiten Bogen gegen Westen über eine Talstufe zur Landawirseehütte zu führen.
Knapp vor dem Talschluß biegen wir ostwärts ab, den markierten Pfad entlang, der uns zunächst durch felsdurchsetztes Gelände, später über Schutthalden mäßig steil in die Gollingscharte (2326 m) hinaufführen wird.
Bis hierher wandern wir gemeinsam mit den Ausflüglern und Bergliebhabern, die „nur" zur Landawirseehütte und zu den schönen Landawirseen wollen.

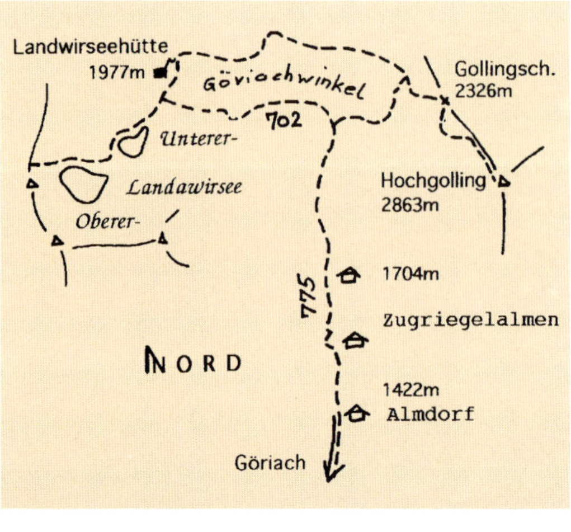

Imponierend ist der gewaltige Talabschluß des Göriachwinkels, der von den senkrecht abfallenden Gipfeln der Samspitze (2361 m), der Sandspitze (2488 m) und dem Zwerfenberg (2642 m) gebildet wird.
Auf dem Weg zur Scharte sind wir allein unterwegs, denn die Besteigung des Hochgolling erfolgt meistens von der steirischen Seite über die Gollinghütte. Der Anstieg aus dem Lungau wird wesentlich seltener gemacht. Letzterer ist kürzer, freundlicher und leichter. Der steirische Anstieg allerdings zeichnet sich im Abschnitt Gollingwinkel durch die überaus eindrucksvolle, gewaltige Nordwand des Hochgolling aus. Auf beiden Seiten gibt es empfehlenswerte Bergsteigerunterkünfte, die Gollinghütte (1651 m) auf der Schladminger Seite und die überaus reizvoll, etwas abseits gelegene Landawirseehütte (1985 m) im Lungau.
In engen Serpentinen windet sich der Pfad durch fels- und schuttdurchsetztes Steilgelände in den markanten Einschnitt zwischen Zwerfenberg und Hochgolling, der Gollingscharte. Auf beiden Seiten der Scharte finden sich im Gegensatz zu anderen Jahren nur kümmerliche Schneereste, so daß uns hier alles fremd erscheint. Heute werden wir leider nicht auf „sommerzachem Firn" mit den Bergschuhen talwärts wedeln, wie einige Jahre zuvor.
Weiter führt der Weg in weitem Bogen zur Westflanke des Berges bzw. zur Westflanke des Nordwestgrates. Es ist dies der leichteste Aufstieg auf den Gipfel, mit I bezeichnet und durch Schutt und Felsstufen gekennzeichnet. Wir überlassen die an diesem schönen Bergsommertag überlaufene Aufstiegsroute den „Auchbergsteigern" und wählen den Nordwestgrat, der uns ohne Schutt direkt zum Gipfel leitet. Dieser Weg wird mit II in seiner Schwierigkeit eingestuft.
Zu Recht wird hier daher die bergbegeisterte Jugend am Seil hinauf gesichert. Die Abzweigung vom Normalanstieg ist eindeutig angegeben. Erstmals wurde der Weg von Wödl 1917 begangen und heißt daher auch „Wödlsteig".
Aufatmend erreichen wir das Gipfelkreuz. Umfassend und außerordentlich eindrucksvoll ist die Gipfelparade vom höchsten Punkt der Niederen Tauern. Vom Nordwesten grüßen, über dem Ennstal aufragend, der vertraute Dachstein mit seinen Gipfeln und die Bischofsmütze herüber, in östlicher Richtung erkennen wir viele bekannte Gipfel, wie Höchstein, Hochwildstelle, Greifenberg, Waldhorn, Deichselspitze usw., im Süden die schöne Spitze des Kasereck, gegen Westen viele Lungauer Gipfel und schließlich am Horizont die Eisriesen der Hohen Tauern. Kein Wunder, daß

die Wanderer, die den Gipfel des Hochgolling erreichen, restlos begeistert sind.
Beim Abstieg in die Gollingscharte auf dem Normalweg erfreuen wir uns an den prächtigen Blüten der gelbblühenden Nelkenwurz, dem rötlichen Gletscherhahnenfuß sowie den verschiedenen Primelarten.
Knapp unter der Gollingscharte zweigt ein Weglein westwärts in die Zwerfenbergwand, hoch über dem Göriachwinkel, Richtung Landawirseehütte ab. Diesmal ist der Weg völlig harmlos, weil aper, in manchen Jahren aber kann ein steiles Schneefeld diesen Pfad für Ungeübte zu einem schwierigen Unternehmen machen. In diesem Fall ist es empfehlenswert, in den Talgrund des Göriachwinkels abzusteigen und dem Weg Nr. 702 zur Landawirseehütte zu folgen. Diese Variante dauert zwar 1 Stunde länger, ist aber immer ungefährlich.
Unschwierig überwinden wir die ausgesetzte Felspassage und können ganz die Schönheit dieses großartigen Talschlusses genießen. Hinter uns ragt hoch und klotzig der Hochgolling in das makellose Blau, talauswärts beeindruckt die Spitze des Kasereck, vor uns im Gegenlicht glänzen die beiden Landawirseen. Lachen und Singen klingt von der Landawirseehütte herüber. In unmittelbarer Nachbarschaft der Hütte ragen interessante Gipfel wie Pietrach, Scharnock, Kübel, Hoher Wagen und Rotsandspitze auf und bilden zusammen mit den Seen eine prächtige Bergszenerie, die jeden Berg- und Naturliebhaber begeistern muß. Oberhalb der Hütte teilt sich der schmale Pfad in die Trockenbrotscharte hinauf. Diese vermittelt den Übergang zur Keinprechthütte. Wir aber steigen zur Landawirseehütte ab, bei der wir bereits nach wenigen Minuten eintreffen. Die Hütte liegt auf 1985 m und wurde in den Jahren 1979/80 erweitert. Sie paßt mit dem Holzschindeldach bestens in die hochalpine Umgebung.

Die Landawierseehütte am Ende des Göriachtales (1985 m) ist ein beliebtes Ausflugsziel und eine wichtige Bergsteigerunterkunft

Tour auf einen Blick

Ausgangspunkt:
Von Mariapfarr ca. 7 km über Lignitz in das gleichnamige Tal bis zum Schranken, ca. 1400 m.
Auf dem Weg Nr. 744 taleinwärts, vorbei am Lignitzsee, 1958 m, auf die Höhe, 2204 m. Höhenunterschied 800 m. Gehzeit $4^1/_2$ bis 5 Stunden, unschwierig.

Bei Tourenplanungen sollte man unbedingt eine Übernachtung auf der Landawirseehütte einbauen.
Nach einer stärkenden Erfrischung folgen wir dem ausgetretenen Pfad zu den beiden Seen. Jetzt, am späten Nachmittag, sind hier keine Ausflügler mehr unterwegs, sie haben längst den Rückweg angetreten, und wir sind allein an den Ufern. Leicht kräuselt der Wind das Wasser, in dem sich Zwerfenberg und Hochgolling spiegeln. Angenehm ist es, die heißgelaufenen Füße in das kühle Wasser zu tauchen. Doch ein fast zweistündiges Wegstück zur Göriachalm hinunter zwingt uns zum Abschiednehmen von dieser großartigen Berglandschaft. Vorbei an den rauschenden Wassern, die aus dem oberen in den unteren See stürzen, vorbei an der reizvollen Landawirseehütte steigen wir bergab. Gesamtgehzeit bis 10 Stunden.

Zur Lignitzhöhe (2204 m)

Die Lignitzhöhe – ein interessanter Übergang in die Schladminger Tauern. Kein Gipfel, sondern der Verbindungsgrat zwischen Graunock und Scharnock.

Tourenbeschreibung:
Ein wolkenloser Frühsommertag begleitet uns von Mariapfarr nordwärts über Örmoos nach Lignitz in das verhältnismäßig enge gleichnamige Tal. Linker Hand grüßt die Zechnerkarspitze, ein bekannter Skitourenberg, und rechts der Gensgitsch. Ein dichtes Walddach spendet Schatten auf der Weiterfahrt, die allzu früh von einem geschlossenen, versperrten Schranken gestoppt wird.
Es riecht förmlich nach Bergsommer, als wir im Lignitztal bachaufwärts durch Lärchen-

Von der Lignitzhöhe Blick zum gleichnamigen See und zur Zechnerkarspitze (oberer Bildrand Mitte)

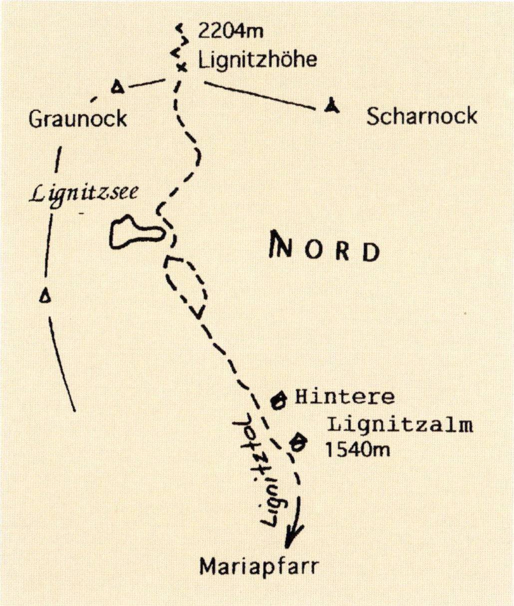

und Zirbenwald die Forststraße dahinwandern, Weg Nr. 744. Noch ist die Urlaubs- und Wanderzeit nicht angebrochen, und wir sind allein im fast ebenen Lignitztal. Sehr viel Vieh weidet hier in der Umgebung der Hinteren Lignitzalm, die wir nach einer $^3/_4$ Stunde erreichen. Zu unserem Erstaunen parken hier etliche Autos. Wie sich herausstellt, kann man die Hütte mieten und bekommt dann auch einen Schlüssel für den Wegschranken.
Wenig später weist uns ein Hinweisschild von der Forststraße in den Wald. Dies ist der richtige Weg! Eine andere Markierung führt zunächst, der Straße folgend, in Block- und Moorgelände, wo sich der Weg verliert. Viele Schneefelder leuchten noch von den umliegenden Gipfeln, auch hier am Weg finden sich zwischen Enzianblüten, Anemonen und Almrausch vereinzelte Überbleibsel eines recht schneereichen Winters. Über Almgelände mit rauschenden Wassern führt der Pfad zum ruhigen, beschaulichen See. Die Schneefelder vom Graunock, von der Lignitzhöhe und vom Scharnock reichen noch bis an seine Ufer. Leicht kräuselt der Bergwind das kristallklare Wasser, während wir am östlichen Ufer weiterwandern. Unmittelbar nachdem wir den Seebereich verlassen haben, geht es über steile Schneefelder in $^1/_2$ Stunde vom See weg auf den Grat. Der Dachstein grüßt, die Keinprechthütte tief unten ist noch geschlossen, und der kleine Bergsee direkt zu unseren Füßen ist noch fast gänzlich mit Schnee und Eis überzogen. Nach einem genußvollen Rundblick auf die vertrauten Berge rutschen und fahren wir mehr, als wir stapfen, zum See hinunter. Knapp 5 Stunden waren wir unterwegs, als wir wieder beim Parkplatz eintreffen.

Hintere Lignitzalm

Zechnerkarspitze (2452 m)

Die Wetterpropheten warnten uns vor Bergtouren, weil spätestens bis Mittag eine heftige Gewitterfront mit Temperatursturz das Vorhersagegebiet und damit auch den Lungau erreichen würde. Der Warnung eingedenk, gehen wir bereits frühmorgens bei wolkenlosem strahlendem Sommerwetter vom Schranken beim letzten Bauerngehöft in Richtung Zechnerkarspitze weg.
Die Wanderung auf die Zechnerkarspitze ist sowohl im Sommer als auch im Winter, dann allerdings mit Schi, empfehlenswert!

Vom Aufstieg zur Zechnerkarspitze

Tourenbeschreibung:
Zufahrt mit Pkw von Mariapfarr Richtung Grabendorf und Kreischaberg. Vor Kreischaberg links aufwärts bis zum Schranken.
Im sogenannten Granitzlwald wandern wir auf einer bequemen, sanft steigenden Forststraße einem „Waldlehrpfad“ entlang! Einige Tafeln mit sinnigen, belehrenden Sprüchen und Zeichnungen sollen den Wanderern die Eigenschaften und Aufgaben des Waldes nahebringen. Viele Pilze und reife Heidelbeeren wollen uns vom „Gipfelsturm“ abhalten, doch wir wandern bergwärts. Ein Marterl, das an einen vor langer Zeit verunglückten Holzarbeiter erinnert und das wir vor mehr als zehn Jahren an einem Baum fotografiert haben, suchen wir zunächst vergebens, doch frisch gefärbelt wurde es an einem besseren Platz angebracht.
Der Weg ist bestens markiert, der Wald lichtet sich, die Sicht wird frei zu benachbarten Gipfeln wie Speiereck, Gurpitscheck, Gensgitsch. Der Tiefblick in die Lungauer Beckenlandschaft wird allerdings durch starken Dunst verwehrt.
Vorbei an einer Jagdhütte mit Holzkreuz und Brunnen zieht sich der bequeme Weg in das weite baumfreie Kar zwischen Muleteck und Granitzl. Auf den weiten Almböden liegt das

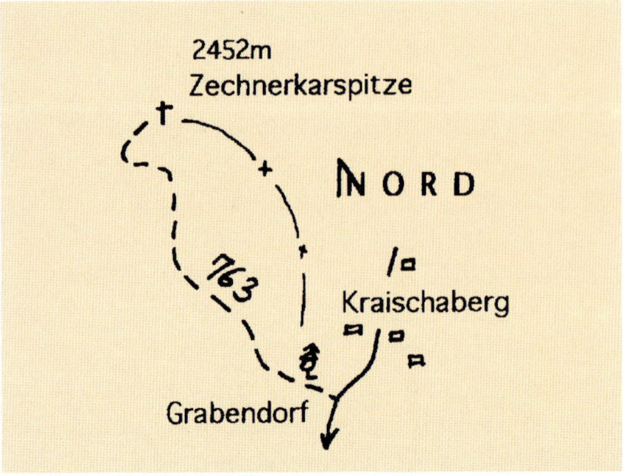

Tour auf einen Blick

Ausgangspunkt:
Anfahrt von Mariapfarr in Richtung Grabendorf, Tscharra. Knapp vor Tscharra in Richtung Kreischaberg, Lignitz abzweigen.
Vom Schranken, 1300 m, dem markierten Weg Nr. 763 bis auf den Fipfel, 2452 m, folgen.
Höhenunterschied etwa 1100 m.
Gehzeit insgesamt $4^1/_2$ bis 5 Stunden, unschwierig.

Vieh, in den Rasenhängen und Schrofen blöken die Schafe. Büschelweise leuchtet die rote Berghauswurz von den Felsblöcken, und so wandern wir vergnügt dem deutlich sichtbaren Gipfelaufbau der Zechnerkarspitze entgegen. Mäßig steil führt der markierte Steig zum Gipfel. Das hölzerne Gipfelkreuz ist teilweise zerstört. Holzteile liegen verstreut am Boden, wahrscheinlich von einem der zahlreichen Blitzschläge in diesem Sommer getroffen. Das erinnert uns wieder an die angesagte Gewitterfront, und tatsächlich brauen sich dichte Wolken fern im Nordwesten zusammen, während der Westen, Süden und Osten noch wolkenfrei sind. Im Gipfelbereich weiden viele Schafe, vereinzelt beginnt der Blaue Eisenhut fast violettblau zu blühen. Bei der hinteren Lignitzalm, fast 1000 m tiefer zu unseren Füßen, spielt im Fernglas deutlich erkennbar eine Musikkapelle. Der Gipfelrundblick ist wiederum so eindrucksvoll wie von den vielen Nachbargipfeln.

Zufrieden mit dem Bergerlebnis steigen wir ab in das weite Kar, wandern durch den kühlen Bergwald, naschen von den Heidelbeeren und wundern uns über das plötzlich einsetzende und immer heftiger werdende Rauschen in den Baumwipfeln. Als wir beim Parkplatz aus dem Wald herauskommen, sehen wir erst, wie sehr sich das Wetter in kürzester Zeit verschlechtert hat. Dunkle Regenwolken ziehen vom Speiereck über den Fanningberg Richtung Mariapfarr. Vor nicht einmal 10 Minuten hat die Sonne auf uns heruntergebrannt, und jetzt peitscht der Sturm mit heftigen Regenschauern über uns hinweg. Uns tun die vielen Wanderer leid, die 2 Stunden nach uns zur Zechnerkarspitze aufgestiegen sind. Gehzeit insgesamt $4^1/_2$ Stunden.

Dem aufmerksamen Wanderer begegnen viele Marterln, hier auf dem Weg zur Zechnerkarspitze

Auf den Spuren mittelalterlichen Bergbaues zur Lungauer Kalkspitze (2471 m)

Von Weißpriach die Lonka aufwärts bis zu den Stockerhütten fahren, wo sich das Znachtal und das Weißpriachtal verzweigen. Von da in insgesamt 10stündiger Wanderung (hin und zurück) auf markierten, gut beschilderten Pfaden in das Znachtal und auf die Lungauer Kalkspitze. Unschwierig, aber nur für ausdauernde Wanderer.

Von den nachweislich elf Bergbaubetrieben im Weißpriachtal war zweifellos die wichtigste Fundstelle die Zinkwand. Es ist eine steile, fast senkrechte Wand, hauptsächlich wurden Kupfernickel und Kobalt abgebaut. Das interessanteste und heute noch verhältnismäßig gut erhaltene Bauwerk ist der tiefe, steingemauerte Gang, der von der Einstiegsstelle in der Zinkwand über den Hang westwärts zur einstigen Abwurfstelle für die Erzsäcke führt. Weiter führt der Steig herüber zur einstigen Brennerstube, die auch in Stein gemauert war und selbst im tiefsten Winter in dieser Höhe Wasser spendete. Etwa 100 Schritte westwärts liegen die Ruinen der ehemaligen Knappenunterkünfte. Beim Anblick der zahlreichen übereinanderliegenden Stollenöffnungen in der hohen Wand erinnert man sich an die Schilderung alter Leute, die sagen, die Zinkwand sei wie ein Käse durch und durch voller Löcher, in denen sich die Knappen wie Würmer durchgefressen haben. Ungefähr 500 Jahre lang, nämlich von ca. 1280 bis 1790, dauerte die Blüte lungauerischen Bergbaues. Einer dieser Stollen ist wieder begehbar, so daß man aus dem Obertal, vorbei an der Keinprechthütte, durch die Zinkwand in den Lungau gelangen kann.

Ein altes, volkstümliches Knappenlied, das im

Tour auf einen Blick

Ausgangspunkt:
Von Weißpriach mit dem Tälerbus bis zu den Stockerhütten, 1276 m, wo sich Znachtal und Weißpriachtal teilen.
In das Znachtal, Weg Nr. 771 bis zum Znachtalsattel, 2059 m. Dann auf Weg Nr. 702 in die Akkarscharte, 2315 m, und auf den Gipfel, 2471 m.
Abstieg wie Aufstieg oder weiter von der Akkarscharte zum Oberhüttensattel, 1866 m, und auf dem „Urpfad", Weg Nr. 770, zu den Stockerhütten und nach Weißpriach zurück.
Höhenunterschied etwa 1200 m.
Gehdauer 10 bis 12 Stunden, unschwierig, aber Ausdauer erforderlich.

bergwerksreichen Lungau früher viel gesungen wurde, lautet:

„Der Bergmann im schwarzen Gewande so schlicht
gräbt Schätz aus der Erde, doch man achtet sein nicht,
gräbt Schätz aus der Erde von Silber und Gold,
für sich selbst hat er kaum das tägliche Brot."

Tourenbeschreibung:
Der Ausgangspunkt unserer Tour bei den Stockerhütten ist landschaftlich überaus reizvoll. Über weitem, ebenem Almgelände erheben sich die dunklen Tauerngipfel, wie Karnereck, Gurpitscheck, Teufelskirche, Zechnerkarspitze und Hundstein.
An den Almhütten vorbei, steigt der Weg über eine deutliche Geländestufe an. Tief eingeschnitten hat sich der Znachbach, tosend schießt er durch die Klamm.
Der nächste Wegabschnitt verläuft fast eben durch mächtigen Lärchenwald, mehrmals wird der Bach überquert. Pferde und Kühe weiden hier. Steilwände engen das Tal immer wieder ein, und vor der Greimeisteralm (1620 m) tauchen am Wegrand Steinhaufen auf, die im Grundriß alte Knappenhütten oder Reste einer Schmelzanlage für das Erz der Zinkwand erkennen lassen. Wir befinden uns im Zentrum mittelalterlichen Bergbaues. Und schon erkennt man im Talabschluß die Gipfel Vetternspitzen und Zinkwand.
Oberhalb der fast 1800 m hoch gelegenen Moseralm verfolgen wir einen alten Pfad, der uns im grasigen Steilgelände zum Fuß der Zinkwand hinaufführt. Angesichts der vielen Spuren einstiger fleißiger Bergmannsarbeit werden wir eigenartig berührt und fühlen uns zurückversetzt in die damalige Welt. Für die Bergleute in dieser hohen Region muß insbesondere der lange Winter überaus entbehrungsreich und mit großen Gefahren verbunden gewesen sein.

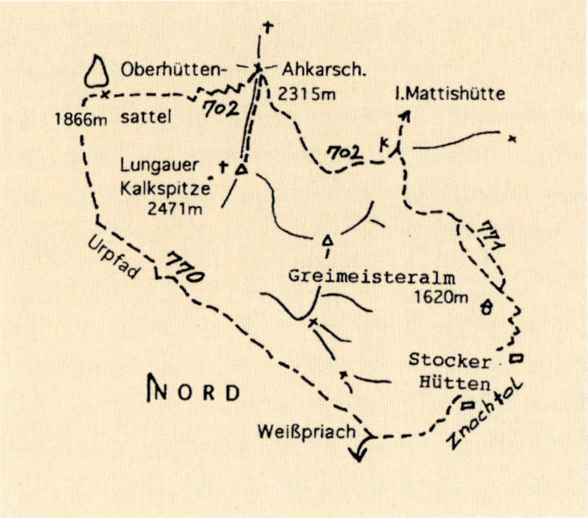

Wir reißen uns los von der Vergangenheit. Die Lungauer Kalkspitze ragt überm Znachtal auf, und wir steigen zum markierten Weg hinunter. Wir begegnen einigen Beerensammlern, mit den Riffeln sammeln sie Eimer voller köstlicher, vollreifer Schwarzbeeren. In den Wänden der Mentenkarspitze „stehen" einige Gemsen, unser Weg ist sehr wenig begangen. Doch kaum erreichen wir den Znachsattel, erleben wir beinahe eine Völkerwanderung. Zu den beiden Kalkspitzen bzw. von den Gipfeln strömen die Wanderer. Kein Wunder, das Gebiet um die beiden Giglachseen ist außerordentlich schön – und von der Ursprungalm aus mühelos erreichbar.
Der letzte Wegabschnitt bis zum Gipfelkreuz der Lungauer Kalkspitze ist wegen der vielen Leute kein Vergnügen. Bemerkenswert ist lediglich der weitverbreitete, dunkelblaue Eisenhut, der im Gipfelbreich schnee- und eisüberzogen eindrucksvoll wirkt.
Wie schon erwähnt, bietet der Gipfel eine hervorragende Rundsicht, eine Gipfelparade sondergleichen. Sämtliche bedeutende Gipfel der Schladminger und Radstädter Tauern bis zum Großen Hafner lassen sich von hier aus erkennen. Besonders reizvoll ist auch der Blick hinunter zum vielbesuchten Oberhüttensee unweit des Oberhüttensattels.
Der Abstieg dorthin und die Wanderung durchs Weißpriachtal würden sich jetzt von selbst ergeben, aber dieser Weg dauert zu lange, dazu ist es heute bereits zu spät.
Im Znachtal sind wir wieder allein, und nach 10stündiger Wanderung treffen wir beim Parkplatz bei der Unteren Stockeralm ein.

Am Oberhüttensattel

Motiv vom „Urpfad“ knapp unter dem Oberhüttensattel

Auf dem „Urpfad“ über den Tauern

Während vieler Jahrhunderte spielte sich der Handels- und Reiseverkehr zwischen Nord und Süd nicht über den Radstädter Tauern, sondern durch das Weißpriachtal über den Oberhüttensattel ab.

Dieser geschichtsträchtige Weg ist unser heutiges Wanderziel. Von Mariapfarr kommend, zweigen wir in Seitling Richtung Weißpriach ab. Am Fanningberg vorbei, fahren wir die Lonka in das Weißpriachtal aufwärts. Linker Hand grüßt das idyllisch am Waldrand gelegene Kirchlein St. Rueprecht. Auf der Wegtafel steht allerdings „St. Rupert“, die Einheimischen legen aber auf erstere Schreibweise wert.

Dieses Kirchlein zählt zu den ältesten Baudenkmälern des ganzen Lungaues. Wie jüngste Quellenforschungen ergaben, geht die Bauzeit dieser Kirche in die zweite Hälfte des 8. Jahrhunderts zurück. Ursprünglich diente die Kirche dem Domprobst von Salzburg bei der Durchreise für Gottesdienste, später war sie auch Burgkapelle für die Ritter von Weißpriach. Diese bauten um die Kirche ihre Burg. Weit über den Lungau hinaus sind die Freskenbilder von St. Rueprecht bekannt.

Die größte Kostbarkeit der Kirche ist aber der aus Silber gearbeitete und vergoldete Meßkelch aus der Spätzeit der Ritter von Weißpriach um 1480. Beeindruckt verlassen wir diesen geschichtsträchtigen und an Kunstschätzen reichen Platz.

Tourenbeschreibung:
Vor uns breitet sich das teilweise heute noch sumpfige Weißpriachtal aus, das die Lonka in vielen Mäandern durchfließt. Darüber liegen breit die Bauernhäuser des „Sonndörfls".
Die Sonndörfler gelten als eigene „Republik" in der Gemeinde Weißpriach, tatsächlich berichtet eine uralte Urkunde vom „Dorf zu Weißpriach".
Weiter taleinwärts kommen wir an der versteckt liegenden Kapelle „Seekreuz" vorbei. Auch ist urkundlich ein See belegt, der dem Domkapitel als Fischwasser diente und zugleich die Wildwasser ausglich, so daß die Lonka ruhiger durch das besiedelte Tal floß.
Über eine Talstufe am Fuß des Karnereck erreichen wir das Almgelände. Hier zweigt vom Weißpriachtal das Znachtal, das zur Zinkwand führt, ab. Wie andernorts erwähnt, wurde hier schon zur Zeit der Kelten Silber, Kupfer und Zink abgebaut. Das Wort Znach kommt vom slowenischen „Znack", das bedeutet „bezeichnetes Tal". Das Znachtal diente den Slawen als Tauernübergang, da ihnen der Oberhüttensattel von den Bajuwaren verwehrt war.
Der Weiterweg in dem breiten, almenreichen Gebiet ist von großer landschaftlicher Schönheit. Es ist ein genußvolles Wandern über die blumengeschmückten Almböden des unteren Lantschfeldes.
Viele Wanderer sind mit uns unterwegs und erfreuen sich an der heiteren Bergwelt. Über den „Wurmbichl" (früher soll es hier sehr viele Schlangen gegeben haben, daher der Name) erreichen wir das obere Lantschfeld. Bei genauer Wegbetrachtung fallen uralte Wegrollierungen auf, etwa 1,5 m breit, wie sie seinerzeit von den Römern angelegt wurden.
Noch eine weitere kleine Stufe hinauf, dann stehen wir vor dem sogenannten „Evangelistein", einem Felszacken. Nach Aussage alter Leute stammt die Bezeichnung Evangelistein daher, daß die Halterbuben früher an Sonntagen dort einen Gottesdienst nachgeahmt und den Felsen als Kanzel benützt haben.
Wenig später erreichen wir den Oberhüttensattel, einen überaus reizvollen Platz, von dem aus nach allen Himmelsrichtungen Wege, Übergänge und Gipfelbesteigungen angezeigt werden. So zum Beispiel in die Ahkarscharte, auf die beiden Kalkspitzen bzw. über die Seekarscharte nach Obertauern oder auf die Seekarspitze sowie, dem „Urpfad" folgend, am Westufer des Oberhüttensees entlang hinunter nach Forstau.
Ein kurzer Abstieg bringt uns zum herrlich gelegenen Oberhüttensee und weiter zur hübschen Oberhütte. Sehr viele Ausflügler bevölkern Hütte und Seeufer. Trotz der Höhe von über 1800 m plätschern Kinder im Wasser des flachen Sees, Fischer werfen beharrlich ihre Angeln ins Wasser, und aus den Wänden des nahen Mereck hallen die Rufe der Kletterer. Es gefällt uns hier so gut, daß wir nur am Ufer liegen, Gipfel Gipfel sein lassen und den weißen Wolken zuschauen.

Lungauer Kalkspitze mit Oberhüttensattel vom Aufstieg auf das Gurpitscheck

Wegweiser auf der Twenger Alm

Das Gurpitscheck (2526 m)
Durch Blumenwiesen zum Gipfel

Das Gurpitscheck bietet eine eindrucksvolle Schau hinunter in die Beckenlandschaft des Lungaues, in die Hotelsiedlung Obertauern sowie zu vielen Gebirgszügen und Gipfeln, von den Hohen zu den Niederen Tauern. Reizvoll ist auch der Tiefblick zu den vielen Bergseen und gepflegten Almen. Zudem ist der Aufstieg auf den Gipfel auch für den etwas anspruchsvolleren Bergwanderer interessant, zumindest im letzten Wegabschnitt vom Twengeralmsee bis zum Gipfel.

Tourenbeschreibung:
Ohne lange Talwanderung geht es vom Wismeyerhaus unmittelbar vor dem Ort Obertauern oder noch günstiger – weil $^1/_4$ Stunde kürzer – vom Jugendheim Schaidberg hinauf in die Hänge der Tauernhöhe und Golitschspitze. Nach $^1/_2$ Stunde Gehzeit läßt man den Pistenbereich zurück und wandert auf einem steilen Fahrweg (rot markiert, Nr. 8) durch Lärchen- und Zirbenwald an kleinen Wasserfällen vorbei bis zur Ernstalm. Schon bis hierher ist die etwa einstündige Wanderung reich an Tief- und Ausblicken. Der vertraute Geruch des Zirbenholzes, das Geläute des Almviehs und die bunten Bergwiesen begleiten uns. Der weitere Wegabschnitt bis knapp unter den Twengeralmsee verläuft gemütlich und eben am Hang, ein Panorama-Höhenweg. Von den vielen Bergblumen fallen besonders Gelber Enzian, der Wundklee und die Wollblumen auf, und der rot bis rosarot blühende Almrausch bildet den bunten Kontrast dazu.
Vom Blumenteppich geht der Blick über das tief eingeschnittene Taurachtal zu den Radstädter Tauern und in die Lungauer Berge. Noch im flachen Gelände, jedoch knapp vor dem Steilanstieg zum Twengeralmsee, treffen wir auf den Weg, der von Tweng über die Hofbauerhütten heraufführt und sich hier mit unserem Weg vereinigt. Entlang des herabstürzenden rauschenden Abflusses vom Twengeralmsee geht es in Serpentinen hinauf zum dunklen Bergsee. Ausflügler rasten an seinem Ufer, genießen die wohltuende Atmosphäre, sie haben ihr heutiges Wanderziel schon erreicht.
Der Markierung folgend, umrunden wir beinahe den See, um gleich anschließend den Steilhang zum Kamm hoch über dem Wasser zu überwinden. Ein Hinweisschild befindet sich

Touren auf einen Blick

Ausgangspunkt:
a) Wismeyerhaus, 1641 m, unmittelbar vor dem Ort Obertauern (von Tweng kommend) gelegen.
Über die Ernstalm, 1869 m, und dem Twengeralmsee (Weg Nr. 8) auf den Gipfel, 2526 m.
Höhenunterschied ca. 900 m.
Gehzeit insgesamt 6 bis 7 Stunden, bei guten Bedingungen unschwierig.

b) Ulnhütte, ca. 1300 m, die von Weißpriach mit Tälerbus erreichbar ist. Über die Schönalmseen markierter Weg zum Gipfel.
Höhenunterschied ca. 1200 m.
Gehzeit 7 bis 8 Stunden, unschwierig.

c) Vor der Ortschaft Tweng, 1233 m, auf markiertem Weg zu den Hofbauer Hütten, 1820 m, zum Twengeralmsee (zuvor Zusammentreffen mit Weg Nr. 8 von Obertauern) und zum Gipfel.
Höhenunterschied ca. 1300 m.
Gehzeit insgesamt ca. 8 Stunden, unschwierig, Ausdauer erforderlich.

Blick vom Gipfel des Großen Gurpitscheck zum Speiereck

hier und weist auf den Weg, der aus dem Weißpriachtal über die Schönalmseen heraufführt, hin. Der Weg ist ebenfalls markiert, wenig begangen, aber landschaftlich interessant. $1^1/_2$ Stunden waren wir bis hierher unterwegs, der gemütliche Geher kann aber auch 2 Stunden benötigen. Ein angenehmer Steig – bestens markiert – zieht uns gipfelwärts. Über Geröll und Felsen vergeht der Aufstieg abwechslungsreich, ein erst vor kurzem angebrachtes Drahtseil hilft über die einzige „Kletterstelle" mühelos hinweg. Zufrieden stehen wir nach 1 Stunde beim hölzernen Gipfelkreuz.

Vom Kleinen Gurpitscheck herauf hört man das Blöken der Schafe. Mit dem Fernglas holen wir unzählige Gipfel heran, und die Kameras halten die markantesten Gebirgsketten und Gipfel fest.

Das Gurpitscheck ist wirklich empfehlenswert!

Ein kalter Gipfelwind treibt uns wieder zurück, hinunter in den warmen Bergsommer. Der Rückweg dauert dann auch 3 Stunden, länger als der Aufstieg, so sehr genießen wir die Rast beim See, die Blumen und rauschenden Wasser.

Tourenbeschreibung mit mehreren Aufstiegsvarianten:

Ausgangspunkt ist die Wismeyerhaus unmittelbar vor dem Ort Obertauern. Man zweigt kurz vor der Paßhöhe rechts zur Wismeyerhaus ab (Hinweistafel!). Die rote Wegmarkierung auf das Gurpitscheck, Weg Nr. 8, beginnt hier. Über die Ernstalm zum Twengeralmsee ca. $1^1/_2$ Stunden, bis hierher herrlicher Höhen-Panoramaweg! Vom See steiler als bisher zum Kamm hinauf und diesen weiter in einer guten Stunde bis zum Gipfelkreuz. Bei guten Bedingungen unschwierige, aussichtsreiche Tour, da ein Felsblock vor dem Gipfel durch ein Drahtseil „entschärft" wurde. Mit 3 Stunden Anstiegszeit soll gerechnet werden. Abstieg wie Aufstieg; Gehzeit insgesamt, also hin und zurück, etwa $5^1/_2$–6 Stunden.

Weitere Anstiegsmöglichkeiten:

- Ausgangspunkt ist die Ulnhütte im Weißpriachtal. Wenig begangener, aber markierter Weg über die Schönalm mit den gleichnamigen Seen, Gehzeit vom Tal bis zum Gipfel $3–3^1/_2$ Stunden. Landschaftlich einladend, unschwierig wie von Obertauern.
- Ausgangspunkt ist die Ortschaft Tweng. Zuerst steil aus dem Taurachtal durch Lärchenwald zu den Hofbauerhütten, dann eben bzw. sogar bergab im weiten Almgelände unter dem Kleinen Gurpitscheck vorbei. Unter dem Twengeralmsee Zusammentreffen mit dem Weg Nr. 8 von Obertauern. Gehzeit von Tweng bis zum Gipfel 3,5–4 Stunden, unschwierig, wenig begangen.
- Vom Verfasser nicht begangen wurde der Weg Nr. 760 von Mauterndorf aus über das Kleine Gurpitscheck zum Großen Gurpitscheck. Im Führer wird er mit 4–6 Stunden Gehzeit angegeben.

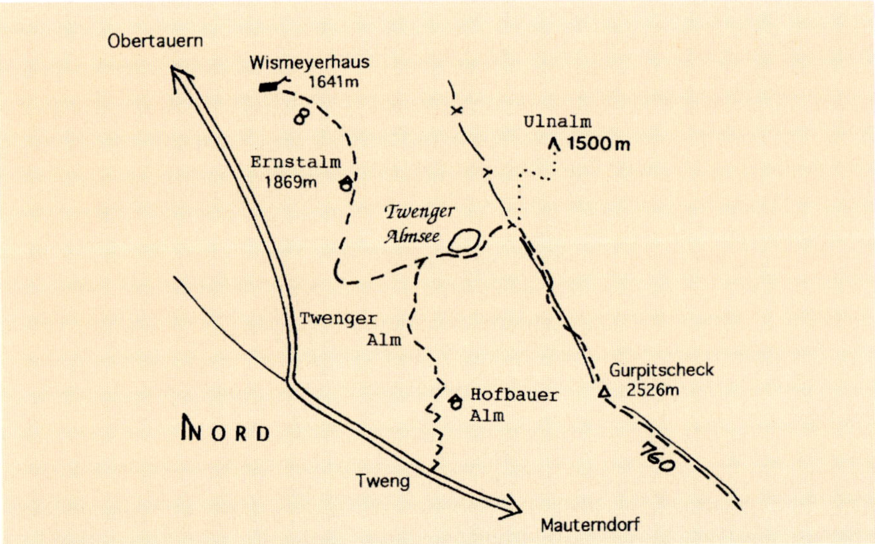

Touren in den Radstädter Tauern

Lantschfeld mit Radstädter Tauern vom Kleinen Gurpitscheck

Über die Gamsleitenspitze (2357 m) zur Zehnerkarspitze (2381 m)

Eine strahlende Morgensonne beleuchtet das Hoteldorf und die umliegenden Gipfel, als wir in Richtung Gamsleitenspitze losziehen. Die mondänen Hotelbauten bleiben zurück, die vertraute Berglandschaft nimmt uns auf, rot blühen die Weideröschen entlang des Weges.
Keinen schönen Anblick bieten im Sommer die autobahnähnlichen Skiabfahrten im Bergrund des Tauernpasses. Im Winter schätzt natürlich jedermann die zahllosen schneesicheren Abfahrten.

Tourenbeschreibung:
Auf dem steilen, schottrigen Weg zur Gamsleitenspitze, unweit der Abzweigung zu den Kesselspitzen, versperrt vorübergehend eine Schafherde den weiteren Aufstieg. Angesichts der Steilhänge, die sich von der Gamsleitenspitze herunterziehen, erinnern wir uns an so manchen vergnügten Buckelpistentanz auf der „Gamsleiten“.
Auf dem Gipfel der Gamsleitenspitze genießen wir den Blick zu den Dachstein-Südwänden, zum Weißeck und zu den Hohen Tauern. Auf ausgesetztem, luftigem Weg steigen wir anschließend in die Scharte, die zur Zehnerkarspitze weiterleitet, ab. Rechter Hand blikken wir auf die kahlen Schotterhalden der Zehnerkarabfahrt. Zur Linken, tief unten, erstreckt sich das unberührte Lantschfeldtal.

Tour auf einen Blick

Ausgangspunkt:
Im Ort Obertauern, 1739 m, das Vindobona-Haus (unweit des DAV-Hauses). Dem Weg Nr. 22 folgen, im Gipfelbereich der Gamsleitenspitze, 2357 m, ausgesetzter Rasenweg.
Im Bereich der Zehnerkarspitze, 2387 m, Schwierigkeitsgrad I.
Beim Rückweg den Weg Nr. 21 zum Ausgangspunkt wählen.
Höhenunterschied ca. 700 m.
Gehdauer ca. 7 Stunden, bei guten Verhältnissen unschwierig.

Motiv vom Aufstieg Obertauern in Richtung Gamsleitenspitze

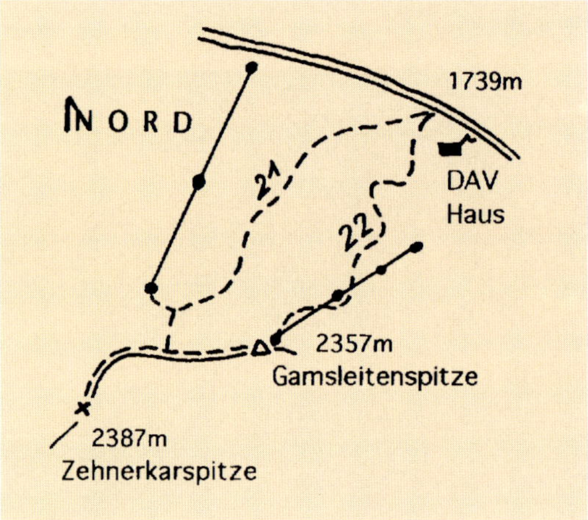

Im Winter kann man bei sicheren Schneeverhältnissen, weitab vom Pistenrummel, von hier aus in das Lantschfeldtal abfahren. Allerdings muß man bis Tweng hinaus kräftig mit den Stöcken schieben und von dort eine Rückfahrmöglichkeit auf die Paßhöhe eingeplant haben. Anläßlich einer Skiwanderung in das Lantschfeldtal zum Kesselkogel begegneten wir einigen Skifahrergruppen, geführt von Skilehrern.

Sie waren begeistert von dem Erlebnis einer Abfahrt fernab von autobahnähnlichen Pisten. Die in kurzen Abständen heraufeilenden Gondeln spucken viele sonnenhungrige Ausflügler aus. Die wenigsten haben berggerechtes Schuhwerk an, in Kolonnen wandern sie zum nahen Gamsspitzel. Von dort gibt es eine gute Aussicht, und ein Gipfelkreuz vermittelt den Eindruck eines „zünftigen" Gipfelsieges.

Nach kurzer Rast folgen wir dem Weg zur Zehnerkarspitze. Eine Tafel warnt: „Nur für Geübte und Trittsichere". Ab hier sind wir erfreulicherweise wieder fast alleine unterwegs. Das Weglein quert durch das Schuttkar, die Hitze brütet, hoch ober uns erblicken wir bereits das Gipfelkreuz der Zehnerkarspitze. Weit reicht die Sicht über das langgezogene Lantschfeldtal hinaus ins Taurachtal, zum

Gurpitscheck, in den Lungau. Über einige Serpentinen erreichen wir eine enge Felspassage, kühlender Wind zeigt den nahen Grat an. Nach wenigen Griffen und Tritten in gutem Fels erreichen wir den „Ausstieg" (Schwierigkeitsstufe I–). Interessante Ausblicke gegen Westen tun sich auf, uns gegenüber Glöcknerin, Pleißlingkeil, weiter entfernt Faulkogel, Weißeck und darüber im Dunst die weißleuchtenden Hohen Tauern. Nach wenigen Schritten stehen wir beim schlichten Holzkreuz am schmalen, luftigen Gipfel. Das schöne, warme Wetter lädt zu ausgiebiger Gipfelrast ein. So weit das Auge reicht, sieht man Bergsteiger bei den Gipfelkreuzen der umliegenden Berge. Jauchzen und Singen hört man vom Gamsspitzel herüber.
Zu unseren Füßen öffnet sich eine wild zerklüftete Gebirgsszenerie, nicht umsonst heißen einige Zacken Teufelshörner, auch gibt es hier einen Wildsee.
Weiter schlängelt sich der Weg Nr. 22 von hier zunächst bergab durch Schuttkare, Rasenhänge und später über Grate zum Predigtstuhl und zum Gipfel der Glöcknerin. Der Weg ist von hier aus deutlich zu erkennen. Man könnte die Wanderung auf die Zehnerkarspitze vom Tauernpaß aus zu einer ganztägigen Rundtour ausdehnen. Nach der Besteigung der Glöcknerin zunächst weiter in westlicher Richtung, dem Weg Nr. 22 folgend, doch dann nicht zur Großwandspitze, sondern in nördlicher Richtung (Weg Nr. 23) über den Wildsee und den Weitwanderweg 702 zurück zur Paßhöhe.
Muß man aber nicht zum Tauernpaß zurück, dann kann man den Weg Nr. 22 weiterverfolgen und eine sehr lohnende Überschreitung zum Pleißlingkeil durchführen. Von da absteigend, erreicht man die Südwiener Hütte und gelangt von hier entweder über die Gnadenalm zur Tauernstraße oder über den Weitwanderweg zum Taferlschartl und von dort zur Franz-Fischer-Hütte bzw. nach Wald und Zederhaus. Wir aber haben noch eine weite Heimfahrt vor uns und steigen auf dem Weg Nr. 21 zum Tauernpaß ab. Die klare Fernsicht läßt uns immer wieder verweilen. Gehzeit 6–7 Stunden.

Die Ortschaft Tweng im Taurachtal mit Glöcknerin

Glöcknerin (2432 m) und Hintere Großwandspitze (2380 m)

Nach dem Durchgang einer Regenfront ist die Bergszenerie um Obertauern unglaublich klar. Da wir von den Radstädter Tauern die Gipfel Glöcknerin, Großwandspitzen und Pleißlingkeil noch nicht erstiegen haben, sind diese unser Tagesziel. Etwa 2 km von Obertauern Richtung Untertauern fahrend, ist nach links der „Weg zum Tauernhof" angezeigt, den wir kurz danach auf asphaltierter Straße erreichen. Hoch über dem großen Gebäudekomplex ragen die Gipfel der Großwandspitzen auf. Mit wenigen Schritten gelangen wir auf breitem, ebenem Weg zur Neuhofalm – wie so manche ehemalige Almhütte ist auch diese hier „fest in deutscher Hand".

Tourenbeschreibung:
Ab der Neuhofalm folgen wir dem Weg Nr. 25. Im lichten Bergwald verläuft der Weg bergauf, bergab, Almrausch und viele andere Blumen sind noch in schönster Blüte, die Umgebung vermittelt einen unbeschwerten Wandergenuß. Etwa 20 Minuten später kommt der Pfad von der tiefer gelegenen Felseralm dazu, und nach insgesamt $^1/_2$ Stunde Weges zeigt ein Wegweiser nach links zum Wildsee hinauf. Zwischen Almrausch und Lärchen lagert das Almvieh. Plötzlich führt uns ein steiler Schotterweg hinauf in baumfreies Gebiet, ein neues Kreuz aus Aluminium begrüßt die Wanderer. Voller Neugier steigen wir weiter aufwärts und stehen vor

Umfassende Gipfelschau vom Gipfel der Glöcknerin

Tour auf einen Blick

Ausgangspunkt:
Von Obertauern Richtung Untertauern fahren und nach 2 km zum Jugendhaus Tauernhof, oder 3 km nach der Ortstafel Obertauern zur Felseralm, 1660 m, abzweigen.
Auf Wegen Nr. 25 bzw. Nr. 23 zum Wildsee, 1925 m.
Weiter auf den Kamm, der die beiden Gipfel Glöcknerin, 2432 m, und Hintere Großwandspitze, 2380 m, verbindet (hier Weg Nr. 22).
Höhenunterschied ca. 900 m.
Gehzeit 5 bis 6 Stunden, unschwierig.

dem tief eingeschnittenen, von Schuttkaren begrenzten Wildsee. Ausflügler genießen an seinem Ufer die eindrucksvolle Bergszenerie. Wir heben uns die „Seeuferpromenade" für den Rückweg auf und verfolgen nach Fotoschüssen den gut markierten Weg über Rasen und Felsblöcke hinauf in einen weiten Berg-

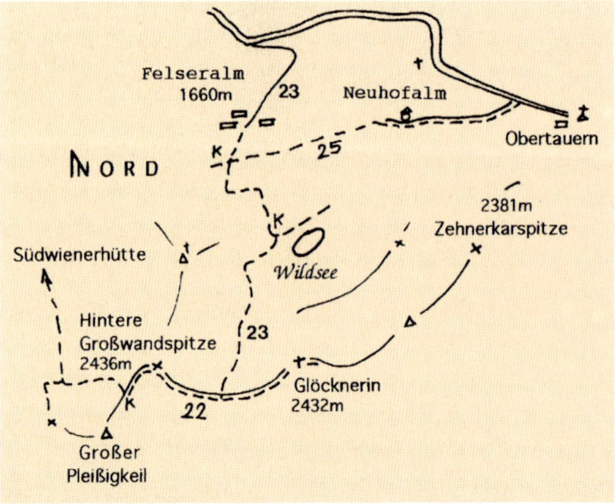

kessel. Auf einer großen flachen Felsplatte ist „unser" Aufstieg: Weg Nr. 23, bergwärts weisend und eine Abzweigung nach rechts am Hang entlang zur Südwiener Hütte mit „SWH" Weg Nr. 702 angezeigt.
Der Rückblick über den Tauernpaß hinüber zur Seekarspitze, ins Taurachtal Richtung Radstadt ist interessant, doch die Gipfelziele sind noch immer hoch über uns. Der Steig ist weiter gut und angenehm, er führt über mehrere Felsstufen in das Kar und zum Kamm, der Glöcknerin und Hintere Großwandspitze verbindet. Nach 2stündiger Wanderung erreichen wir den Kamm und stehen vor einem Schild, das nach links zur Glöcknerin und Zehnerkarspitze, nach rechts zu den Großwandspitzen, Pleißlingkeil und Südwiener Hütte weist. Der Weg in beiden Richtungen trägt die Nummer 22.
Der frische Bergwind tut uns nach dem Anstieg durch das Kar außerordentlich gut, und mit Genuß nehmen wir die gewaltige Gipfelschau, aber auch den Tiefblick ins Lantsch-

feldtal in uns auf. Kurz darauf stehen wir beim einfachen Gipfelkreuz der Glöcknerin. Viele, viele Gipfel von Rang und Namen sind von hier aus zu sehen, sogar Höchstein, Hohe Wildstelle, natürlich Hochgolling, Dachstein, Bischofsmützen, die Lungauer Gipfel mit dem mächtigen Weißeck, das Mosermandl und die Gletscherriesen Hochalm und Ankogel usw. Zufrieden und beeindruckt von den bisherigen Bergerlebnissen steigen wir ab zum Wegweiser und folgen dem Steig zur Hinteren Großwandspitze. Nach kurzer Gipfelrast beim unscheinbaren Holzkreuz gehen wir denselben Weg wieder zurück. Zwar könnte man noch die 1 Stunde bis zum nahen Pleißlingkeil anhängen – der Weg ist bis zum Gipfel deutlich auszumachen –, aber dieses Ziel ist von der Südwiener Hütte aus interessanter.

Leichter Anstieg zur Franz-Fischer-Hütte (2020 m)

Von Zederhaus, dem Hauptort im gleichnamigen Tauerntal, fahren wir mit dem Auto 8 km taleinwärts bis zur kleinen Ortschaft Wald (1328 m). Für die Weiterfahrt ins Riedingtal wird ab Wald im Sommer eine Maut eingehoben, im Spätherbst ist der Schranken offen. Vorbei an der Jausenstation Schliereralm, parken wir unweit der unteren Eßlalm (zirka 1520 m). Ein Stück talein weist uns die Alpenvereinstafel den Weg zur Franz-Fischer-Hütte.

Der Riedingsee, am Weg vom Riedingtal zum Weißeck mit Blick zu Mosermandl und Faulkogel

Tour auf einen Blick

Ausgangspunkt:
Vom Ort Zederhaus in das Riedingtal bis zur Unteren Eßlalm, ca. 1520 m, fahren (Mautstraße).
Bei der Alpenvereinstafel den Wegmarkierungen 742 bzw. 711 folgen.
Höhenunterschied knapp 500 m.
Gehzeit etwa $1^1/_2$ Stunden, unschwierig.

Franz-Fischer-Hütte mit Zaunersee und Mosermandl

Tourenbeschreibung:
Der rotmarkierte Weg trifft bald im Hochwald auf einen breiten Almweg, auf dem in Serpentinen der weitere Anstieg bis auf die Höhe der Oberen Eßlalm erfolgt.
Wechselhaftes Wetter und ein eher ungünstiger Wetterbericht lassen für die nächsten Tage kein besonderes Bergwetter erwarten; für sicheres, beständiges Tourenwetter ist es jetzt, Ende Juni, noch zu früh.
Der Wald bleibt allmählich zurück, die Obere Eßlalm umgehen wir rechts und gewinnen über Geländestufen rasch an Höhe. Ober uns taucht auf einem Hügel der Talstufe des Zaunerberges die Franz-Fischer-Hütte auf, und nach einer weiteren Talstufe stehen wir vor dem weiten, hufeisenförmigen Zaunerkar mit dem Zaunersee. Nach wenigen Minuten können wir bei der neuen Franz-Fischer-Hütte (2020 m), die alte wurde 1962 von einer Lawine zerstört, unsere Rucksäcke ablegen.
Die Sonne scheint, die Fahne flattert und knat-

tert im Wind, und die zahlreichen Tagesausflügler schießen Erinnerungsfotos. Saftige, hellgrüne, mit Alpenblumen durchsetzte Matten überziehen Kare und Hänge, und übers Riedingtal herüber grüßt der mächtige Klotz des Weißeck (2711 m). Nun tauchen auch der zentrale Gipfel der Radstädter Tauern, das Mosermandl (2680 m) sowie der Windischkogel (2609 m) und jenseits der Windischscharte der dolomitenähnliche Faulkogel aus den Wolken auf. Gehzeit insgesamt 1½ Stunden.

Die Rundtour Mosermandl (2680 m)

Das Mosermandl ist zu Recht ein vielbesuchter Berg. Einmal vermittelt er hervorragende Fernblicke, und zum anderen bedeuten die Gipfelanstiege wegen ihrer Steilheit im felsigen Gelände trotz der Seilsicherungen für den Wanderer eine gewisse Herausforderung. Der Südgrat weist die Schwierigkeitsstufe I auf. Von den verschiedenen Möglichkeiten einer Gipfelbesteigung wählen wir den Südanstieg.

Tourenbeschreibung:
Zunächst folgen wir dem Weg Richtung Taferlscharte. Der taufrische Morgen läßt uns ausschreiten, und bald stehen wir beim netten Essersee, in dem sich die hellen Felsen des Mosermandl spiegeln. Abwärts führt uns der Weg bis zur Weggabelung. Wir verlassen den schönen Höhenweg 702 zur Taferlscharte und Südwiener Hütte und folgen links hinauf zum rückenartigen Grat. Spärlicher wird die Vegetation, es reicht gerade noch für die Schafe, die uns verständnislos nachblicken, wie wir über beschwerlichen Schutt aufwärts stapfen.
Leider ziehen die Nebel bereits vom Weißeck herüber, und allmählich verschwinden die Sonne und der Gipfel des Mosermandl. In einer dicken Nebelsuppe nehmen wir die unmittelbare Umgebung nur mehr schemenhaft wahr. Wir finden gute Griffe und Tritte, dann ein Drahtseil, und plötzlich geht's nicht mehr höher hinauf. Wir stehen beim Gipfelkreuz, 2 Stunden nach unserem Aufbruch von der Hütte, auf 2680 m. Da es nicht kalt ist, warten wir ab, ob sich der zeitweise lichter werdende Nebel nicht doch noch verzieht.

Tour auf einen Blick

Ausgangspunkt:
Ist die Franz-Fischer-Hütte, 2020 m (siehe vorangegangene Tour).
Auf dem Weg Nr. 702 Richtung Taferlscharte/Südwiener Hütte bis zum Esser See, 2088 m, wandern.
Ab da Weg Nr. 743 bis zum Gipfel, 2680 m.
Abstieg zur Windischscharte, 2306 m (Weg Nr. 730).
Auf dem Weg Nr. 733 zurück zur Franz-Fischer-Hütte.
Höhenunterschied etwa 700 m, Gehdauer 5 bis 6 Stunden, im Gipfelbereich Schwierigkeitsgrad I, ansonsten unschwierig.

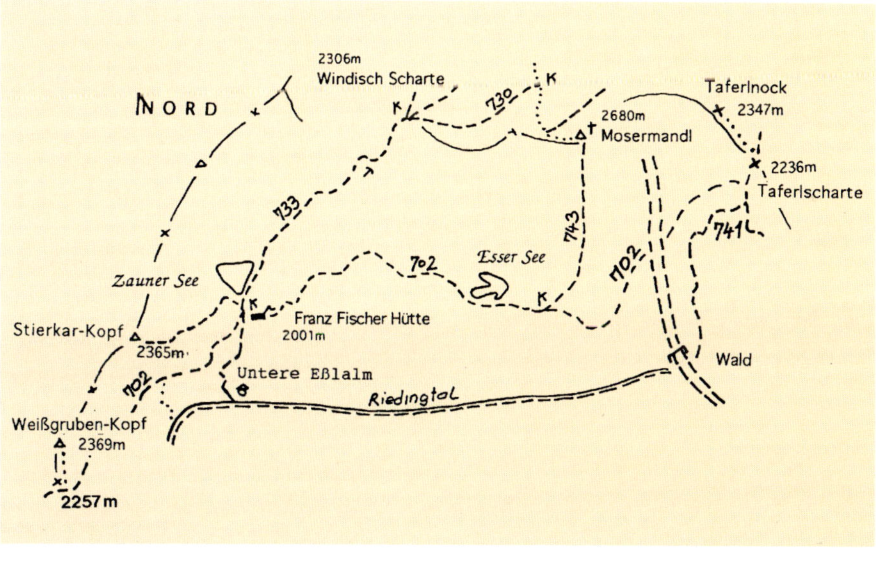

Franz-Fischer-Hütte, 2020 m

Die erste Überschreitung des Mosermandl wurde – wer könnte es auch sonst gewesen sein – von Hans Wödl durchgeführt.
So lange wir auch warten, mit der erhofften Fernsicht wird es nichts, im Gegenteil, die ersten Regentropfen mahnen uns zum Abstieg. Der blauen Markierung folgend, steigen wir westwärts durch eine versicherte, steile Schuttrinne ab. Von unten hören wir Stimmen, und wir bemühen uns, keine Steine loszutreten. Bald kommt uns eine Familie entgegen, der Vater sichert mit einer Reepschnur die Kinder, man sieht es ihnen an, wie sehr sie sich über dieses Bergerlebnis freuen.
Steil und lange erscheint uns der Abstieg zur Windischscharte im wieder dichter werdenden Nebel. Plötzlich bricht ein Regenguß los, wir sind bereits in der Scharte und flüchten unter einen mächtigen, überhängenden Felsen.
Während wir warten, taucht eine Gruppe Wanderer auf. In strömendem Regen ziehen sie, eingemummt in Regenumhänge, stumm an uns vorüber, Richtung Franz-Fischer-Hütte. Sie könnten von der Unteren Gasthofalm durch das landschaftlich sehr reizvolle Gasthofkar kommen oder von der Ursprungalm (Flachau) den ebenfalls eindrucksvollen Weg zur Windischscharte gegangen sein.
Nach etwa 1/2 Stunde, wir sind schon beim Abstieg von der Windischscharte, hört der Regen ebenso plötzlich auf, wie er gekommen ist, und bald darauf bricht die Sonne durch. Schade, daß wir nicht etwas länger gewartet haben, so wie das Wetter jetzt aussieht, hätten wir ohne weiteres den Faulkogel besteigen können. Zum Umkehren hat aber niemand Lust, und so wandern wir zwischen großen Felstrümmern und Schutt zurück zu den blühenden Almwiesen bei der Franz-Fischer-Hütte. Gehzeit 5–6 Stunden.

Zum Weißgrubenkopf (2369 m)

Tour auf einen Blick

Ausgangspunkt:
Ist die Franz-Fischer-Hütte, 2020 m.
Auf dem Höhenweg 702 bis zur Weißgrubenscharte, 2257 m, weiter auf den Gipfel, 2369 m.
Höhenunterschied 250 m.
Gehzeit insgesamt 3 Stunden, unschwierig.

Tourenbeschreibung:
Der vielbegangene Höhenweg 702 führt hoch über dem Riedingtal an den Hängen des Stierkarkopfes und des Wildkarkogels vorbei, über die Weißgrubenscharte (2257 m) zur Tappenkarseehütte oder über Haselloch–Wasserfallscharte–Nebelkarscharte–Murtörl–Schmalzscharte, mit Abstiegsmöglichkeiten zur Sticklerhütte bzw. Hüttschlag. Es ist ein angenehmes Wandern inmitten blühender Almwiesen, kaum eine Steigung ist zu bewältigen. Beim grünlichen Ilgsee reichen noch die letzten Schneereste ins klare Wasser, und zahllose Soldanellen blühen an seinem Ufer. Bei der Wegteilung unter der Weißgrubenscharte zweigen wir in diese ab und stehen bald darauf in der Scharte. Tief unter uns liegt der Tappenkarsee. Doch eine dunkle Regenfront im Westen trübt unsere Freude. Wir bleiben nun auf dem schmalen Steiglein, um rechts hinauf den Gipfel zu erreichen. Um den Gipfelaufbau herum führt der Weg, und als die ersten Tropfen fallen, verschnaufen wir beim einfachen Holzkreuz des Weißgrubenkopfes. Durchs Schuttkar springen wir, den Weg abkürzend, doch der Regen holt uns bald ein. Völlig durchnäßt erreichen wir nach 1 Stunde die Franz-Fischer-Hütte, nur mehr die „Regenmandln“ (Alpensalamander) waren mit uns unterwegs. Gehzeit etwa 3 Stunden.

Zum Stierkarkopf (2365 m)

Tourenbeschreibung:
Ein Nachmittagsausflug auf den südwestlich von der Hütte gelegenen Stierkarkopf. Wir steigen wieder zum See ab, folgen ein kurzes Stück dem Anstiegsweg, der zur Hütte führt, und queren bei der Alpenvereinstafel „Stier-

karkopf" (rot markiert) über Rasenhänge karaufwärts. Fast senkrecht fallen die Felswände rechter Hand vom Gipfel ab, während wir auf deutlichem Steig nach links zum breiten, felsdurchsetzten Rücken hinaufsteigen. Voll von dunkelblauem Eisenhut ist der breite Gipfelrücken des Stierkarkopfes (2365 m). Zirka 45 Minuten braucht man von der Franz-Fischer-Hütte hier herauf. Lohnende Tiefblicke in die Kare und Täler sowie zu den benachbarten Gipfeln beschert der eher unscheinbare Stierkarkopf. Wir steigen dann weglos und ausgesetzt Richtung Wildkarkogel (2380 m) weiter. Tief unten rechts tauchen Tappenkarsee und Tappenkarseehütte auf. Durch Schrofen gelangen wir hinab zum Weg, der von der Franz-Fischer-Hütte zur Tappenkarseehütte führt (Tauernhöhenweg 702).

Zuerst schrecken wir Gemsen auf, später im Rasengelände sehen wir, wie Murmeltiere (hier Mankei genannt) nach dem Warnpfiff des Wächters, der uns erspäht hat, blitzschnell in ihrem Bau verschwinden. Es scheint hier eine größere Murmeltierkolonie zu geben, doch wir warten vergebens auf ihr Wiederauftauchen. Zu gerne hätten wir die Murmeltierfamilie – Bär, Katze und Affen, so heißen bei den Jägern Murmeltiervater, -mutter und -kinder – beobachtet und fotografiert. Dazu bedarf es aber eines besseren Versteckes, als wir es hier haben. An der Großglockner-Hochalpenstraße entlang fressen einem aber die Murmeltiere fast aus der Hand!
Sobald wir bei der Hütte zurück sind, beginnt es leicht zu regnen, keine schönen Aussichten für den nächsten Tag. Gehzeit 1 Stunde.

Abstieg vom Stierkarkopf

Tour auf einen Blick

Ausgangspunkt:
Ist die Franz-Fischer-Hütte, 2020 m.
Absteigen bis zum Zauner See, beim Hinweisschild „Stierkarkopf" auf markiertem Weg zum Gipfel, 2365 m.
Abstieg wie Aufstieg.
Höhenunterschied knapp über 300 m.
Gehzeit insgesamt $1^1/_2$ bis 2 Stunden.

Hinteres Riedingtal, bei der Zauneralm mit dem Mosermandl

Über das Taferlschartl zum Taferlnock (2347 m)

Man fährt von Zederhaus nach Wald und stellt den Pkw unweit des Südportales der Tauernautobahn, noch vor der Mautstelle in das Riedingtal, ab. Zu Fuß folgt man dann dem Sträßchen (Weg 741), das sich über eine Geländestufe in das Tal des Großen Kesselbaches schlängelt. Danach eben in ein freundliches Hochtal. Dieses trennt den westlich aufragenden Gebirgsstock des Mosermandl vom Hochfeindkamm, der hier mit dem Gipfel der Zwillingswand beginnt und bei Mauterndorf mit Großeck und Speiereck endet. Dieser Gebirgszug schiebt sich zwischen Zederhaustal und Lantschfeldtal.

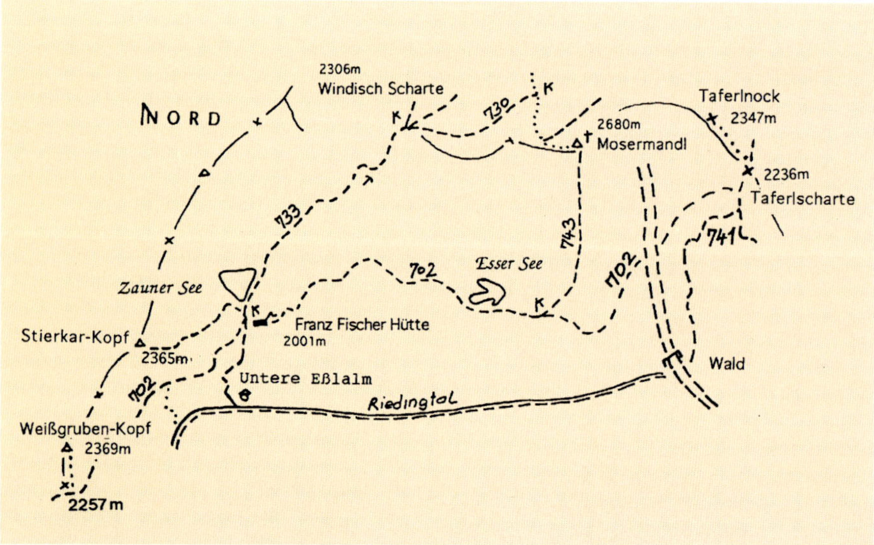

Knapp vor dem Talschluß, bei den Almhütten, steigt man in östlicher Richtung den Aignerbach entlang über Almen zum Taferlschartl. Unmittelbar vor dem letzten Teilstück unter der Scharte vereinigt sich der Zentralalpenweg 02, der vom Donautal über den Alpenhauptkamm bis in das Rheintal führt, mit dem Weg 741.

Begnügt man sich nicht mit der Besteigung des Taferlnockgipfels, sondern wandert von Hütte zu Hütte, dann gelangt man vom Taferlschartl aus zur Südwiener Hütte oder zur Gasthofalm bzw. durch das Lantschfeldtal nach Tweng.

Tourenbeschreibung:

Im Herbst zeichnet sich der Lungau durch längere Schönwetterperioden aus. Ein seidiger Glanz liegt dann in der Luft, und unwahrscheinlich klar ist die Sicht. Darüber spannt sich ein tiefblauer Himmel, in den die mit frühem Schnee angezuckerten hohen Gipfel in grellem Weiß hineinleuchten. An einem solchen verzauberten Tag sind wir unterwegs. Knapp vor Wald, wenn man aus dem Riedingtal kommt, zweigt die schmale Straße ab.

Ein steiles Wegstück ist bald überwunden, und vor uns breitet sich eines der für den Lungau so typischen, reizvollen Hochtäler aus. In das dunkle Grün der hohen Fichten mischt sich das erste herbstliche Gelb der Lärchen. Braun sind die Almwiesen, hell leuchten darüber die Felsgipfel in das Blau des Himmels. Kräftig rauscht das klare Wasser des Großen Kesselbaches. Über einem weiten Talschluß ragen die sonnigen Wände und Schrofen der Permuthwand auf. Zahlreiche Almhütten breiten sich zu Füßen der Felsen aus. Sie sind verlassen, denn Sennerinnen, Ausflügler und Bergwanderer sind längst fort. Wir sind einsame, alleinige Besucher dieser schönen, stillen Bergwelt. Rückblickend eröffnen sich im Südwesten ebenfalls eindrucksvolle Bergmotive. Das mächtige Weißeck überragt deutlich alle Nachbargipfel.

Zwar endet das Sträßchen bei den Almhütten nicht, doch ein Schranken verwehrt die Weiterfahrt. Die Fahrerin des vor uns befindlichen Pkws hat jedoch einen Schlüssel, und wir fragen, wohin sie denn fahre. Sie müsse zum Entlüftungsschacht zur Tauernautobahn hinauf, erklärt sie. Über die Osthänge des Mosermandl aufblickend, entdecken wir einen häßlichen, turmähnlichen Aufbau inmitten schönster Hochgebirgsszenerie. Da wir in die entgegengesetzte Richtung wollen, parken wir bei der Muhreralm. Zu Fuß benötigt man bis hierher etwa 45 Minuten. An Almhütten, dunkelgrünen Zirben und knorrigen Lärchen vorbei wandern wir, am rauschenden Aignerbach entlang, bergauf. Der Weg ist gut markiert. Kühler Herbstwind spielt mit dem braunen, vertrockneten Almgras. Masten und Drähte einer Starkstromleitung stören in der Berglandschaft. Über steile Rasenhänge müssen wir hinauf, ehe wir die Taferlscharte nach $1^1/_2$ Stunden erreichen. Zauberhaft beleuchten die schräg einfallenden Sonnenstrahlen die Radstädter Tauern mit den Gipfeln Pleißlingkeil, Großwand, Glöcknerin, während das Lantschfeldtal bereits im Dunkeln liegt.

Am Taferlschartl steht selbstverständlich ein „Taferl“. Es besteht aus verwittertem Holz, trägt an der Spitze ein einfaches Holzkreuz, und das Muttergottesbild wird von Glas und einem eisernen Deckel geschützt. Auf der Innenseite des Deckels steht:

„Wenn alle Welt dich einst verläßt,
Wenn alle Treue bricht hiernieden,
Vertrau dich an der Mutter der
Barmherzigkeit,
Und du wirst gerettet für des Himmels
Seligkeit.“

Umfassend ist der Rundblick von hier aus. Neben den Radstädter Tauern erblicken wir den Dachstein, das Gurpitscheck, das Weißeck und viele andere Gipfel.

Über festgefrorenen Schnee geht es auf der kalten Schattenseite des Taferlnock weglos zum Gipfel (2347 m). Tief steht bereits die Sonne, sie wärmt nicht mehr, und aus den Bergschatten kriecht die Kälte, die an den nahen Winter denken läßt. Im Rot der Abendsonne leuchten die vertrauten Gipfel. Gesamtgehzeit 5–6 Stunden.

Tour auf einen Blick

Ausgangspunkt:
Von Zederhaus nach Wald, der Pkw bleibt unweit des Südportals der Tauernautobahn, vor der Mautstelle ins Riedingtal. Auf Sträßchen (Wegnummer 741), später Weg zur Taferlscharte, 2236 m (davor Vereinigung mit Weg 702), und weglos zum Gipfel, 2347 m. Abstieg wie Aufstieg. Höhenunterschied ca. 1000 m. Gehzeit insgesamt 5 bis 6 Stunden.

Auf das Weißeck (2711 m), das einstige Eldorado der Mineraliensammler

Weithin bekannt, ja berühmt ist das Weißeck wegen der an seiner Südwest- und Nordseite vorkommenden schönen violetten, mitunter aber auch farblosen Flußspatkristalle (Fluorite).

Anläßlich einer Weißeckbesteigung trafen wir einen älteren Hirten, der erzählte, wie noch bis vor wenigen Jahren scharenweise „die Steirer“ aufs Weißeck gezogen seien und auf der Jagd nach den schönen Flußspatkristallen die Felsen regelrecht gesprengt hätten. Mit dem weniger ergiebigen Steineklopfen gab man sich nicht zufrieden. So nebenbei wußte der mit einem langen Bergstock ausgerüstete Hirte auch zu berichten, daß ebenfalls „die Steirer“ – die mochte er anscheinend nicht – körbeweise Edelweiß ausgegraben und fortgeschleppt hätten. Verschmitzt meinte er, er wüßte schon noch Stellen, wo Kristalle, aber auch schöne Sterne (Edelweißsterne) zu finden seien. Sein Hut war auch mit einigen prächtigen Blüten geschmückt.

Das Weißeck wird aber auch wegen seiner weitreichenden Aussicht sehr geschätzt. Heute stehen im Gebiet des Weißeck Tafeln, die das Mineraliensammeln verbieten, aber auf Schritt und Tritt begegnet man zerklopften Steinen und genug hammerbewehrten Leuten.

Tourenbeschreibung:
Unsere heutige Tour aufs Weißeck (2711 m) beginnt bei der Franz-Fischer-Hütte, von wo aus wir die vorangegangenen Bergwanderungen unternommen haben.

Wir steigen über die Eßlalm in das Riedingtal ab ($^3/_4$ Stunde) und fahren mit dem Pkw 15 Mi-

Auf dem Weg von der Riedingscharte zum Weißeck

nuten taleinwärts, vorbei an der Königsalm bis zur Zauneralm (1733 m) im hintersten Riedingtal. Die Sonne bricht durch und beleuchtet das breite, freundliche Tal, dessen Abschluß weit hinten zwischen Glingspitze und Jägerspitze ein schöner Wasserfall bildet. In vielen Windungen schlängelt sich der hellgrüne Hintere Riedingbach durch saftige Wiesen. Imker haben hier Bienenstände ausgestellt, der Almrauschhonig soll sehr beliebt sein.

Durch lichten Fichten-, Lärchen- und Zirbenwald folgen wir der Markierung hinauf zu den baumfreien Almhängen. Zwei Studentinnen aus Wien haben sich uns angeschlossen, sie wollen angeblich geologische Studien betreiben. Stunden später, auf dem Rückweg, überraschen wir sie beim emsigen Steineklopfen. Die Pfiffe der Mankei (Murmeltiere) sowie viele bunte Bergblumen begleiten uns, so der Blaue Eisenhut, weiße Anemonen, Glockenblumen, zartviolette Bergastern, Kohlröschen und Arnika, letztere von den Einheimischen „Bergwohlverleih“ und „Nasnblüah“ genannt. Zwischen Reiches- und Pfefferkogel zieht sich der Weg an der Boarn-Lacke und hoch überm dunklen Riedingsee zur Riedingscharte (2275 m). Hier fällt das gepflegte, gut genährte Vieh auf. Leider ziehen Wolken auf, höhere Gipfel wie das Weißeck sind bereits verschwunden, nur die Bergkette mit Schiedeck, Weißgrubenkogel und Stierkarkopf sowie die Franz-Fischer-Hütte als weißer Punkt im Grün der Bergmatten sind noch zu sehen.

In der Scharte begegnen wir vielen Wanderern, die von der Sticklerhütte kommen, während auf unserem Anstieg fast niemand unterwegs war.

Über den Westkamm, rot bezeichnet, folgt man dem Steig weiter. Kohlröschen, Weißes Hornkraut, Steinbrech und große Polster von

Niedrigem Seifenkraut schmücken die Rasenhänge auf der Murtalseite, während gegen das Riedingtal zu das Gelände steil in Fels und Schutt abbricht. Wolken und Nebel hüllen uns ein, die letzten Minuten stolpern wir über von Mineraliensuchern zertrümmerte Felsbrocken und Schutt. Beim Gipfelkreuz, das schemenhaft auftaucht, wissen wir, daß der höchste Punkt unserer heutigen Tour erreicht ist. Schade, daß wir keine bessere Sicht haben! Das Weißeck überragt die benachbarten Gipfel deutlich, so daß eine umfassende Rundschau sowie eindrucksvolle Tiefblicke möglich wären.

Gut 3 Stunden haben wir vom Riedingtal aufs Weißeck benötigt. Zweifellos ist jedoch der Anstieg von der Sticklerhütte kürzer. Damit sind wir bei der Frage, welcher Weg auf das Weißeck schöner, lohnender ist. Der Höhenunterschied ist bei beiden Varianten fast gleich,

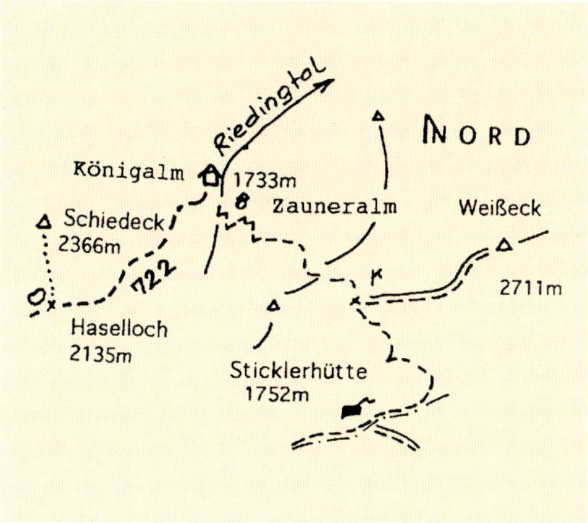

er beträgt nicht ganz 1000 Höhenmeter. Beide Ausgangspunkte für die Weißeckbesteigung können mit dem Pkw oder dem Tälerbus erreicht werden. Gesamtgehzeit 5 Stunden.

Tour auf einen Blick

Ausgangspunkt:
Entweder die Königalm (Zauneralm, 1733 m) im Riedingtal (von Zederhaus auf Mautstraße erreichbar)
oder von der Sticklerhütte, 1752 m (von St. Michael und Muhr erreichbar).
Von beiden Seiten auf markierten Wegen, Nr. 711, zum Gipfel, 2711 m.
Höhenunterschied ca. 1000 m.
Gehdauer jeweils rund 5 Stunden insgesamt, unschwierig.

Haselloch (2135 m) und Schiedeck (2366 m), eine Kurztour mit Blick auf viele Dreitausender

Der Tag beginnt mit dem Prangfest in Muhr. Es ist der 29. Juni, ein strahlender Sommertag. Wir sind am frühen Vormittag Richtung Ortschaft Muhr unterwegs zum alljährlichen Prangstangenfest. Weit vor dem Ort müssen wir das Fahrzeug stehenlassen, weil viele

Blick vom Haselloch zum Weißeck

Tour auf einen Blick

Ausgangspunkt:
Von Zederhaus ins hintere Riedingtal ca. 12 km bis zur Königalm, 1733 m, Parkplatz. Auf markiertem Weg, Nr. 722, zum Haselloch, 2135 m, und weiter unmarkiert auf das Schiedeck, 2366 m.
Abstieg wie Aufstieg.
Höhenunterschied ca. 630 m.
Gehzeit insgesamt 3 Stunden.

Menschen aus nah und fern mit Autobussen und eigenem Pkw gleich uns zu diesem wunderschönen Fest gekommen sind. In Zederhaus wird alljährlich um den 24. Juni dieses Prangstangentragen gefeiert. Siehe auch das Kapitel „Brauchtum im Lungau“! Das kleine Bergdorf kann die vielen Besucher kaum fassen, als sich die Prozession in Bewegung setzt. Nur ledige Burschen mit weißen Schärpen und blumengeschmückten Gamsbarthüten dürfen die in mühevoller tagelanger Arbeit kunstvoll mit Bergblumen verzierten Stangen dem Allerheiligsten vorantragen. Tief beeindruckt verlassen wir das Prangfest.

Tourenbeschreibung:
Nach kurzer Rast in Zederhaus fahren wir auf kurvenreicher schmaler Asphaltstraße in das hintere Riedingtal, vorbei an einladenden Raststationen, Weidevieh und sprühenden Wasserfällen.
Beim Gasthof „Königalm“ stehen noch nicht viele Fahrzeuge, die eigentliche Wanderzeit hat noch nicht begonnen, und so sind wir allein unterwegs Richtung Haselloch. Die rote Markierung an der Holzwand des Gasthofes hat den Weg angezeigt, und gut markiert geht es in Serpentinen hangaufwärts über Blumenwiesen. Gelbe Trollblumen wechseln mit blaßblauem Storchenschnabel und roten Almrauschflächen.
Der Steig ist streckenweise sehr feucht, dichtes Erlengebüsch begleitet uns jetzt. Je höher wir kommen, um so mehr Gipfel tauchen auf, talbeherrschend ist das Mosermandl, aber auch Weißeck und Nebelkareck hoch über dem Talschluß beeindrucken. Entlang von Schneeresten und vielen Blüten wie Gelber Enzian, Anemonen, Krokusse zieht sich der Steig in die Einsenkung des Haselloch. Ein Wegkreuz unmittelbar an einem kleinen Bergsee zeigt Wanderwege in alle Himmelsrichtungen. Linker Hand gegen Süden geht es zur relativ nahen Glingspitze, doch der Blick wird von den schneeweißen Gipfeln der Hochalm–Ankogelgruppe gefesselt. Im Osten taucht der Hafner mit seinen Trabanten auf. Nach kurzer Verschnaufpause verfolgen wir den Steig Richtung Ilgsee, Franz-Fischer-Hütte.
Steil geht es gleich in die Rasenhänge des Schiedeck, dessen Gipfel sich unmittelbar über dem kleinen See aufbaut. Nach einer $^1/_4$ Stunde wandert man aber fast eben weiter, um bald links den steilen Hang zum Gipfel in Angriff zu nehmen. Hier findet sich sehr viel Gemsenlosung, aber auch viele Knospen des Gelben Enzian begegnen uns auf dem weglosen unmarkierten Aufstieg. Nach einer weiteren $^1/_4$ Stunde sind wir oben angelangt und zutiefst überrascht von der eindrucksvollen Aussicht. Eine Vielzahl von Dreitausendern mit dem Großglockner in der Mitte grüßen herüber. Ein derart überwältigendes Gipfelpanorama hätten wir uns von dem unscheinbaren Schiedeck, dessen Rasengipfel nicht einmal ein Kreuz ziert, nicht erwartet.
Hochzufrieden von dieser informativen Kurztour auf das Schiedeck kehren wir anschließend im Gasthof ein. Vom Wirt erfahren wir, daß in den umliegenden Almhütten an Wanderer, die auf seinem Grund parken, ohne Konzession Jause und Bier verabreicht werden und er den ihm daraus erwachsenden Einkommensverlust durch Einheben einer Parkgebühr von S 30,– ab Juli 1993 etwas ausgleichen will. Gehzeit $2^1/_2$ Stunden.

Touren in den Hohen Tauern

Blick von der Schmalzscharte über den Unteren Schwarzsee zu den Hohen Tauern

Über die Rotgüldenseen auf den Großen Hafner (3076 m)

Rotgülden ist die letzte Ortschaft der Gemeinde Muhr im Tale der jungen Mur. Seit alters her wurde im Murwinkel Bergbau betrieben. Der Name Rotgülden wird jedoch nicht – wie man vermuten könnte – auf rotes Gold zurückgeführt, sondern eher auf „rothgiltig", was soviel wie „arsenberghältig" bedeutet.
Seit Ende des 14. Jahrhunderts ist der Bergbau auf Arsenkies am Ausgang des Rotgüldentales belegt. Schon längst stillgelegt, blieb als letzter Zeuge außer dem Ortsnamen das Arsenhaus.
Für uns ist der kleine Ort die letzte Siedlung vor dem Anstieg zum höchsten Berg des Lungaues.

Tourenbeschreibung aus den achtziger Jahren:
Wehmütig denken wir an vergangene Hüttenanstiege durch das reizvolle Tal des Rotgüldenbaches mit seinem prächtigen Wasserfall, als wir die Serpentinen der Asphaltstraße hinaufwandern. Nach kurzer Rast bei der Rotgüldenseehütte (1702 m) ziehen wir in Richtung Hafner los. Nur mehr das Plätschern des Wassers und der kühlende Sommerwind begleiten uns. Der schmale Steig zum Oberen Rotgüldensee führt an dunkelblauem Eisenhut, gelbblühendem Kreuzkraut und duftenden, im Winde sich biegenden Federnelken vorbei.

Gipfelkreuz am Großen Hafner, dem höchsten Punkt des Lungaues

Vollreife Schwarzbeeren laden zum Naschen ein. Scharenweise begegnen uns die Ausflügler, die es gerade bis zum Oberen Rotgüldensee geschafft haben. Laut und weißgischtend stürzt der Abfluß des oberen Sees über 200 m herunter in das milchiggrüne Wasser des Unteren Rotgüldensees. Durch felsige Abbrüche rechts des Wasserfalles erreichen wir nach einer 3/4 Stunde den kleinen, Oberen Rotgüldensee. Zartgrün gefärbt ist sein Wasser, umrahmt von bunten Almblumen, wie Blauem Alpenmilchlattich, Weißem Germer, rötlichem Alpendost und dem Stahlblauen Tarant. Gewaltig bauen sich hier die Berge auf, als Abschluß des Wilden Wagendrischlkars wieder der Große Hafner mit seiner gewaltigen Nordwand. Darin das Rotgüldenkees, der letzte Gletscherrest eines einst mächtigen Eismeeres.
Am Ostufer des kristallklaren Sees folgen wir dem steilen Weg hinauf in die Wastlkarscharte. Fast 800 Höhenmeter gilt es, in Schutt und Geröll zurückzulegen. Kein Wind regt sich, heiß brennt die Sonne ins steile Kar.
Nach schier endlosen Serpentinen erreichen wir die über Felsstufen leitende Seilsicherung und wissen, daß wir es bald geschafft haben. Die letzten Meter treibt uns frischer Bergwind an, und plötzlich bleiben wir überwältigt stehen. Vor uns eröffnet sich die Hochgebirgswelt der Schnee- und Gletscherriesen Hochalm und Ankogel. Sommerliche Schönwetterwolken segeln wie Wattebäusche um die Gipfel, dunkelblau leuchtet der Stausee im hintersten Maltatal mit der mächtigen Staumauer der Kölnbreinsperre. Eine ganze Weile genießen wir diese schöne Bergwelt.
Gut markiert ist der Weg über das Wastlkarkees, die Schmelzwasser rauschen, und gelegentlich versinken wir im hellblauen Gletschersumpf. Es ist ein lustiges, erfrischendes Wandern. So harmlos dieser Wegabschnitt bei gutem Wetter für ausdauernde und felsgeübte Bergsteiger ist, so bedrohlich wird er, ebenso wie die Begehung des Hafnergrates selbst, bei einem der in dieser Höhe so gefährlichen Wetterstürze.
Neuschnee, vereister Fels sowie Nebel machen diese Wanderung zu einem heiklen Problem! Vor vielen Jahren haben wir selbst den wohlmeinenden Rat des Hüttenwirtes von der Kattowitzer Hütte mißachtet und sind trotz Schlechtwettervorhersage in Richtung Weinschnabel, Sticklerhütte, gewandert. Prompt begann es nach 2 Stunden zu regnen, Nebel fiel ein, und in 2700 m Höhe ging der Regen in Schnee über. Mit Mühe erreichten wir damals, völlig durchfroren und durchnäßt, die Sticklerhütte. Seit damals beherzigen wir den Rat der wetterkundigen Hüttenwirte.
Bergsteiger kommen uns auf dem Südwestgrat, der unschwierig zum Gipfel hinaufleitet, entgegen. Sie steigen zur nahe gelegenen Kattowitzer Hütte ab. Bunte Blumenpolster und -matten erstrahlen noch in knapp 3000 m, es sind die rosaroten Blüten des Niedrigen Seifenkrautes, durchsetzt mit Gelbem Steinbrech, sowie die violettblauen Blüten des Bayerischen Enzian, das weißblühende Schweizer Mannsschild und weiße, kurzstielige Margeriten. Über Schieferplatten erreichen wir den Gipfel des Großen Hafner und zugleich den höchsten Punkt des Lungaues (3076 m).
Über die Hafnergruppe wird in der alpinen

Tour auf einen Blick

Ausgangspunkt:
Ist der Parkplatz beim Arsenhaus, 1530 m, in der Ortschaft Rotgülden.
Zu Fuß 1 Stunde oder mit dem Tälerbus ca. 15 Minuten zur Rotgüldenseehütte am Unteren Rotgüldensee, 1710 m.

Literatur relativ selten berichtet. Die wichtigsten Veröffentlichungen stammen vom eifrigen Erschließer dieser Gruppe, dem lange in Gmünd ansässig gewesenen Apotheker Frido Kordon. Eine erste Fahrtenschilderung in der Alpenvereins-Zeitschrift für das Jahr 1895 behandelte den Nordwestteil der Gruppe. Drei Jahre später erschien – ebenfalls in der genannten Zeitschrift – eine regelrechte Monographie unter dem Titel „Die Hafnergruppe" über alle Gipfelanstiege und Übergänge.
Zu Füßen des in der Nachmittagssonne golden aufleuchtenden Gipfelkreuzes genießen wir in völliger Bergeinsamkeit die Stille und sind restlos zufrieden.
Erst die tiefstehende Sonne mahnt uns an den Aufbruch, und wir steigen im Sinne des Aufstieges ab.
Im steilen Kar liegt bereits der Schatten, und auch über den beiden uns zu Füßen liegenden Rotgüldenseen zaubern die schräg einfallenden Sonnenstrahlen eine eigentümliche Stimmung. Gesamtgehzeit 10–12 Stunden.

Wegweiser unweit der neuen Rotgüldenseehütte beim Unteren Rotgüldensee

Weiter zum Oberen Rotgüldensee, 1996 m, und durchs Wastelkar 800 m höher in die gleichnamige Scharte, 2720 m. Über Wastelkarkees zum Hafnereck, 2757 m, und auf den Hafner, 3076 m.
Höhenunterschied 1546 m.
Rückweg wie Aufstieg, oder Abstieg in einer knappen Stunde zur nahen Kattowitzer Hütte, 2319 m.
Gehzeit 10 bis 12 Stunden, nur für ausdauernde, geübte Bergsteiger und nur bei gutem Bergwetter ratsam. (Hochalpine Tour ab dem Oberen Rotgüldensee!)

Blick vom Oberen Rotgüldensee ins Wastelkar, der Aufstiegsroute auf den Großen Hafner

Marmorblöcke auf dem Weg zum Silbereck; im Hintergrund das Weißeck

Das Silbereck (2804 m), ein Nachbargipfel des Großen Hafner

Hochalpine Tour, nur bei besten Bedingungen geübten Bergsteigern zu empfehlen.
Ausgangspunkt ist das Arsenhaus im hinteren Murtal (1530 m). Entweder kann man den öffentlichen Busdienst benützen, oder man muß zu Fuß auf asphaltierter Straße zum Unteren Rotgüldensee. Etwa 50 m unter dem Staudamm sind an Baumstämmen, nächst der asphaltierten Straße, zwei Hinweistafeln mit der Aufschrift „Silbereck“ angebracht. Ist man den letzten Teil des Weges die alte, nicht asphaltierte Straße gegangen, dann muß man über den Staudamm und auf der asphaltierten Straße die 50 m hinunter gehen, um zum Einstieg auf das Silbereck zu kommen.

Der Weg mit der Nummer 542 beginnt im Bergwald mit kniehohem Gras und Felsblökken und führt zunächst talauswärts, streckenweise auch bergab.
Das Silbereck ist ein persönlicher „Mußberg“, denn mein allzufrüh verunglückter Bruder betrieb in den Karen und Rinnen dieses Berges jahrelang erfolgreiche geologische Studien. Daher war das Kennenlernen und Besteigen dieses Berges ein langjähriger Wunsch.

Tourenbeschreibung:
An einem Julitag mit sicherem Schönwetter waren wir endlich unterwegs aufs Silbereck. Den faden Asphaltteil vom Arsenhaus zum

Unteren Rotgüldensee haben wir zu Fuß zurückgelegt und einige Fotos vom See, in dem sich der Gipfel des Hafners spiegelte, gemacht. Jetzt folgen wir den Markierungen durch den Bergwald. Dank der guten Markierung finden wir in triefendnassem, kniehohem Gras doch immer wieder den Weg. Über morsche Stämme und Felsblöcke geht es teilweise bergab, gleichzeitig talauswärts hoch über der Asphaltstraße, dann wieder in gemütlichen Serpentinen bergauf, bis der Wald sich lichtet und Erlengebüsch uns umgibt. In die folgende Heidelbeerzone führt der Weg hinauf, die Ausblicke in die umliegende Bergwelt lassen uns verweilen und fotografieren. Der schneebekränzte Gipfel des Weißeck taucht auf, deutlich ist der Höhenweg von der Muritzenalm über das Schrovinschartl zum Rotgüldensee zu erkennen, und die dunklen Bergspitzen vom Schober, der Haderlingspitze usw. grüßen. Der nächste Wegabschnitt geht angenehm über sonnige Almwiesen und rauschende Bäche, vorbei an riesigen Marmorfelsblöcken in ein weites Kar mit interessanten Fotomotiven. Doch so schön der Bergsommer hier zum Verweilen einlädt, die vielen Höhenmeter, die noch zu bewältigen sind, und ein steiles, immer enger werdendes Trümmerfeld treiben uns an. Die Wegmarken helfen uns hier weiter, denn in der Geröllschlucht gibt es keinen Weg oder Steig. Mühsam und nicht endend ist der Aufstieg. Trotz aller Vorsicht poltert so mancher Stein in die Tiefe. Nach 1 Stunde Geröllkletterei erreichen wir das Ende der Schlucht und stehen aufatmend und erleichtert auf einem kleinen Grat. Tief unter uns liegen die beiden Rotgüldenseen, vom Hafner kann man

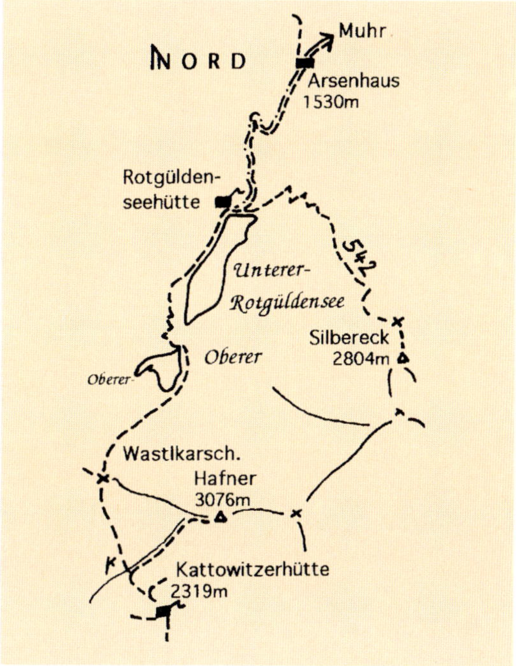

das Gipfelkreuz erkennen, und der Weiterweg ist von hier genau einzusehen.

Auch sieht man endlich den Gipfel des Silberecks herüberglänzen. Jetzt muß man schwindelfrei und trittsicher sein, der nahe Gipfel darf nicht ungeduldig zum Vorwärtsstürmen verleiten. An besonders ausgesetzter Stelle hilft ein stabiles Drahtseil weiter, und $^1/_2$ Stunde später eilen wir über Felsgeröll zum Gipfelkreuz. Das Gipfelbuch ist mit Edelweißblüten geschmückt. Nach den Aufnahmen zum Malteiner Sonnblick, Großen Hafner, Weißeck und in das schöne Pöllatal wandern wir zufrieden zurück. Gesamtgehzeit mindestens 6 Stunden.

Tour auf einen Blick

Ausgangspunkt:
Von St. Michael nach Muhr und weiter bis zum Arsenhaus, 1530 m.
Zu Fuß 1 Stunde, mit dem Tälerbus in 15 Minuten zum Unteren Rotgüldensee, 1710 m.
Von da auf markiertem Weg Nr. 542 auf den Gipfel, 2804 m.
Hochalpine Tour, nur bei guten Bedingungen empfehlenswert, nur für trittsichere, schwindelfreie Bergsteiger empfehlenswert.
Höhenunterschied 1274 m.
Gehzeit insgesamt 6 bis 8 Stunden.

Von der Muritzenalm zum Rotgüldensee, ein alpin-botanischer Lehrpfad

Von der Sticklerhütte aus sollte man bei Schönwetter unbedingt bei der Muritzenalm den Weg 540 über das Schrovinschartl – Rotgüldenseehütte – Arsenhaus wählen und nicht den Schmalzgraben-Weg 740 talauswärts wandern.

Allerdings ist er nur bei trockenem, schönem Wetter empfehlenswert, denn der Abschnitt vom Schrovinschartl bis knapp vor der Rotgüldenseehütte ist mit sehr steilen Grasmatten durchsetzt.

Tourenbeschreibung:
Auf der Muritzenalm weist uns ein holzgeschnitzter Wegweiser zwischen flechtenbehangenen, riesigen Fichten die Richtung, Weg 540.

Über den mäßig steilen Weg im dichten Fichtenwald, hoch über der rauschenden Mur, steigen wir bergan. Bald weichen die Fichten dem aufgelockerten Lärchenwald, und ein rosarotes Blütenmeer von der Rostroten Alpenrose, im Volksmund „Almrausch" genannt, beflügelt unser Weiterwandern. Doch damit ist der Höhepunkt dieses Weges noch lange nicht erreicht. In weitem Bogen queren wir durch das Schrovinkar hinauf zum Schrovinschartl (2039 m).

Kohlröserl, schwarz und rot, Alpensüßklee, Läusekraut u. v. a. zwingen förmlich zum fort-

Tour auf einen Blick

Ausgangspunkt:
Von der Muritzenalm, 1591 m (unter der Sticklerhütte), auf dem Weg Nr. 540 in die Schrovinscharte, 2039 m, zum Unteren Rotgüldensee, 1710 m.
Höhenunterschied knapp 500 m.
Gehzeit ca. 3 Stunden, nur bei trockenen Bedingungen empfehlenswert.

Die Muritzenalm im Schmalzgraben, Ausgangspunkt zum Karwassersee und über die Schrovinscharte zum Rotgüldensee sowie zur Sticklerhütte

währenden Fotografieren. Dabei werden wir, wie sich herausstellt, von der Bergwacht argwöhnisch beobachtet. Da wir sie überzeugen können, daß wir keine Edelweißsammler sind, zeigen sie uns die Standorte der schönsten Exemplare dieser heißbegehrten und schon so viele Menschenleben fordernden Königin der Alpenpflanzen.

Auf dem sehr ausgesetzten Weiterweg passieren wir auch einen mit Drahtseilen gesicherten Abschnitt. Vor uns taucht der Große Hafner auf. Tief darunter der dunkle Wasserspiegel des Unteren Rotgüldensees, in den der Obere Rotgüldensee mit einem markanten Sturzbach abfließt.
Wir rasten inmitten der schönsten Bergflora

Links: Frühlings-Küchenschelle (Pulsatilla vernalis)
Mitte: Petergstamm (Primula auricola)
Unten: Türkenbundlilie (Lilium martagon)

und genießen die gewaltige Bergkulisse. Beim Abstieg über die blumenübersäten Matten fallen besonders die vielen Türkenbundlilien, der Goldgelbe Pippau und im Bereich der in die Tiefe stürzenden Wasser die gelben Sumpfdotterblumen auf.
Nach fast 3stündiger Wanderung erfrischen wir uns bei der Rotgüldenseehütte.

Durchs wildromantische Muritzental zum Karwassersee

Tour auf einen Blick

Ausgangspunkt:
Von der Muritzenalm, 1591 m, taleinwärts in südliche Richtung, am Muritzenbach entlang, in 2 Stunden zum Karwassersee, 1897 m, auf demselben Weg retour.
Höhenunterschied 300 m.
Gehzeit ca. 4 Stunden, unschwierig.

Tourenbeschreibung:
Bei der Muritzenalm, knapp 1500 m hoch gelegen, nicht dem Weg 540 folgen, sondern taleinwärts durch dichten Wald den gut markierten Weg bachaufwärts gehen. Schon dieser Wegabschnitt beeindruckt durch die unberührte Waldwildnis. Je höher wir steigen, um so mehr nimmt uns der wild schäumende, über Steilstufen zu Tal stürzende Muritzenbach gefangen. Der Weg ist mit Latschen teilweise fast zugewachsen, aber begehbar. Wahre Urwaldriesen von Lärchen geleiten uns hinauf zum sumpfigen Seeufer. Grün und still breitet sich das Wasser vor uns aus, umrahmt von tiefhängenden Zirben, bunten Bergblumen und grasdurchsetztem Geröll. Hoch darüber thronen die schneebekränzten Gipfel der Hohen Tauern, wie Kalte-Wand-Spitze (2822 m), Kölnbreinspitze (2936 m) u. a. Wir umwandern den See und blicken zurück zum Weißeck. Am westseitigen Ufer aufwärts gelangen wir zu den wasserfallartigen Abflüssen des Unteren Schwarzsees. Das weiße Wollgras spiegelt sich in dem hellen, klaren Wasser und wetteifert mit den sich gleichfalls spiegelnden Schönwetterwolken. Gut 2 Stunden benötigt man für den Anstieg zum 1897 m hohen Karwassersee, wandert man allerdings weiter Richtung Unterer Schwarzensee, dann benötigt man etwa einen halben Tag, bis man wieder bei der Muritzenalm eintrifft.

Karwassersee

Sticklerhütte – Murtörl (2260 m) – Mureck (2402 m)

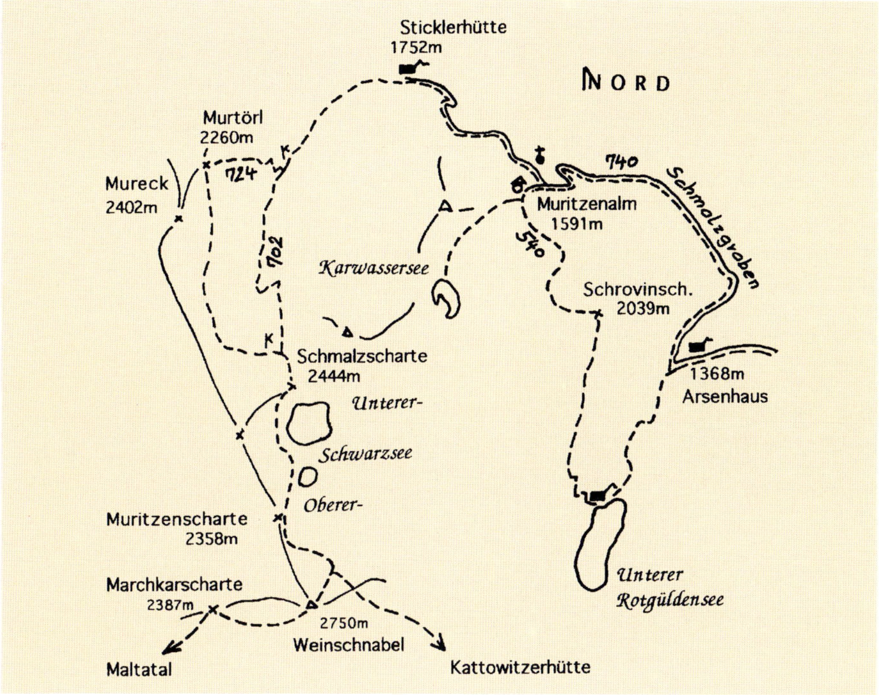

Es sind etliche Jahre vergangen, seit wir das letzte Mal zur Sticklerhütte gewandert bzw. gefahren sind. Damals war die „Straße" im Schmalzgraben gespickt mit Schlaglöchern und führte an manchen Stellen durch das Bachbett der jungen, nach Regenfällen oft reißenden Mur. Heute fahren wir auf einer zwar schmalen, aber asphaltierten Straße bequem in Richtung Sticklerhütte, und die Furten von einst sind durch stabile Brücken ersetzt. Bevor es jedoch in engen Serpentinen durch Wald zur Muritzenalm hinaufgeht, stoppt uns unerwartet ein versperrter Schranken. Ein Schild weist uns zum nahen großen Parkplatz. Wir erinnern uns, daß hier einst ein breites Bachbett war, das an heißen Sommertagen dem Weidevieh Abkühlung verschaffte, indem die Tiere bis zum Bauch im kalten Gebirgswasser standen.
Der überall im Lungau neuerdings eingeführte Tälerbus würde uns auch hier bequem weiterbefördern, doch wir ziehen es vor, die 1 Stunde zur Sticklerhütte zu Fuß zurückzulegen.
Die Hütte ist zur Zeit wie ausgestorben, alles ist unterwegs, entweder in die Riedingscharte und weiter auf das Weißeck oder zum ebenso vielbesuchten Murursprung bzw. noch höher hinauf in die Schmalzscharte.
Viele Erinnerungen an frühere Aufenthalte und Bergerlebnisse werden angesichts der Hütte wieder wach.
Hier bei der Sticklerhütte beginnt auch der Mur-Radweg, der im steirischen Weinland endet. Etlichen Radfahrern sind wir schon begegnet, und bei der Hütte gibt es sogar einen Fahrradständer für die vielgängigen „Maschinen". Deren Besitzer, an den bunten Trikots erkenntlich, delektierten sich am berühmten „Kaiserschmarren mit Preiselbeeren", so wie auch die Bergsteiger und -wanderer, die nach vielen Stunden Wanderung von der Kattowitzer, oder Osnabrücker Hütte hier eintreffen, oder von Hüttschlag bzw. aus dem Riedingtal kommen.

Tourenbeschreibung:
Wir sparen uns die Hütteneinkehr für den Rückweg auf und ziehen hinein in das breite Tal der jungen Mur. Über abgerutschte morastige Abschnitte gelangen wir knapp unter dem Murursprung zum Wegweiser, der uns den Weg aus dem Tal heraus, den Hang hinauf ins Murtörl anzeigt. Dieser Weg sowie das Murtörl mit seiner Umgebung ist uns neu. Neugierig und erwartungsfroh folgen wir durch Wiesen dem markierten Steig bergwärts. Viele Blumen schmücken die Grashänge, später wandern wir durch Erlen- und Heidelbeerstauden, vorbei an eilig zum Tal rauschenden Wassern.
Die Schmalzscharte hoch über dem Murursprung taucht auf, zeitweise geben die ziehenden Wolken den Blick frei auf die dahinter aufragende Kalte-Wand-Spitze, man genießt auf einem bequemen und wenig begangenen Wanderweg hochalpine Eindrücke.
Im Murtörl angelangt, blickt man in die Berglandschaft des Großarl- und Gasteinergebietes, in die Hohen Tauern und zu den nahen Gipfeln Nebelkareck sowie Mureck. Ein Steinmarterl erinnert an die Tragödie eines Bauern, der am 12. Juli 1954 seine eingeschneiten Schafe bergen wollte und dabei tödlich verunglückte. Ein Alpenvereinsschild der Sektion Edelweiß enthält die Aufschrift „Tauernhöhenweg 702, Nebelkarscharte, Tappenkarseehütte" / Pfeil nach rechts; „Schmalzscharte, Weinschnabel, Osnabrücker Hütte" / Pfeil nach links. Unweit davon in Richtung Mureck und Schmalzscharte stoßen wir auf eine neue Holztafel mit der Aufschrift „Nationalpark Hohe Tauern, Außenzone". Im aufwendig und interessant gestalteten Prospekt „Region Nationalpark Hohe Tauern" ist u. a. zu lesen: 1000 km^2 reine Natur.
In einer Zeit, in der Technik immer mehr das Leben der Menschen beherrscht, stellen Erhaltung und Pflege von Brauchtum und Natur ein existentielles Bedürfnis dar. Wenn Einheimi-

Tour auf einen Blick

Ausgangspunkt:
Anfahrt von St. Michael nach Muhr und in den Schmalzgraben bis zum Parkplatz knapp unter der Muritzenalm, ca. 1600 m gelegen.
Zu Fuß 1 Stunde, mit dem Tälerbus in 10 Minuten zur Sticklerhütte, 1752 m.
Weiter Richtung Murursprung, Nr. 702, nach ca. $^1/_2$ Stunde beim Wegweiser auf Weg Nr. 724 in das Murtörl, 2260 m. Weiter auf das Mureck, 2402 m. In 1 weiteren Stunde (unmarkierter Pfad) oder vom Murtörl, Weg Nr. 702, zur Schmalzscharte, 2444 m, mit Abstieg zur Sticklerhütte (Weg 711).
Höhenunterschied 500 bis 700 m.
Gehzeit von 5 bis 8 Stunden, unschwierig.

Steinmarterl im Murtörl mit Weißeck

sche und Gäste die folgenden Leitgedanken im Kopf und Herzen aufbewahren, werden auch künftige Generationen im Nationalpark Hohe Tauern diese Bedürfnisse stillen können:

- Die Ursprünglichkeit der Natur bewahren,
- Ihre großartige Vielfalt mit Freude erleben,
- Die Geheimnisse des Lebens erforschen,
- Das Phantastische auch im kleinen bemerken,
- Die geschaffene Kultur bewußt pflegen.

Der weitere Wegverlauf geht zunächst über steile Rasenhänge, dann hoch über der Schmalzgrube in Fels und Geröll unter dem Marchkareck und trifft unter der Schmalzscharte auf den vielbegangenem Weg von der Sticklerhütte in die Hohen Tauern. Auf bekannten Pfaden gelangen wir zum Murursprung und zur Sticklerhütte. Die neuen jungen Pächter bemühen sich sehr um die Gäste, gleich, ob sie mit Rucksack und Bergschuhen, mit den Fahrrädern oder mit dem Tälerbus eintreffen. Gesamtgehzeit mindestens 5 Stunden, ohne Tälerbus von der Muritzenalm 7 Stunden.

Von der Sticklerhütte über die Schmalzscharte in die Hohen Tauern

Tour auf einen Blick

Ausgangspunkt:
Zur Sticklerhütte, 1752 m, von St. Michael nach Muhr und taleinwärts bis zur Muritzenalm, 1591 m, im Schmalzgraben.
Mit Tälerbus bis zur Hütte (ca. 10 Minuten).
Taleinwärts auf markiertem Weg Nr. 711, am Murursprung vorbei, in die Schmalzscharte (Unterstand), 2444 m.
Weiter Weg Nr. 502 über die Muritzenscharte, 2358 m, auf den Weinschnabel, 2750 m, oder in die Marchkarscharte, 2387 m (Abstiegsmöglichkeiten ins Arl- bzw. Maltatal usw.).
Höhenunterschied bis zur Schmalzscharte 700 m.
Gehzeit bis zur Schmalzscharte und zurück etwa 3 bis 4 Stunden, unschwierig;
in die Marchkarscharte und zurück mindestens 6 Stunden, nur bei besten Bedingungen für geübte Bergsteiger.

Von der Sticklerhütte bis zur Schmalzscharte kann jedermann wandern, der Freude an den Bergen hat. Der Weiterweg aber ist selbst bei besten Bedingungen nur etwas für Trittsichere und absolut Schwindelfreie.

Eine Tourenbeschreibung aus den frühen achtziger Jahren:
Nach Touren im Hafnergebiet haben wir auf der Rotgüldenseehütte geschlafen und wechseln nun zur Sticklerhütte. Aus Gründen der Zeitersparnis sind wir mit dem Pkw unterwegs. Die ersten Wanderer sind bereits zum Weißeck bzw. taleinwärts zum Murursprung aufgebrochen, als wir bei der Sticklerhütte ankommen. Die Gewittervorhersage ernst nehmend, schreiten wir rasch aus und erreichen nach knapp 1 Stunde den Aufstieg zur Schmalzscharte. Viele Blumen, wie der blaue Eisenhut, das gelbe Johanniskraut, die zarte Federnelke, begleiten und schmücken den Weg, und die Pfiffe der Murmeltiere ziehen durch die Felswände.
Ein angenehmer Plattenweg erleichtert das rasche Weiterkommen, und alsbald bleiben wir tief beeindruckt in der Schmalzscharte stehen. Herrliche Tiefblicke zu den beiden tatsächlich ganz dunklen Schwarzseen und Ausblicke zu den Hohen Tauern eröffnen sich urplötzlich von hier aus. Es sind die Gipfel der Kalten-Wand-Spitze (2822 m), der Kölnbreinspitze (2936 m) und der Haderlingspitze (2759 m), um nur einige zu nennen. Natürlich sind wir hier an diesem schönen Aussichtsplatz nicht allein, und nach kurzer Rast und den üblichen Fotos steigen wir in Richtung Unterer Schwarzsee ab.
Viele Jahre sind vergangen, seit wir das letzte Mal hier waren. Damals wanderten wir von der Kattowitzer Hütte trotz Schlechtwettervorhersage über den Weinschnabel und die Schmalzscharte zur alten Sticklerhütte. Auf dem Weinschnabel herrschten dichter Nebel und starker Schneefall, die Felsen waren gefährlich glatt. An der Stelle, wo wir uns jetzt befinden, nämlich in den Osthängen des Marchkareck, hielt sich damals eine etwa 20 Stück zählende Steinbockherde auf und trat Felsbrocken auf uns herab, so daß wir müden, völlig durchnäßten Wanderer um unser Leben springen mußten. Heute gibt es hier keine Steinböcke mehr. Hellblau schimmern Eisreste aus dem dunklen Wasser, Drahtseile und Stifte erleichtern das Weiterkommen im senkrecht zum See abfallenden Gelände. Über Schnee- und Trümmerfelder führt die Markierung am Oberen

Schwarzsee vorbei. Wir sind völlig allein in dieser einsamen, aber so großartigen Berglandschaft. Im Südwesten tauchen die Zwölferspitze und darüber die Gletscher des Ankogels auf. Einzelne Haufenwolken im Westen lassen nicht auf ein baldiges Gewitter schließen, und so wandern wir über Felsspalten und Schneefelder recht bequem den Hang zum Weinschnabel hinauf. Bei der Abzweigung in die Marchkarscharte, knapp unterm Weinschnabel, folgen wir dieser für uns neuen Route und stehen bald darauf hoch überm Maltatal. Zu unseren Füßen breitet sich der riesige Stausee der Kölnbreinsperre aus. Viele Menschen sind an diesem Tag zum See gefahren. Wie aus der Vogelperspektive blicken wir hinunter. Der Ankogel und seine Nachbarn haben bereits Wolkenhauben aufgesetzt, doch bei uns scheint noch die Sonne. Deutlich erkennt man den Weg vom Weinschnabel in das weite, eintönige Kölnbreinkar. Im Norden sind die Gipfel der Radstädter Tauern, wie Faulkogel, Mosermandl und das Weißeck, zu erkennen. Im Nordosten liegt das Muritzental mit den Gipfeln Bettelwand und Mannsitz.
Im Süden und Westen brauen sich bereits Gewitterwolken zusammen, rasch treten wir den Rückzug zur Sticklerhütte an. Bis unter die Schmalzscharte begleitet uns Sonnenschein, doch als wir in die Scharte hinaufkommen, ziehen vom Westen schwere Gewitterwolken in rascher Eile heran. Eigentlich wollten wir ursprünglich den Panoramaweg zum Murtörl gehen, aber bei dem drohenden Gewitter wollen wir so rasch wie möglich die Hütte erreichen. Doch unwahrscheinlich rasch ist das Unwetter da. Mit Blitz und Donner überfällt uns heftiges Graupeln, die Eiskörner schmerzen durch die Regenumhänge hindurch, und nirgends findet sich ein Platz zum Unterstellen. Bald ist die Landschaft weiß. Das Vieh drängt sich eng zusammen, fast pausenlos blitzt und

Sticklerhütte

donnert es. Allmählich geht das Graupeln in heftigen Regen über, und bald schüttet es wie aus Gießkannen. Von den Hängen kommen schmutzige Sturzbäche herunter, der Weg ist fast unpassierbar.

Nur mit viel Mühe und auf Umwegen erreichen wir, völlig durchnäßt, die Schutzhütte. Wie recht heute morgen doch die Wirtin von der Rotgüldenseehütte hatte! Gesamtgehzeit mindestens 6 Stunden.

Auf die einsame Oblitze (2657 m)

Die Oblitze, auch Oblitzen genannt, ein einsamer Gipfel im Gebirge zwischen Kärnten und dem Lungau, das sich vom Großen Hafner zum Kareck bzw. Katschberg erstreckt, zählt zu den Geheimtips unter den Kennern des Lungaues.

Tourenbeschreibung:
Wir stellen unser Fahrzeug knapp außerhalb der Ortschaft Muhr auf dem Holzlagerplatz unweit eines Wasserfalles ab. Der Wegweiser „Oblitze", Weg 543, rot markiert, führt uns sofort in den dichten Hochwald. Zuerst wandern wir den Hang talauswärts und blicken bald auf die tief zu unseren Füßen liegende Ortschaft Muhr. Gegenüber, über dem Tal der Mur, breiten sich inmitten steiler Wiesenhänge die Bergbauernhöfe aus. Das Wetter ist an diesem späten Oktobertag trüb-diesig. Moos- und flechtenbehangene Fichten säumen den steilen Weg hinauf zu den Almen. Immer der Markierung folgend, wandern wir über das Almgebiet. Moospolster und Grasteppiche machen das Wandern zwischen den gelben Lärchen und dunkelgrünen Zirben zum ungetrübten Vergnügen. Außer einigen Beerensammlerinnen begegnet man jetzt im Oktober keinem Menschen mehr, auch die Almhütten sind versperrt.

Motiv aus dem Pöllatal auf dem Weg zu den Lanischseen und auf die Oblitze

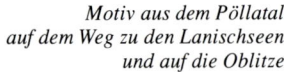

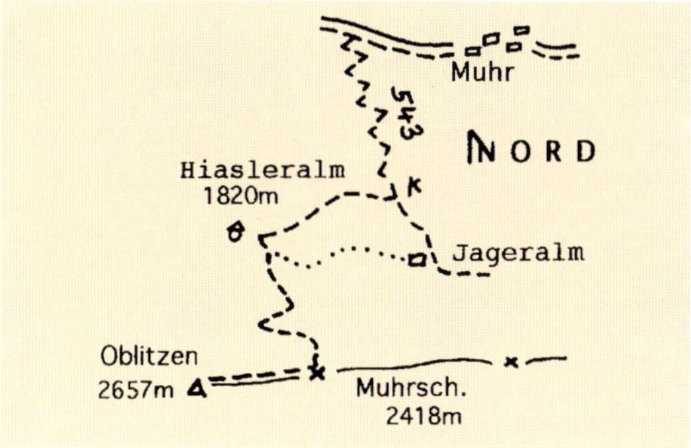

Wir können uns kaum trennen von den süßen Heidel- und Preiselbeeren, doch unser Ziel ist der Gipfel, hoch oben im immer dichter werdenden Nebel. Wir hoffen auf einen „Wolkenaufriß" und ziehen optimistisch den Steilhang zur Murscharte hinauf. Der Weg ist bestens markiert, so daß er auch im dichten Nebel nicht verfehlt werden kann. Spätblühende Primeln, Enzian und Steinbrech erinnern an vergangene Sommertage. Hin und wieder scheuchen wir Schneehühner auf, sie haben schon fast zur Gänze das weiße Winterkleid an.

Nach $3^1/_2$ Stunden Anstieg taucht plötzlich im Nebel das Gipfelkreuz auf. Es wurde 1965 aufgestellt, ist ganz aus Aluminium und prächtig anzusehen. Es ist erst früher Nachmittag, der dichte Nebel verfinstert aber den Tag, und urplötzlich beginnt es heftig zu graupeln.

Wir gönnen uns kaum eine Gipfelrast, sondern streben, so schnell das Gelände es erlaubt, wieder hinunter. Schmerzhaft trommelt der Graupelregen auf uns nieder, und der Fels wird immer mehr von einer unangenehmen rutschigen Schichte überzogen. Wir atmen auf, als wir im Almgelände anlangen und eine trübe Herbstsonne uns nach Muhr hinunterbegleitet. Schade, daß uns der Wettergott nicht gut gesinnt war, vom Gipfel hätten wir einen prachtvollen Blick ins Pöllatal, zu den beiden Lanischseen und der großartigen Umrahmung vom Großen und Kleinen Hafner bis zum Malteiner Sonnblick gehabt.

Zu erwähnen ist auch der anstrengende, landschaftlich aber sehr lohnende Übergang aus dem Pöllatal über die 2600 m hohe Altenbergscharte ins Murtal. Zur Zeit des vor mehr als 100 Jahren aufgelassenen Silber- und Arsenbergbaues im inneren Murtal verlief hier ein regelmäßig benützter Saumweg.

Ebenfalls nur erwähnt werden soll eine Wanderung in das Pöllatal zu den Lanischseen, mit dem Aufstieg zur Oblitze. Unmarkiert, steil in die Einsenkung zwischen Schurfspitze (2663 m) und Oblitze, weiter zum Gipfel und Murtörl, mit Abstieg zur Ochsenhütte im Pöllatal.

Gehzeit zwischen 8 und 10 Stunden.

Tour auf einen Blick

Ausgangspunkt:
Ist die Ortschaft Muhr, 1124 m. (Wegweiser außerhalb der Ortschaft, taleinwärts beachten!)
Auf Weg Nr. 543 über die Hiasleralm, 1820 m, in die Murscharte, 2418 m, und auf den Gipfel, 2657 m.
Abstieg wie Aufstieg; oder von der Murscharte ins Pöllatal (nicht markiert!).
Höhenunterschied 1533 m.
Gehzeit insgesamt 8 bis 10 Stunden, unschwierig, aber Ausdauer erforderlich.

Oben: Blauer Eisenhut (Aconitum napellus)
Mitte: Alpenküchenschelle (Pulsatilla alpina)
Unten: Alpenrose (Rosa pendulina)

Vom Katschberg auf das Kareck (2481 m)

Tour auf einen Blick

Ausgangspunkt:
Ist die Paßhöhe Katschberg, 1641 m; oder vom Paß weiterfahren (Weg Nr. 20) bis zum Berggasthof Almfried, 1844 m. Von da in ca. 1 1/2 Stunden auf den Gipfel, 2481 m (von der Paßhöhe etwa 3 Stunden). Höhenunterschied 840 m bzw. 687 m.
Gehzeit 5 bis 6 Stunden, unschwierig.

Das Kareck ist der letzte bedeutende Vertreter der Hohen Tauern im Osten und zugleich ein hervorragender Aussichtsberg.
Vor dem Berghotel „Katschberghöhe" auf dem Katschberg zweigt nach Westen eine Straße ab. Mehrere Tafeln weisen auf Berggasthäuser hin. Für unsere Wanderung kommt die Tafel „Berggasthof Almfried", Markierung 20, in Frage. In einem großen Bogen nach Norden führt die Straße zuerst durch fichtenbestandenen Bergwald, der später in einen schönen Lärchenbestand übergeht. Nach Überquerung des Kaltenbaches, der bei Schellgaden in die Mur mündet, steigt die Straße im schönen Almgelände zum Berggasthof Almfried, etwa 1840 m hoch gelegen, an. Zu Fuß benötigt man bis hierher, vom Katschbergpaß aus, etwa 1 1/2 Stunden. Auf einem Almweg gelangt man zu einem Almzaun (Pfeil mit Nummer 20) und in weites Almgelände, westwärts über den Nordostgrat unschwierig zum Gipfel.

Tourenbeschreibung:
Ein strahlend klarer Novembertag lockt uns noch einmal in die Lungauer Bergwelt. Es ist in diesem Herbst fast noch kein Schnee in den Bergen gefallen, für eine Wanderung auf das Kareck herrschen also beste Bedingungen. Da die Tage jetzt schon kurz sind, fahren wir den beschriebenen Weg bis zum Parkplatz des Berggasthofes Almfried. Eine prächtige, zauberhafte, vorwinterliche Stimmung empfängt uns schon auf der Fahrt vom Paß Richtung Gasthof. Die letzten Nebeltage haben um die rotgelben Lärchen eine dicke Rauhreifschicht wachsen lassen, die Sonnenstrahlen bringen sie jetzt zu einem fantastischen Glitzern und Leuchten, ein wolkenloser, tiefblauer Himmel vervollständigt dieses Rauhreifmärchen. Vor uns erheben sich über spätherbstlich braunem Almgelände die Abbrüche zum großen Kessel des Gontales und der schneebedeckte Gipfel des Kareck. Wir reißen uns von der prachtvollen Bergszenerie los und fahren die letzten Meter zum Parkplatz weiter. Es ist bitter kalt, der Boden beinhart gefroren, die Sonne wärmt nicht mehr. Eine eigenartige Stimmung herrscht hier. Über die ostseitig gelegene Gontalscharte ziehen ständig dichte, sonnenbestrahlte Nebelschwaden aus dem kärntnerischen Pöllatal und lösen sich am Fuße des Tschaneck auf.

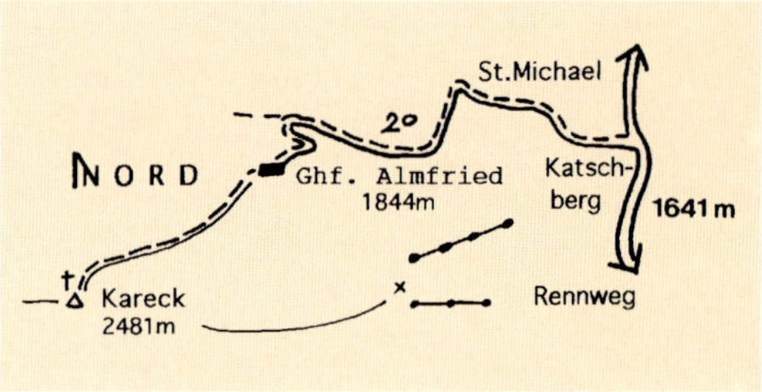

An einzelnen knorrigen Lärchen vorbei ziehen wir bergwärts. Je höher wir gelangen, desto umfassender wird die Aussicht. Nach etwa 1 1/2 Stunden nach dem Gasthof taucht vor uns, in 2481 m Höhe, das Gipfelkreuz auf. Der Blockgipfel des Kareck bietet einen informativen, umfassenden Rundblick. Über dem nebelbedeckten Pöllatal erheben sich die schneebedeckten, glänzenden Gipfel des Großen und Kleinen Sonnblick (Malteiner Sonnblick), und noch weiter im Süden erkennt man die Umrisse der Lienzer Dolomiten, vor uns im Westen erhebt sich die spitze Form des Hafner, nach Norden und Osten folgt die ganze Lungauer Bergszenerie. Tief zu unseren Füßen liegt das hintere Murtal teilweise schon im Winterschatten, wo monatelang kein Sonnenstrahl hineingelangt, ebenso die Tauernautobahn, St. Michael und viele weitere Orte. Die Kälte zwingt uns zum Abstieg, wir nehmen Abschied von den vertrauten Bergen und hoffen, bald wiederzukommen.
Gehzeit vom Katschberg 6 Stunden, vom Gasthof „Almfried" 3 Stunden.

Blick vom Gipfel des Kareck zum Großen Hafner

Touren aus dem zentralen Lungauer Becken

Lungauer Beckenlandschaft, unweit Tamsweg (Lasaberg) aufgenommen

Gumma-Berg (2315 m) und Kreuzhöhe (2566 m)

Südlich des Hochgolling und Kasereck befinden sich im gleichen Gebirgszug die beiden Erhebungen zwischen Lessach- und Göriachtal.

Tourenbeschreibung:
Mit dem Pkw nach Göriach und Vordergöriach, nach dem schön gefärbten Troadkasten, erbaut 1794, zuerst rechts und wenige Meter später links der blauen Markierung folgend, den Berg hinauf. Nach 1,5 km Fahrt von Vordergöriach aus auf schmaler kurviger Asphaltstraße stoppt ein Schranken die Weiterfahrt. Zu Fuß geht es weiter der blauen Markierung mit der Nummer G 4 und Hinweisschildern mit der Aufschrift „Gumma" folgend, abwechselnd auf breiter Forststraße bzw. einem halbverwachsenen alten Forstweg 1 Stunde lang, bis wir bei der Wildbachhütte eintreffen. Der Weg ist sehr gut markiert und beschildert und angenehm meist im Bergwald zu wandern. Knapp vor der netten, bewirtschafteten Hütte vereinigen sich die verschiedenen Anstiege. Die freundliche Waldlichtung um die Wildbachhütte ladet zu kurzer Rast, wir genießen den heißen Frühsommertag, die Pracht der Bergblumen und hören von der tief zu unseren Füßen liegenden Ortschaft Lessach Böller krachen, Gewehrsalven und Musik.
Es ist Fronleichnam, ein hoher kirchlicher Feiertag mit Prozessionen in allen größeren Orten. Wir begegneten überall festlich in Tracht gekleideten Menschen, die Schützengarden und Musiker in ihren bunten Uniformen. Häu-

Tour auf einen Blick

Ausgangspunkt:
Von Göriach nach Vordergöriach. Nach der blauen Markierung und Nr. G4 bis zum Schranken am Beginn der neuen Forststraße, 1250 m.
Über die Wildbachhütte auf Weg Nr. 765 in etwa 3 Stunden zum Gipfel, Gumma-Berg, 2315 m, und von da in $1^1/_2$ Stunden zur Kreuzhöhe, 2566 m.
Höhenunterschied 1065 m bzw. 1316 m.
Gehzeit Gumma-Berg 6 Stunden, unschwierig;
mit Besteigung der Kreuzhöhe mindestens 8 bis 10 Stunden, nur bei guten Bedingungen empfehlenswert.

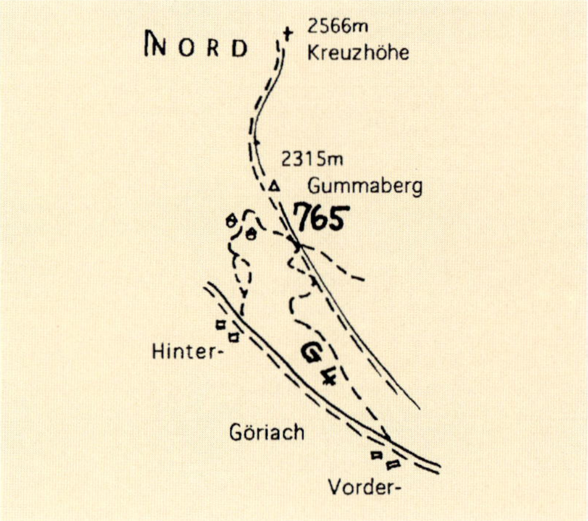

ser und Plätze waren fahnengeschmückt, die Straßen, durch die die Prozessionen zogen, waren mit grünen Birkenästen verziert. Natur und Menschen tragen an diesem Tag Festtracht.
Auf rotmarkiertem Pfad, Nr. 756, geht es nunmehr steil durch lichten Lärchenwald mit alten urwüchsigen Kugellärchen in den weiten Kessel unter den Gipfel des Gumma-Berges. Hier begegnen wir zahlreichen aufwendig gebauten Lawinenkegeln und -mauern, die zum Schutz des tief darunter liegenden Ortes Lessach errichtet wurden. Über einen Almrücken zwischen Enzian, Anemonen und den ersten Almrauschblüten erreichen wir nach 1 Stunde ab der Hütte das Kreuz des Gumma-Berges. Tiefblicke in die Lungauer Becken- und Tallandschaft nach Lessach, Tamsweg, Mariapfarr und Mauterndorf sowie Ausblicke in die umliegende Bergwelt einschließlich des Nockgebietes und der Hohen Tauern zeichnen diesen leicht erreichbaren Gipfel als sehr empfehlenswert aus.
Wenige Meter vor dem Gipfel zweigt der Weiterweg 765, rot markiert, zur Kreuzhöhe ab. Schlagartig ändert sich ab hier der Wegcharakter. Entlang steiler Rasenhänge, mit Schrofen durchsetzt, die oftmals umgangen werden müssen, zunächst bergab, dann steil über Rasen hinauf, windet sich der Weg weiter über den Grat zum Gipfel. Gehzeit vom Gumma bis zur Kreuzhöhe ebenfalls 1 Stunde. Bei Schlechtwetter oder gar Eis und Schnee (in dieser Höhe auch im Sommer und Frühherbst jederzeit bei einem der gefürchteten Wetterstürze möglich) ist die Besteigung der Kreuzhöhe nicht ratsam! Gehzeit 6 Stunden, mit Kreuzhöhe insgesamt $8^1/_2$ Stunden.

Lawinenschutzbauten oberhalb von Lessach auf dem Weg zum Gumma-Berg

Der Gensgitsch (2279 m), Aussichtsberg über Tamsweg

Der Gensgitsch ist ein unscheinbarer Vorgipfel im Gebirgskamm, der sich zwischen dem Göriachtal und dem Lignitztal erhebt, seine höchste Erhebung ist das selten bestiegene Hocheck (2638 m). Der Gebirgszug endet bei den wunderschönen Landawirseen und der Trokkenbrotscharte. Dieses einsame Gebirge steht völlig im Schatten der östlich davon aufragenden Berge Hochgolling und Kasereck.
Doch nicht jeder will so hoch hinauf und über ausgesetzte Felsgrate kühne Spitzen erklettern. Die meisten Bergwanderer „begnügen" sich vielmehr mit anspruchsloseren, deshalb aber nicht weniger schönen Gipfelerlebnissen. Der Gensgitsch zählt zu letzteren Bergen. Ausgangspunkt ist entweder das Lignitztal, von Mariapfarr kommend, oder das Moargut im Göriachtal, das von St. Andrä aus erreicht wird.

Tourenbeschreibung:
Es ist ein warmer Herbsttag, die Laubbäume haben sich schon längst verfärbt, und auch die

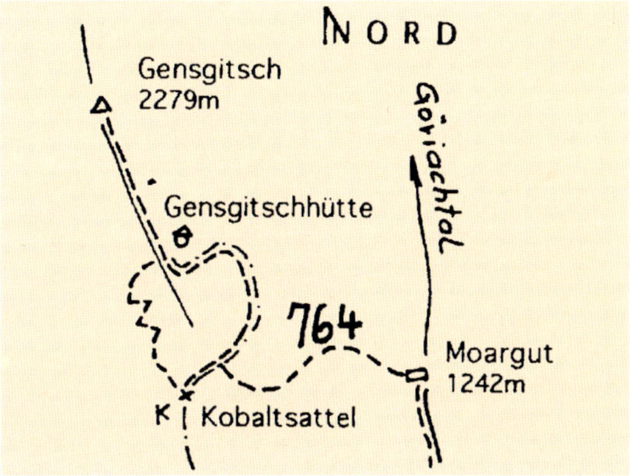

Lärchen bekommen schon den ersten gelben Schimmer. Auf den noch sattgrünen Wiesen weidet gut genährtes, sauberes Vieh. Doch über dem dunklen Bergwald, der das hübsche Tal zu beiden Seiten einrahmt, leuchtet bereits aus den Rinnen und Karen der Schnee. Am Eingang des Göriachtales bleibt das Fahrzeug in der Nähe des Anwesens „Moargut". Nach

Tour auf einen Blick

Ausgangspunkt:
Ist das „Moargut", 1242 m, am Eingang des Göriachtales unweit der Ortschaft Göriach.
Weg Nr. 764 folgen und über den Kobaltsattel, 1554 m, zum Gipfel, 2279 m.
Höhenunterschied 1037 m.
Gehzeit $4^1/_2$ bis 5 Stunden, unschwierig.

Motiv vom Eingang des Göriachtales mit Gensgitsch

kurzer Wanderung (Weg 764) durch Wald und auf der Forststraße erreichen wir durch einen lichteren Lärchenwald die Gensgitschhütte (1787 m). Die Besitzer sind gerade dabei, die Hütte winterfest zu machen.
Sturmzerzauste Lärchen, in dieser Höhe bereits herbstlich verfärbt, begleiten uns hinauf zu den weiten Almflächen. Hat bisher der Bergwald jede Aussicht verhindert, so wird jetzt der Blick frei auf die tief zu unseren Füßen liegende grüne Lungauer Beckenlandschaft mit Tamsweg und den schönen Bauernhöfen.
Über weites, stufenförmiges Gelände ziehen wir gipfelwärts weiter. Gelbbraun verfärbt sind die Almwiesen, längst ist das Vieh ins Tal gebracht worden. Nur mehr Jäger und einsame Wanderer, so wie wir, stören die Bergeinsamkeit. Einem solchen Jäger haben wir eben gründlich den Tag verpatzt, als wir zwar auf markiertem Weg, aber nicht gerade leise das Wild, Gemse oder Hirsch, vergrämt haben. Auf unsere Entschuldigung antwortet er, sehr bezeichnend für die gutmütige Lungauer Art: „Morgen ist auch noch ein Tag", und ist uns weiter nicht böse.
Ein kalter Wind bläst uns vom Gipfel entgegen, Schneeflecken mischen sich ins herbstliche Braun. Nach gut 2 Stunden Wanderzeit stehen wir beim einfachen Holzkreuz, und wir wissen nicht, wohin wir Auge und Kamera zuerst hinwenden sollen.
Direkt uns gegenüber, im Nordosten, bauen sich eindrucksvoll Zwerfenberg, Hochgolling und Kasereck auf. Die weiten Hänge des zu Recht vielgerühmten Skiberges Preber leuchten bereits in verschneiter Pracht auf. Lange Schatten verdunkeln die tief unter uns liegenden engen Täler des Lignitz- und Göriachbaches.
Im Süden erheben sich überm Lungau die sanften Rücken der Nockberge, im Westen dagegen die markanten Gipfel des Großen Hafner, des Weißeck und vieler weiterer Berge. Obwohl es bitter kalt wird, genießen wir lange die eindrucksvolle Aussicht und wohltuende Bergruhe auf dem unscheinbaren, aber doch so lohnenden Gensgitsch. Gehzeit 5 Stunden.

Auf das Speiereck (2411 m), den Bocksberg des Lungaues

Mauterndorf, die älteste Marktgemeinde des Lungaues, ist Ausgangsort unserer Wanderung. Schon der Salzburger Erzbischof Hartwick, Graf von Sponheim, erkannte die Bedeutung des Lungaues, so daß ihm die Schenkung des Landgutes im Lungau – „praedium in Lungowe" – durch König Heinrich II. im Jahre 1002 sehr willkommen war. Der Name Mauterndorf leitet sich von „Muthardorf", dem Mautdorf, ab.

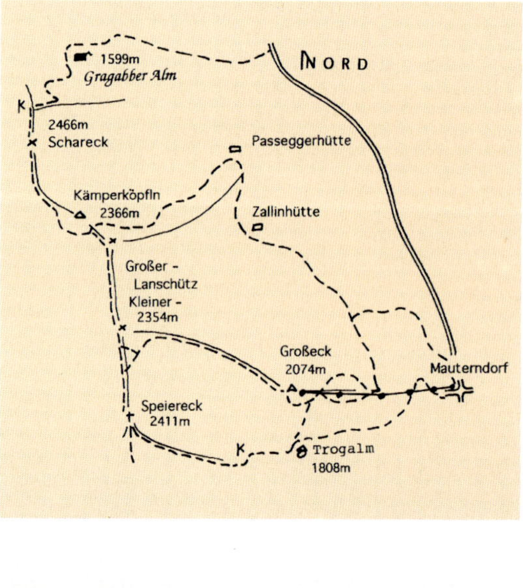

Tourenbeschreibung:
Auf das Speiereck gelangt man, indem man entweder mit dem Sessellift auf das Großeck fährt und so fast 1000 Höhenmeter mühelos überwindet oder indem man zu Fuß von Mauterndorf loswandert.
Wir sind schon spät dran, und auch das Wetter scheint nicht zu halten, so daß wir den Lift benützen. Der roten Markierung folgend, zunächst 1 Stunde lang über Bergwiesen und über schrofiges Gelände zur Scharte des Kleinen Lanschütz. Hier folgen wir nach links dem Verbindungsgrat zum Speiereck und sind in 20 Minuten beim schlichten Gipfelkreuz. Der Abstieg nach Mauterndorf erfolgt zu Fuß über die Trogalm.
Umfassend ist die Aussicht von der Bergstation zu den Bergen Salzburgs, Kärntens und der Steiermark, zu den Orten St. Michael und St. Martin, der Tauernautobahn und den lustigen Mäandern der jungen Mur.
Einer alten Lungauer Sage zufolge versammeln sich um Mitternacht auf dem Gipfel des Speiereck Hexen und Zauberer. Zu diesen gesellte sich neben dem Zauberer Jaggl auch der Schörgen-Toni, der von allen wegen seiner Missetaten gehaßte Gerichtsdiener auf Schloß Moosham. Der Teufel brachte ihn zuerst in

Tour auf einen Blick

Ausgangspunkt:
Von Mauterndorf mit dem Sessellift auf das Großeck, 2074 m. Nach roter Markierung zur Scharte des Kleinen Lanschütz und nach links über Verbindungsgrat zum Speiereck, 2411 m.
Abstieg über die Trogalm nach Mauterndorf.
Höhenunterschied ab Großeck ca. 350 m.
Gehzeit insgesamt $3^1/_2$ bis 4 Stunden.

Schloß Mauterndorf mit Großeck

einer stürmischen Nacht auf das Speiereck. Dort machte er die verheerendsten Unwetter und warf große Felstrummer auf das Vieh der Trogalm, daß es selbst dem Satan zu bunt wurde und er den Schörgen-Toni wieder packte. In sausender Luftfahrt ging es zum Rotgüldensee, wo der Verbannte noch immer sein soll, um manchmal die Menschen zu erschrecken. Jetzt aber, am hellichten Tag, ist von dem höllischen Volk nichts zu sehen.
Der ganze Lungau breitet sich in der späten Nachmittagssonne vor uns aus. Nach langem Schauen am Gipfel steigen wir zur Trogalm ab. Hier auf den Almen wächst der echte Speik. Kühl wird es bereits auf der Trogalm, und das Mundartgedicht des Mauterndorfers Michael Dengg fällt uns ein:

I ko neamma do bleibn,
Es tuat regna und schneibn,
Muaß glei wieda boid
Valoss'n die Hoit,
Es wecht hoit schoa koit und da Schnea obafoit.

Schareck (2466 m)

Tourenbeschreibung:
Wir haben überhaupt kein schlechtes Gewissen, weil wir die sich anbietende Aufstiegshilfe von Mauterndorf auf das Großeck benützen, sondern genießen vielmehr den bequemen und raschen Höhengewinn von über 900 m in etwa 10 Minuten.
Nach nächtlichen Gewittern verstecken sich die Lungauer Täler in dichtem Morgennebel, während hier heroben bei der Bergstation die feucht-diesige Luft doch einigermaßen Fernsicht ermöglicht. In nordwestlicher Richtung fällt ziemlich entfernt eine markante Spitze, der Gipfel des Schareck, unser Ziel, auf. Über den Kleinen und Großen Lanschütz (auch Lanschitz) geht unser gut markierter Weg meist über Almboden, mit guten Ausblicken auf das nahe Speiereck, weiter auf die nahe Bergkette, die sich vom Weißeck bis St. Michael erstreckt, und bis zu den Hohen Tauern. Im Nordosten reihen sich die Gipfelketten der

Tour auf einen Blick

Ausgangspunkt:
Von Mauterndorf mit dem Sessellift auf das Großeck, 2074 m. Von hier markiert an den Kämpenköpfln vorbei in 3 Stunden auf den Gipfel, 2466 m.
Abstiegsmöglichkeit über die Gragabber Alm nach Tweng, 1233 m, 2 Stunden; oder zurück zu den Kämpenköpfln und über die Passeggeralm (-hütte) und Abstieg nach Mauterndorf, 1120 m.
Höhenunterschied knapp über 1300 m (von Mauterndorf gerechnet).
Gehzeit je nach Abstiegsvariante 6 bis 8 Stunden insgesamt, unschwierig bei guten, trockenen Verhältnissen.

Niederen Tauern. Bald haben wir die beiden Lanschützgipfel überschritten und müssen ziemlich tief absteigen. Bergastern und das zartblaue Tauernblümchen erfreuen uns. Im tiefsten Einschnitt weist ein Hinweisschild nach rechts hinab ins Kar zur Passeggeralm. Der Liftwart in Mauterndorf hat gemeint, wir könnten über diese Alm wieder zur Talstation nach Mauterndorf, wo wir unseren Pkw geparkt haben, absteigen. Wer nicht bis zum Schareck will, der kann die Tour abkürzen und von hier aus über die Passeggeralm ins Tal wandern.

Der nächste Wegabschnitt führt entlang der steilen Rasenhänge hoch überm Tal, knapp unter den Kämpenköpfeln. Achtgeben muß man auf den Weg, wenn man hier um das letzte „Eck" kommt und das Schareck erblickt. Hier nicht dem eben verlaufenden Weg, sondern dem aufwärts führenden, spärlich markierten Weg folgen, weil man sonst mühsam über Blockgelände turnen muß. Der letzte Teil des Weges geht steil über einen Rasengrat mit vielen Bergblumen wie Grasnelke, Berghauswurz, Tauernblümchen hinauf – im plattigen Fels – zum Gipfelkreuz. Auf den letzten Metern im Fels müssen günstige Bedingungen herrschen, bei Schnee und Eis könnte es wegen der Steilheit des Geländes Probleme geben.

Im Westen und Norden brauen sich dunkle Wolken zusammen, nur der Blick nach Süden ist noch frei und ebenso der Tiefblick in das inzwischen nebelfreie Taurachtal, das 1200 m unter uns liegt. Deutlich erkennt man vom Gipfel aus den markierten Abstieg dorthin. Eine durchaus interessante und empfehlenswerte Abstiegsvariante!

Wir trauen dem Wetter nicht recht und wollen noch vor einem möglichen Gewitter aus der Gipfel- und Kammregion verschwinden und in den weniger gefährlichen Waldbereich gelangen, deshalb steigen wir bald ab bis zum Einschnitt, wo uns der Wegweiser zur Passeggeralm weist. Im Kar und auch im Almbereich gibt es alte und nicht immer leicht erkennbare Markierungen, hier heißt es also aufpassen.

Die Kämpenköpfel auf dem Weg vom Großeck zum Schareck

Die Almhütten sind durch Lawinenkegel geschützt, es wirkt aber alles sehr vernachlässigt. Ein verrostetes Schild weist zur Zallin- und Restalm, unserer weiteren Abstiegsroute. Von der Passeggeralm abwärts führt ein angenehmer Waldweg durch lichten Bergwald mit viel Almrausch. Um die Weiße Wand herum wird der Steig schmäler und leitet über in einen urtümlichen Bergwald mit von Sturm und Wetter gefällten, abgestorbenen Baumriesen. Unter der Zallinwand an der gleichnamigen Alm vorbei zieht sich der Steig. Hier vergehen wir uns mehrere Male, weil uns Grenz- oder Besitzmarkierungen, die wie die Wegmarkierungen aussehen, irregeführt haben. Wahrlich kein guter Dienst an den Bergfreunden und Wanderern! Schließlich gelangen wir auf den Güterweg, der uns zur Talstation des Sesselliftes nach Mauterndorf führt. Gehzeit 6–8 Stunden.

Ein einsames Großeck (2427 m)

Es gibt im Lungau – natürlich auch in anderen Gebieten – ausgesprochene Modeberge, die von Bergfreunden aus nah und fern besucht werden. Es gibt im Lungau aber auch Gipfel, ja sogar ganze Gebirgszüge, die abseits jeden Rummels liegen und dem Suchenden vorbehalten bleiben. Das Großeck im Gebirgskamm, der sich vom vielbesuchten Weißeck bis nach St. Michael zwischen dem Mur- und Zederhaustal erstreckt, ist ein solcher einsamer Gipfel. Der Senner von der Zäuneralm unter dem Großeck sagt es deutlich: „Wir wollen unsere Ruhe haben."

Nach einer Stunde erreicht man die Zäuneralm. Von hier ohne Markierung hinaus über die Baumgrenze, über Almböden in das Kar und auf den Kamm, der das Brettereck mit dem Großeck verbindet. Links weiter, die ersten Schrofen rechts umgehen, unter dem Gipfelfelsen von der Murtal- auf die Zederhaustalseite wechseln und unschwierig zum unscheinbaren Gipfel. Etwa $1^1/_2$ Stunden von der Alm.

Der Abstieg kann entweder im Sinne des Aufstieges oder auf dem Kamm zum Gosseneck und vor der Baumgrenze links in den Almbereich zur Zäunerhütte erfolgen.

Tourenbeschreibung:

Mehr als 10 Berggipfel mit Höhen zwischen 2400 m und 2500 m weist der Gebirgszug vom Weißeck bis zum Schrovinkopf auf. Es sind keine schwierigen Berge, und trotzdem werden sie kaum besucht. Die Anstiege in den Gipfelbereich sind nicht markiert und vielfach nur den Einheimischen bekannt.

Das Zederhaustal einwärts bis nach der Ortschaft Fell fahren. Bei der Abzweigung nach Sonnberg befindet sich das Gasthaus Tafernwirt. 50 m weiter steht am linken Straßenrand ein Pflock mit alten Hinweistafeln und -nummern. Wir folgen der schmalen asphaltierten Straße und biegen bei der zweiten Abzweigung nach rechts zum Zäunerbauern ab, 1 km von der Straße. Der Zäunerbauer läßt uns bei sei-

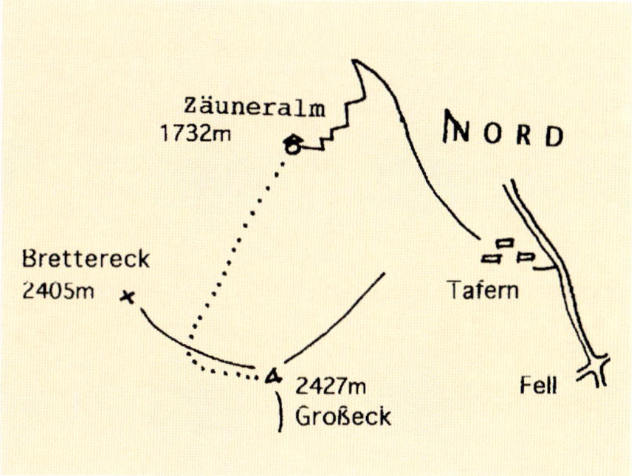

nem stattlichen Hof parken, und über Blumenwiesen erreichen wir den Wald, folgen hier dem Güterweg und der blauen Markierung. Es wäre ein gemütliches Wandern, wenn nicht der ständige Lärm von der Tauernautobahn, die das Zederhaustal durchschneidet, die Waldruhe nachdrücklich störte. Erst später läßt der Autobahnwirbel allmählich nach und wird übertönt vom beruhigenden Rauschen eines Bergbaches. Motorisierte Einheimische überholen uns, nicht etwa, um auf das Großeck zu steigen, sondern um die vielen vollreifen Himbeeren zu sammeln. Wir sind schon 1 Stunde auf dem Güterweg unterwegs, als die Glocken des Almviehes die nahe Alm ankünden, auch wird der Wald allmählich lichter. Auffällig sind die vereinzelten Riesenexemplare von Kandelaberlärchen.

Auf 1732 m Höhe erreichen wir die urige Zäuneralm, wo uns der Senner mit einem freundlichen „Grüaß ench" begrüßt. Auf die Frage, wie es auf das Großeck hinaufgeht, gibt er sehr beiläufig und ungenau Antwort. Er meint, wir sollten nur immer den Steigerln über die Waldgrenze hinaus folgen, und dann würden wir schon weitersehen. Außerdem sei es ungefährlich, weil keine „Wand" zu überwinden sei. 2 Stunden bis zum Gipfel müßten wir schon noch rechnen, meinte er noch zum Schluß.

Immer in Nähe des rauschenden Bergbaches

Tour auf einen Blick

Ausgangspunkt:
Von St. Michael nach Zederhaus und in das gleichnamige Tal bis nach der Ortschaft Fell zum Gasthaus Tafernwirt, 1120 m. Von hier noch 1 km bis zum Zäunerbauern (blau markiert) fahren und parken.
Auf Güterwegen bis zur Zäuneralm, 1732 m, in etwa $1^1/_2$ Stunden.
Von dort auf Steigspuren (unmarkiert) in weiteren $1^1/_2$ Stunden auf den Gipfel, 2427 m.
Mehrere Abstiegsvarianten möglich, aber immer zur Zäuneralm.
Höhenunterschied 1300 m.
Gehzeit insgesamt 6 bis 7 Stunden, unschwierig.

steigen wir durch den Wald aufwärts in ein weites Kar. Zwei Gipfel, das Großeck linker Hand und das Brettereck rechts, ragen über der freundlichen Almszene auf. Nach einigem Hin und Her über Steigspuren, die sich wieder verlaufen, erreichen wir den Kamm und stehen hoch und unmittelbar über dem Murtal. Wir blicken zum Hafner und seine Trabanten sowie weitere unzählige Gipfel in nah und fern. Der Weiterweg ist klar, den ersten Schrofen weichen wir zur Murtalseite aus, steigen bis unter den Gipfelaufbau und wechseln, bevor es ans Klettern geht, nach links zur Zederhaustalseite, wo es über Schieferplatten und blühenden Eisenhut bequem zum Gipfel geht. Es gibt kein Gipfelkreuz, wohl aber eine Tafel, die darauf hinweist, daß sich hier ein Luftbildfixpunkt befindet. Die Steine sind hier auffallend blau angestrichen, und wir erinnern uns, auf dem Gipfel des Schareck dieselben Farbkleckse gesehen zu haben. Der Rundblick vom Großeck ist wieder sehr informativ. Alles in allem ist es ein – wenn auch einsamer, doch sehr lohnender Berg ohne irgendwelche bergsteigerische Schwierigkeiten.

Zum Abstieg bietet sich der Kamm in Richtung Gosseneck an. Wir sehen einige Gemsen und steigen noch vor Erreichen der Waldgrenze nach links steil in den Almboden ab. Unterwegs treffen wir den Senner und kommen ins Plaudern. Als Bub hat er schon das Vieh hier heroben gehütet, damals seien die Wiesen bis zu den Schrofen hinauf noch gemäht worden. Auf den Tourismus in diesem Berggebiet läge niemand wert, allerdings eine Jause von selbsterzeugten Almprodukten gäbe es immer. Wieder im Wald unterwegs, lassen wir uns die köstlich aromatischen Himbeeren munden, und bald darauf wird der Autobahnlärm immer lauter. Wie friedlich war es doch im Bereich der Zäuneralm und am einsamen Großeck. Gehzeit 5–6 Stunden.

Blick vom Gurpitscheck über das Schareck zur Gebirgskette mit dem einsamen Großeck

Motiv von der Auffahrt Rennweg zur Bonner Hütte, südlich vom Katschberg, mit Blick auf das Kareck

Touren im lungauischen Nockgebiet

Teuerlnock (2145 m) und Aineck (2210 m)

Tourenbeschreibung:
Lohnende Wanderung, auch für Kinder geeignet. Beide Gipfel, die man zutreffender als südliche bzw. nördliche Kuppen eines Bergstockes bezeichnet, sind von der Bonner Hütte aus sichtbar; ebenso läßt sich unschwer der Verlauf des Anstieges zum Teuerlnock in dem übersichtlichen Gelände ausmachen.
Zunächst geht es auf leicht fallendem Weg in den Sattel zwischen Schöngelitzhöhe und Laußnitzhöhe. Dort beginnt der eigentliche Anstieg, Markierung 111, der über den latschenbewachsenen, vom Teuerlnock gegen Osten abstreichenden Kammrücken führt. Nach $1^3/_4$ Stunden ist die Höhe des Teuerlnock erreicht. Weiter zum Aineck hat man eine genußreiche Höhenwanderung, insgesamt $2^1/_4$ Stunden. Am Gipfel bietet sich ein weiteres 360-Grad-Panorama an. Reizvoll ist der Tiefblick in den Lungau.

Tour auf einen Blick

Ausgangspunkt:
Über Rennweg Fahrt zur Bonner Hütte. Von der Bonner Hütte Aufstieg in den Sattel zwischen Schöngelitzhöhe und Laußnitzhöhe.
Weiter über Kammrücken, Markierung Nr. 111, auf das Teuerlnock, 2145 m. Weiter Höhenwanderung zum Aineck.
Abstieg wie Aufstieg.
Gehzeit ca. 4 Stunden.

Blick vom Aufstieg zum Kareck über das Tschaneck zum Aineck

Laußnitzsee – Schwarzwand (2214 m) – Schereck (2181 m)

Tour auf einen Blick

Ausgangspunkt:
Zufahrt von Rennweg bis knapp vor der Bonner Hütte. Davor rechts ab (Weg Nr. 4) und Anstieg zur Ebenwaldhütte und Laußnitzalm, 1839 m. Über den Laußnitzsee zum Gipfel Roter Riegel, 2153 m, und zur Schwarzwand, 2214 m. Dann über die grasige Hochfläche zum Schereck, 2181 m. Höhenunterschied ca. 500 m. Gehzeit 6 Stunden.

Seite 83: Der Laußnitzsee mit den östlichen Ausläufern der Hohen Tauern

Eine durchaus klassische Nockalmwanderung eröffnet sich dem geübten und ausdauernden Wanderer von der Bonner Hütte aus in das Reich der Nocke mit den weiten Almen, freundlichen Seen und sanften Gipfeln. Für die Rundwanderung über Ebenwaldhöhe–Schereck–Schwarzwand–Laußnitzsee empfiehlt es sich aber nicht, bis zur Bonner Hütte zu fahren, sondern knapp unterhalb bei der angegebenen Markierung zu parken.

Tourenbeschreibung:
Der Herbstnebel begleitet uns bei der Fahrt von Rennweg über Frankenberg zur Bonner Hütte. Die Lärchen in ihrem goldenen Nadelkleid leuchten nicht, sie sind vielmehr triefend naß. Je höher wir kommen, um so finsterer wird es durch den noch dichter werdenden Nebel, und pessimistische Stimmen meinen schon, heute werden wir in der Nebelsuppe herumirren. Doch wie schon so oft, blendet uns plötzlich strahlender Sonnenschein! Sonnenüberflutet leuchtet die Wald-Alm-Landschaft in den buntesten Herbstfarben; die nahen Nockgipfel und schneeglänzenden Hohen Tauern grüßen.
Auf einem bequemen Güterweg mit der Markierungsnummer 4 wandern wir gemächlich bergan bis zu einem auffallenden Wegweiser. Ein Baumstamm mit Aststummeln zeigt den weiteren Wegverlauf zum Laußnitzsee und zur Kramerhöhe (2020 m) an. Wir halten uns in nordöstlicher Richtung zum Laußnitzsee und kommen bald an der Ebenwaldhütte (privat)

und an beeindruckenden, einzeln stehenden Lärchengiganten vorbei. Gegen Westen geht der Blick durch die ausladenden Lärchenkronen in das Pöllatal, das wir einmal bis zu den Lanischseen durchwanderten, um dann über steile, rasendurchsetzte Schrofenhänge voll von Edelweißblüten zur Oblitze aufzusteigen. Weiters streift der Blick zur Hafnergruppe und zu den weiteren Tauernbergen. Die Aussicht knapp unter der Ebenwaldhöhe ist großartig.
Der nächste Wegabschnitt ist eigentlich ein Abstieg zum Blareitbach auf breitem Weg durch ausgedehntes Waldgebiet. Anschließend folgt Sumpf-Moor-Land, das auf einem Knüppelweg durchquert wird. Nach kurzem, aber bequemem Anstieg erreichen wir die aus mehreren Hütten bestehende Laußnitzalm (1839 m). Hier verschnaufen wir kurz, blicken in die Runde und folgen dann einem serpentinenreichen Weglein über eine Steilstufe mit lockerem Lärchenbestand.
Durch kniehohes Heidelbeergestrüpp mit überreifen, beinahe schon mehligen Früchten

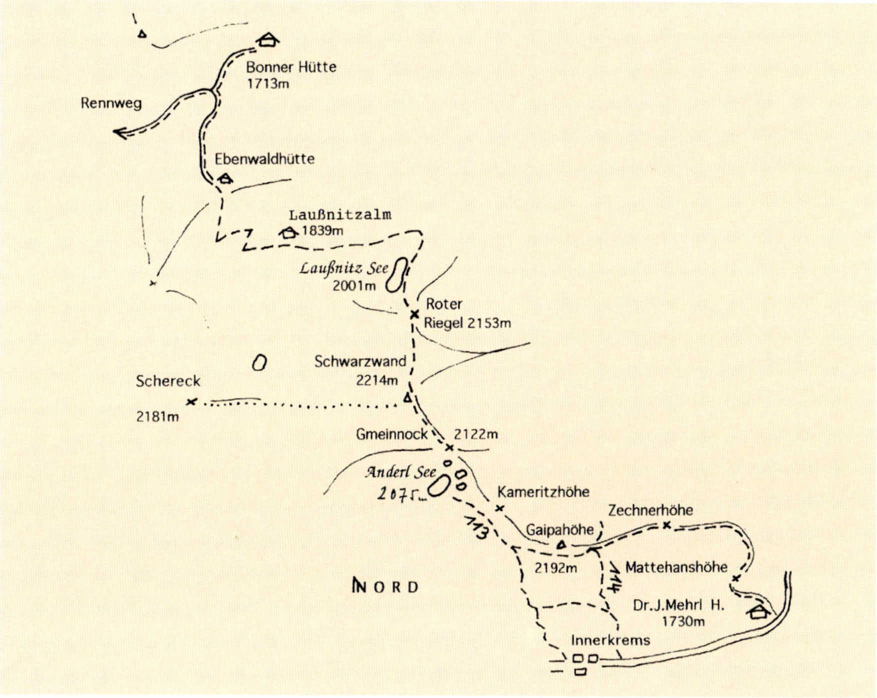

gelangen wir zum ruhig im sanften Almwind plätschernden ausgedehnten Laußnitzsee. Tief eingebettet unter dem 150 m höher aufragenden Gipfel des Roten Riegel (2153 m) und der Schwarzwand, ob zur Gänze oder teilweise mit einer Eisdecke überzogen oder ob freies Wasser, das sich wie heute sanft im Wind kräuselt, der Laußnitzsee begeistert immer! Nach kurzer Rast am Seeufer steigen wir hinauf zum Gipfel des Roten Riegel und weiter zur Schwarzwand. Schon während des recht steilen Aufstieges weitet sich der Ausblick auf viele Bergzüge. Weit dehnen sich vom Gipfel die Almflächen, die Graskuppen der Nocke und die Gipfel der Hohen und Niederen Tauern.
Der Weiterweg verläuft auf fast ebener grasiger Hochfläche, vorbei an Almhütten zum Schereck. Über gepflegte Almen und über das nebelbedeckte Liesertal gleitet der Blick zu den Lienzer Dolomiten und den Steiner Alpen. Die Almen ringsum sind schon längst verlassen, dürr und gelbbraun gefärbt ist das Gras.
Die wärmenden Sonnenstrahlen laden am windstillen Platz zu längerer Rast ein. Auf einem gemütlichen Güterweg wandern wir dann an der Ebenwaldhütte vorbei zum Parkplatz. Knapp 6 Stunden waren wir unterwegs.

Unweit der Gaipahöhe, auf dem Weg von der Mehrl- zur Bonner Hütte

Anderlsee (2075 m)

All jenen, die stille Pfade suchen, können die Wanderungen zum Anderlsee besonders empfohlen werden. Sie vermitteln eine Vielzahl besonders typischer Nock-Landschaftsbilder, egal ob man von der Mehrlhütte oder von Innerkrems über die Gaipahöhe Weg 114 oder von Bundschuh aus den Weißseitenbach aufwärts über Almen ansteigt (unmarkiert).

Tourenbeschreibung:
Ausgangspunkt ist diesmal die Mehrlhütte. Auf schmalem, nur gelegentlich markiertem Weg steigt man in westlicher Richtung über spärlichen Zirben- und Lärchenbestand hinauf zur Mattehanshöhe (2086 m). Gehzeit etwa 1 Stunde. Die abgeflachte Kuppe gewährt eine hübsche Aussicht auf die Hochalmspitze und Reißeckgruppe. Von hier sieht man bereits auf die nächsten markanten Wegpunkte, die Zechnerhöhe (2188 m) und die Gaipahöhe (2192 m), die beide überschritten werden. Der breite Gratrücken, über den die Grenze zwischen den Bundesländern Salzburg und Kärnten verläuft, ist unschwierig zu begehen. Orientierungsprobleme ergeben sich bei guter Sicht keine. Von der Gaipahöhe, zu der von Innerkrems ein Steig, Markierung 114, heraufzieht, wandert man in westlicher Richtung weiter bis zur Kameritzhöhe (2167 m); anschließend geht es kurz abwärts zum Anderlsee. Gehzeit etwa 3 Stunden.
Beim Rückweg wählt man den unmarkierten Almsteig, der in 2000 m bis 2100 m Höhe ver-

Die Mehrlhütte, zwischen Innerkrems und Bundschuh im Schönfeld gelegen, ist Ausgangspunkt für viele Wanderungen

Tour auf einen Blick

Ausgangspunkt:
Ist die Mehrlhütte, 1730 m (von Innerkrems oder Bundschuh erreichbar).
Auf nur gelegentlich markierten Wegen zu den Gipfeln Mattehanshöhe, 2086 m, Zechnerhöhe, 2188 m, Gaipahöhe, 2192 m, Kameritzhöhe, 2167 m, und von da kurzer Abstieg zum Anderlsee, 2075 m. Bis hierher 3 Stunden Gehzeit; zurück zur Mehrlhütte nochmals 3 Stunden.
Will man weiter zum Laußnitzsee, 2001 m, und zur Bonner Hütte, 1713 m, dann zur Schwarzwand aufsteigen, 2214 m.
Dann hinunter zum Laußnitzsee und absteigen zur Laußnitzalm, 1839 m.
Von hier in das Tal des Blareitbaches, zur Ebenwaldhöhe und Bonner Hütte.
Höhenunterschied ca. 1000 m.
Gehzeit von Hütte zu Hütte bis zu 10 Stunden, verschiedene Abstiegsvarianten möglich.
Bei guter Sicht unschwierig, ansonsten Tour abbrechen bzw. unterlassen. Ausdauer erforderlich.

läuft und durch die Südflanke der Gaipahöhe zur Mattehanshöhe zurückleitet. Man quert dabei die ausgedehnten Almböden der Blutigen Alm, deren Name an eine (historisch allerdings nicht belegbare) Schlacht erinnert, die an dieser Stelle im 8. Jahrhundert zwischen Bajuwaren und Slawen stattgefunden haben soll. Von der Mattehanshöhe erfolgt der Abstieg zum Ausgangspunkt. Gehzeit 6–8 Stunden.

Von der Mehrlhütte auf den Großen Königstuhl (2336 m)

Tourenbeschreibung:
Ob man von Innerkrems zur Mehrlhütte oder von Bundschuh über das Schönfeld hinauffährt, man parkt in jedem Falle im Bereich der Hütte. An Schönwettertagen zur Wandersaison ist der Parkplatz meistens voll. Viele wandern an den Almen vorbei, den Mäandern des Kremsbaches entlang zum Rosaninsee und zurück, um ein wenig Bergluft zu atmen und Nockalmatmosphäre zu genießen. Bis hinauf zum Rosaninsee, am Fuße der Nordabstürze des Großen Königstuhles gelegen, gehen wir

Tour auf einen Blick

Ausgangspunkt:
Ist die Mehrlhütte, 1730 m, die von Innerkrems oder von Bundschuh über Schönfeld erreicht wird.
Auf bequemen Wegen (Nr. 126) wandert man zum Rosaninsee, knapp über 2000 m.
Weiter in die Königstuhlscharte und zum Gipfel, 2336 m.
Abstieg wie Aufstieg – oder weglos und unmarkiert in die Rosaninscharte, 2075 m, absteigen und dem Kremsbach entlang auf dem Weg Nr. 126 zurück zur Mehrlhütte.
Höhenunterschied über 600 m.
Gehzeit 4 bis 5 Stunden, unschwierig (bis auf den Abschnitt Gipfel – Rosaninscharte, dort Bergerfahrung und -ausrüstung erforderlich).

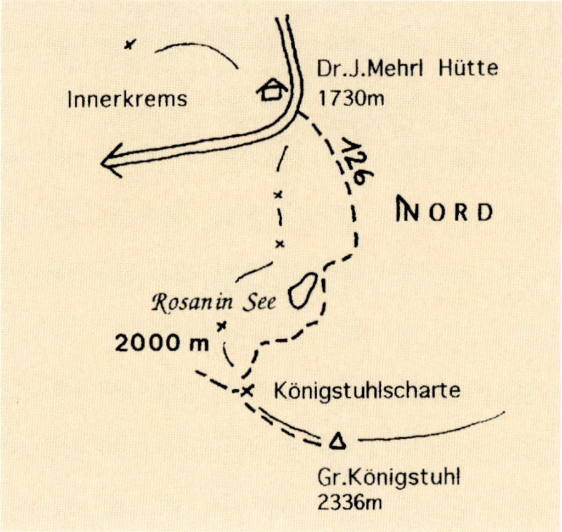

daher in einer Art von Bergprozession. An gepflegten Almen und mächtigen Zirben vorbei und begleitet von Seenock und Friesenhalshöhe auf der einen und Rosaninhöhe und Mühlbachernock auf der anderen Seite erreichen wir den See.
An den Ufern blühen Almrausch und Weißer Germer; im glasklaren Wasser spiegeln sich weiße Wolkenbauschen. Während die meisten Wanderer eilig gipfelwärts streben, machen wir angesichts dieser friedlichen Bergstimmung am See gemütlich Rast.
Schöne Fotomotive rund um das Wasser herum lassen uns aber nicht faulenzen, Vieh und Pferde weiden in der Umgebung.
Steiler als bisher geht der Weg in die Königstuhlscharte hinauf, die Bärtige Glockenblume und der Blaue Speik begleiten uns den Gipfelhang hinauf. Plötzlich sind wir wieder von Wanderern förmlich umringt. Sie kommen von Innerkrems, oder noch bequemer von dem Parkplatz Eisentalhöhe der Nockalmstraße. Auch der Weg vom Karlbad bringt zahlreiche Gipfelhungrige herauf. Um das schöne Gipfelkreuz scharen sich dementsprechend viele Menschen. Sie genießen eine großartige Aussicht, denn obwohl der Große Königstuhl von einigen Nockbergen an Höhe übertroffen wird, bietet der Gipfel aufgrund seiner Lage ein besonders schönes, zu Recht gerühmtes Panorama.
Eine alte Nocksage über den Königstuhl fällt uns ein: „Wer in der goldenen Stunde auf der Stang ist, dem öffnet sich der Berg, und der Freimann, welcher die Schätze hütet, tritt ihm als Jäger verkleidet entgegen. Sagt er die Zauberformel: Bist du der gute Geist Karolus? dann sind die unermeßlichen, im Königstuhl lagernden Schätze sein eigen."
Rasch verlassen wir den Bereich der „Turn- und Stöckelschuhtouristen" und wenden uns, ostwärts absteigend, der Bergstille zu. Nach wenigen Minuten ist der Gipfelrummel vergessen, der Abstieg in die Rosaninscharte ist sehr steil und nimmt unsere ganze Aufmerksamkeit in Anspruch. Gras- und latschendurchsetzt ist das Blockgelände, Almrausch und Niedriges Seifenkraut blühen üppig. Dieser Abstieg vom Großen Königstuhl in die Rosaninscharte ist nur bei guten Wetterverhältnissen trittsicheren Wanderern zu empfehlen, bei Schnee und Eis ist er nicht möglich. Eine verwitterte, rote Markierung begleitet uns. Es ist gut, daß die Markierung nicht mehr erneuert wird, sonst würde wohl so mancher „Halbschuhtourist" dieser folgen, und da er für solches Gelände unzureichend ausgerüstet und zu wenig geübt ist, in größte Schwierigkeiten kommen.
Im übrigen, so finden wir, muß es ja auch noch „Reservate" für „Zünftige" geben.
Als wir uns bei einigen „heiklen" Passagen bei den Latschen festhalten, stauben diese kräftig mit ihren gerade blühenden Pollen. In der Scharte folgt ein kurzes Überlegen, ob wir absteigen sollen zu den zirbenbestandenen Almen und den Weg hinaus zur Mehrlhütte nehmen, oder – wie von Anfang an geplant – das uns unbekannte Gebiet des Mühlbachernock ersteigen. Das anhaltende Schönwetter und der Reiz des Unbekannten geben den Ausschlag, daß wir bergwärts weiterwandern. Keine Markierung führt uns, daher queren wir die Geländestufen nützend, den Steilhang zum Gipfel des Mühlbachernock hinauf. Oben angelangt, sind wir etwas enttäuscht von der Aussicht, lediglich der Tiefblick auf die Werchzirbenalm mit dem gleichnamigen See ist neu und recht informativ. Im selben Gebirgskamm schließen gegen Nordosten der Frauennock (2270 m), das Reißeck (2305 m) und der Kilnprein (2408 m) an. Auch der nächste Wegabschnitt in Richtung Rosaninalm führt durch unmarkiertes, wegloses Gelände. Über steile Rasenhänge gelangen wir in den Almbereich und wandern dann zufrieden zur Mehrlhütte. Gehzeit bis 7 Stunden.

St. Oswald bei Bad Kleinkirchheim vermittelt den typischen Hauscharakter des Nockgebietes

Das Nockgebiet

Allgemeines über das Nockgebiet

Das Nockgebiet beginnt im Westen beim Katschbergpaß und an der Lieser; es reicht im Süden bis zur Drau und an den Ossiacher See. Seine Ostgrenze wird mit jener Straße angegeben, die vom Städtchen Feldkirchen zur Engen Gurk und durch das Glödnitztal auf die Flattnitz und weiter durch den Paalgraben nach Stadl in das steirische Murtal führt.
Die nördlichen Ausläufer der Nockberge reichen bis an die Mur heran, so daß auch die westliche Steiermark und der salzburgische Lungau Anteil am Nockgebiet haben.

Nationalpark Nockberge

Seit dem 1. Jänner 1987 trägt diese unvergleichliche Region das Prädikat Nationalpark. Der Nationalpark Nockberge unterteilt sich in eine Kernzone, die weite Bereiche südlich von Innerkrems, der Nockalmstraße bis zum Großen Königstuhl sowie vom Falkert bis fast Bad Kleinkirchheim und St. Oswald zum Nöringer Sattel einschließt. Eine Außenzone und Nationalparkentwicklungs-Teilregion schließt sich an bzw. umgibt die Kernzone.
Die Definition für Nationalpark und Naturschutz:
Der Nationalpark ist ein Naturschutzgebiet größerer Ausdehnung, in dem unter staatlicher Aufsicht geschlossene Landesteile mit ihrer Tier- und Pflanzenwelt in ihrer Ursprünglichkeit erhalten werden. Wörtlich heißt es auf den im Bergland aufgestellten Hinweistafeln zum Naturschutzgebiet: „Die Errichtung von Bauwerken, Drahtleitungen, das Anbringen von Tafeln, die Durchführung von Grab- und Sprengarbeiten, das Lagern und Zelten, das Befahren des Gebietes außerhalb erlaubter Fahrwege mit Motorfahrzeugen aller Art, die Erregung von störendem Lärm, das Sammeln von Pflanzen und Tieren, das Verunreinigen des Geländes u. ä. würde der Schutzmaßnahme widersprechen und ist daher nicht gestattet. Bitte helfen auch Sie mit, die Natur von schädigenden Eingriffen zu schützen!"

Kärntens Geschichte ist auch die Geschichte des Nockgebietes

Urgeschichte

Noch vor wenigen Jahren nahm man an, Kärnten sei in der Altsteinzeit unbesiedelt gewesen. Doch konnten bei Erweiterungsarbeiten in der Tropfsteinhöhle von Griffen alt- und mittel-

steinzeitliche Funde aus der Zeit um 20.000 v. Chr. geborgen werden.
Bedeutend reicher sind die Funde aus der Jungsteinzeit (um 2000 v. Chr.). Aus dieser Kulturstufe gibt es nicht nur Streufunde, sondern auch eine gar nicht geringe Zahl von Siedlungen entstanden, deren Standorte und Vegetationsformen gute Jagd- und Fischereimöglichkeiten boten.
Der Übergang von der Bronzezeit zur älteren Eisenzeit, der Hallstattkultur, wird von der sogenannten Urnenfelderzeit (um 1200 bis 800 v. Chr.) bestimmt.
Reich sind die Funde aus der Hallstattzeit (um 800 bis 200 v. Chr.). In Kärnten liegt eines der größten Gräberfelder Österreichs. Dieses Hügelgräberfeld bei Trög ist vor allem durch seine interessanten Bleifiguren bekannt.
Der von den Kelten bereits betriebene Abbau der Kärntner Eisenberge und der Verarbeitung derselben zu Naturstahl führten dann im 2. Jahrhundert v. Chr. zur Aufnahme reger

Der Windebensee an der Nockalmstraße unweit der Schiestelscharte

Handelsbeziehungen mit Italien und, nach Abschluß eines Handelsbündnisses zwischen Rom und dem Keltenland, zur Niederlassung zahlreicher römischer Händler.

Römerzeit – Slawenzeit

Im Jahre 15 v. Chr. wurde der Ostalpenraum und damit auch Kärnten im Verlauf der Alpenoffensive des Kaisers Augustus von den Römern besetzt.
Im ausgehenden 6. Jahrhundert stand das Land ganz unter der Oberherrschaft slawischer Stämme, Vorfahren der Slowenen, in deutschen Quellen „Windische" genannt.
Die Christianisierung setzte von Salzburg her ein.
Im Jahre 976 wurde Kärnten von Bayern getrennt und zum selbständigen Herzogtum erhoben – es war das sechste im Deutschen Reich und das älteste unter den österreichischen Ländern.
In den Zeiten Friedrichs III. wurde Kärnten von Naturkatastrophen und fünf Türkeneinfällen sowie dem Krieg mit dem Ungarnkönig Matthias Corvinus heimgesucht.
Seit diesen Zeiten sahen sich die Stände genötigt, die Interessen des Landes selbst wahrzunehmen. Sie baten Maximilian I., ihnen die 1514 abgebrannte Stadt Klagenfurt zu schenken, hier die Hof- und Landtage abhalten zu lassen, das landesfürstliche Schrannengericht (von St. Veit) hierher zu übertragen und den Aufbau als Festung zu erlauben – was der todkranke Kaiser auch gewährte. So wurde Klagenfurt die Hauptstadt Kärntens.

Kärnten bleibt bei Österreich

Den meisten Österreichern und gewiß auch den Feriengästen, die Jahr für Jahr in dieses von der Natur verwöhnte Land kommen, scheint es selbstverständlich, daß Kärnten in seinen historisch gewachsenen und geologisch bedingten Grenzen ein Bundesland der Republik Österreich wurde.
Der Zusammenbruch der Donaumonarchie nach dem Ersten Weltkrieg hätte beinahe auch der jahrtausendealten Einheit Kärntens ein jähes Ende bereitet. Die neu errichtete serbisch-kroatisch-slowenische Monarchie erhob Anspruch auf alle slowenisch besiedelten Gebiete und besetzte einen Teil Kärntens, auch die Hauptstadt Klagenfurt. Erst das Eingreifen einer interalliierten Kommission ermöglichte die Volksabstimmung vom 10. Oktober 1920, die ein eindeutiges Votum für Kärnten und Österreich ergab.

Dieser Grenzstein an der Straße von Ebene Reichenau nach St. Lorenzen erinnert an die „Franzosenzeit"

Der Gurker Dom, der „Dom im Grünen", zählt zu den hervorragendsten Zeugnissen der romanischen Baukunst

Geographie des Nockgebietes

Das Gebiet der Nockberge besitzt nicht die markanten, von ewigem Schnee und Eis gekrönten Felsgipfel der Hohen Tauern und auch nicht die bizarren Häupter und schwindelnden Grate der südlichen Kalkgebirge, der Steiner und Julischen Alpen; es ist ein Teil der Norischen Alpen.

Da sich die Berge vielfach als runde Kuppen knapp über 2000 m erheben, haben die Einheimischen diese Berge als „Nocke" bezeichnet.

Das Nockgebiet mit seinen rundlichen Nockgipfeln ist eine in sich geschlossene Landschaft.

Das sonnige Hochtal von Bad Kleinkirchheim verbindet das Gegendtal mit dem oberen Gurktal, und von der Klamm des Gegendtales erreicht man durch die gut besiedelte Arriacher Senke den Ort Himmelberg unter der Prekowa. Von der Engeren Gurk führen zwei Straßen in die kleinen Nebentäler von Sirnitz und Deutschgriffen, wo sich die Bergbauern an den sonnigen Hängen der östlichen Nockberge weit hinauf wagen. Noch höher oben siedeln die Bauern an den Bergflanken der oberen Gurk, und in der Ortschaft Sauerreggen steht unweit der Turracher Höhe der Hof des Hohensinner, 1650 m über dem Meer, als höchstgelegener Bergbauernhof Kärntens.

Seite 93: „Nocken“: vom Pfannock zum Kleinen und Großen Rosennock

Geologie der Nockberge

Östlich des Katschberges schließen an die Hohen Tauern die Gurktaler Alpen. Sie werden vom oberostalpinen Altkristallin aufgebaut, bei dem es sich in der Hauptsache um Granatglimmerschiefer handelt. Im nördlichen Randgebiet zwischen dem Bundschuhtal und dem Kleinen Königstuhl treten auch eingebettet Granitgneise auf. Es herrschen daher überwiegend breite Rücken vor. Durch Karbildung kommt es an den Nord- und Ostseiten zu steilen bis schroffen Abstürzen, so daß ganz nokkenunähnliche schärfere Gipfelformen entstehen. Schöne Beispiele hiefür stellen der Große Königstuhl sowie der Eisenhut, das Rinsennock und zahlreiche weitere Nockgipfel dar. Inmitten der kristallinen Bergformen baut sich zwischen Großem Rosennock und Plattnock auffällig und unerwartet die Kalkformation der Zunderwand auf. Dolomitenähnliche Schrofen begleiten den Wanderer auf dem Weg der Erlacherhütte zum Naßbodensee.
Das Nockgebiet bildet ein großes, zusammenhängendes Almgebiet. Die tieferen Bereiche sind vielfach von Wald eingenommen. Viehwirtschaft und Holzgewinnung sind daher auch neben dem Fremdenverkehr die Hauptwirtschaftszweige, seit der Bergbau in diesem Gebiet erloschen ist.
Die wechselvolle Landschaft erhielt während der Eiszeit ihr gegenwärtiges, freundliches Gesicht. Der mächtige Murgletscher griff hier nach Süden aus und schuf am Rande der Hänge eigenartige Rundhöcker, die mitunter nur geringen Pflanzenwuchs zeigen, sowie wannenartige Vertiefungen, in denen sich gerne Schmelz- und Niederschlagswasser ansammeln. Diese eigenwilligen Geländeformen sind meist stufenförmig bis in etwa 2000 m anzutreffen.

Klima, Fauna und Flora des Nockgebietes

Im Norden, gegen die Beckenlandschaft des Lungaues zu, herrscht relative Niederschlagsarmut vor; der Einfluß des Lungauer kontinentalen Klimas macht sich bemerkbar. Das bedeutet strenge Wintertemperaturen mit relativ geringen Jahresniederschlägen. Allerdings werden die niedrigen Temperaturen infolge der herrschenden Windstille, der trockenen Luft und der tagsüber kräftigen Sonneneinstrahlung nicht so empfunden. Gegen Süden nimmt hingegen der Einfluß vom Mittelmeer her mit reichlichen Niederschlägen zu Winterausgang und im Frühsommer und langen Schönwetterperioden im Herbst zu. Der Herbst ist daher geprägt von herrlicher Fernsicht; er bringt ideales Berg- und Wanderwetter.

Die Tierwelt des Nockgebietes

Was die Vogelwelt anlangt, sind 69 Arten als Brutvögel nachgewiesen, von denen 13 in der „Roten Liste“ als von der Ausrottung bedrohte gelten. So etwa Steinadler, Wespenbussard, Uhu, Wiedehopf und der als „Naturschatz“ beschriebene Mornell-Regenpfeifer.
Manchem Wanderer wird in den Wäldern der Tauern und des Nockgebietes nachts ein eintöniger „Düh-Ruf“ aufgefallen sein, der sich alle paar Sekunden wiederholt. Er stammt vom Sperlingkauz, einer nur 16 cm großen Eule, dem kleinsten Greifvogel Europas.
Häufige „Begleiter“ des Bergwanderers sind die Murmeltiere, die eigentlich ihre Heimat in den Westalpen hatten, aber Anfang dieses Jahrhunderts in den Niederen Tauern ausgesetzt wurden. Auf sie wird wegen des für Heilzwecke begehrten „Murmelschmalzes“ eifrig Jagd gemacht. Jagdbares Wild wie Hirsche, Rehe und Gemsen sind natürlich ebenso anzutreffen wie der knapp über der Waldgrenze lebende Schneehase. Sein Pelz verfärbt sich beim Herannahen des Winters zur perfekten Tarnung völlig weiß.
In den höheren Alm- und Felsregionen erschrecken den Wanderer bisweilen die im Sommer braun, im Winter aber ebenfalls gänzlich weißgefiederten Schneehühner, wenn sie laut knarrend auffliegen.
Die vielen Seen und Hochmoore beherbergen einige Eiszeitrelikte und typische Moortiere.

Die Pflanzenwelt

Das Klima bewirkt die Zusammensetzung der Wälder. In den tieferen Zonen bildet zwar die Fichte den Hauptanteil, der charakteristische Baum aber ist doch die Lärche. Gegen die Waldgrenze zu entwickelt sie sich oft zu prächtigen, ausladenden Exemplaren. Ganz besonders auffallend aber ist das Auftreten der Zirbe wohl infolge des in Teilen des Nockgebietes vorherrschenden kontinentalen Klimas. Im Bereich der Turrach und im Rosental, beim Anstieg zum Simmerleck z. B., tritt sie fast bestandsbildend auf und begleitet den Berg-

wanderer bis knapp unter 2000 m hinauf. Am Kilnprein tritt die Zirbe – ein seltener Fall – im Zwergwuchs auf.

Die Tanne fordert feuchtes Klima und tritt daher in den südlicheren, den Mittelmeerklimaeinflüssen mehr ausgesetzten Bereichen sowie nur an Schattseiten und feuchten Winkeln auf. Flüsse und Bäche sind in der unteren Waldstufe bis etwa 1400 m meist von Grauerlenfleckenstreifen begleitet. Hier herrscht die Fichte weitaus vor, die Lärche ist noch selten, Tanne und Föhre kommen nur sporadisch vor. Die Baumgrenze liegt je nach herrschendem Klimaeinfluß und Exposition zwischen 1750 m und 2000 m.

Ein großer Teil der Weideflächen wird von Bürstlingrasen eingenommen, aus dem Arnika, Punktierter Enzian, Bärtige Glockenblume, Orangerotes Habichtskraut besonders herausragen.

An lange von Schnee bedeckten Stellen bilden Echter Speik, Klebrige Primel (auch Blauer Speik genannt), Zwergprimel u. a. bunte Farbflecke in das Braungelb des Krummseggenrasens.

Im Kalk dagegen ist der behaarte Almrausch verbreitet, der verhältnismäßig kleine Flächen bedeckt und mit Schneeheide, Heidelbeere und Preiselbeere wechselt. Eindrucksvoll sind im Frühjahr nach der Schneeschmelze an den Sonnenhängen der Zunderwand die prächtigen Exemplare des Petergstamm und zwischen den tiefdunkelroten Erikapolstern die vielen Blüten der Echten Küchenschelle. Im blumenreichen Blaugras findet man Alpenaster, Wohlriechende Händelwurz, Stengellosen Enzian, Hufeisenklee und Wundklee.

Zu den begehrtesten Blumen der Nockberge zählte der Speik (Valeriana celtica), der auf den höchsten Kuppen an dürftigem Erdreich seine unscheinbaren, gelben Blüten treibt. Um der Blüten willen bückt sich aber kaum jemand zum Speik nieder, doch seine Wurzeln verbreiten jenes angenehme scharfe Aroma, das, in einen Kleiderschrank gelegt, alle Motten vertreibt. Speik gibt die Bäuerin auch auf die glühenden Kohlen in der Rauchpfanne, wenn sie am Heiligen Abend, am Silvesterabend und am Dreikönigstag alle Räume des Gehöftes ausräuchert, damit ihm jedes Unglück fernbleibe.

Noch um die letzte Jahrhundertwende zogen eigene Speikgraber über die Nockberge, welche die stark duftenden Wurzeln aus der Erde

Oben: Zwergprimel (Primula min.)
Mitte: Arnika (Arnica mont.)
Unten: Berghauswurz (Sempervivum mont.)

gruben und im Herbst an die Händler in Spittal an der Drau, in Villach oder in Mauterndorf im Lungau ablieferten. Ganze Waggonladungen mit Speik rollten dann in den Vorderen Orient, wo er als begehrte Beigabe zur Bereitung wohlriechender Salben und Haremsbädern diente.
Auch Arnika, mitunter Bergwohlverleih, Kraftrose, Schmalzblume oder Mahdblume genannt, wird wegen der Heilkräfte, die in den orangeroten Blüten aufgespeichert sind, gerne gesammelt.
Mit besonderer Freude beobachtet der Wanderer die dunkelroten Kohlröserln oder Blutströpfchen, wie sie wegen ihrer zierlichen Form genannt werden. In ihrem herrlichen Duft haben die Blutströpfchen den ganzen Zauber der sonnenüberfluteten Bergwelt aufgespeichert, und wer ihren starken Vanilleduft zu begierig aufsaugt, der bekommt laut Volksmund heftiges Nasenbluten.
Ganz versteckt und etwas selten findet man auf den Almen auch den Türkenbund, die Lilie der Berge, die mancherorts auch Goldwurz, Goldapfel, ja sogar Goldpfandl genannt wird. Sie trägt auf hohen Stengeln in einer lockeren Traube die schönen überhängenden Blüten mit zartrosa, violetten und purpur-braun gefleckten, zurückgerollten Blättern. Nach Jakobi tauchen auf den Almen der Nockberge auch die zierlichen weißen Blüten des Augentrostes auf. Sie mahnen den Bergwanderer, daß der Sommer bereits den Höhepunkt überschritten hat und daß nun das Futter spärlicher und weniger wird. Weil auch die Kühe Tag für Tag etwas weniger Milch geben, führt der bescheidene Augentrost im Nockgebiet auch den verächtlichen Namen „Milchschelmlan".

Links: Auf der Michlebenalm unter dem Wintertaler Nock

Rechts: Die Wolitzenalm am Fuß des Plattnock

Die Bedeutung der Almwirtschaft

Die Almwirtschaft ist nicht nur der älteste Betriebszweig der Berglandwirtschaft, sie ist auch heute noch wichtig. Neben der Bedeutung der Almwirtschaft für die Landwirtschaft im allgemeinen und die Berglandwirtschaft im besonderen wird ihr Wert für Umwelt, Fremdenverkehr, Naturschutz und Ökologie aufgrund der großen Raumrelevanz immer mehr erkannt.
Das regelmäßige Abweiden der Almflächen verhindert weitgehend Erosionen wie Vermurungen, Rutschungen, Abschwemmungen von Boden. Auf nicht genutzten Grünflächen können die Pflanzen mit dem Schnee zusammenfrieren. Beim Abgehen von Schneebrettern werden dann mit dem Schnee auch die Pflanzen mit ihren Wurzeln aus dem Boden gerissen und abwärts befördert. Unwetter und Hagelschlag setzen dann das weitere Zerstörungswerk fort.
Es ist eine Tatsache, daß das Wild gut bewirtschaftete Almflächen als Äsungsflächen be-

vorzugt und Brachflächen vermeidet. Die Aufgabe der Almbewirtschaftung führt also – entgegen früherer Meinungen – zu keinem „Wildparadies", sondern das Wild wandert in tiefere Lagen ab und verursacht dort noch größere Waldschäden. Je jünger und nährstoffreicher das Alpgras ist, desto mehr stellt sich das Wild ein. Eine gute Hochgebirgsjagd ist ohne ordentliche Almwirtschaft nicht denkbar.
Es ist in unserer technisierten und lärmgeplagten Zeit geradezu lebensnotwendig, das ökologische Gleichgewicht der Almen zu erhalten, denn für Millionen von Städtern sind die Reinheit des Wassers und der Luft, das gesunde Klima, die lärmfreie Umgebung, der Pflanzen- und Tierreichtum, der großflächige Raum, die unvergleichlichen Landschaften, die die Almen auch heute noch weithin bieten, grundlegende Werte ihres Lebens geworden. Die Berggebiete und Almen sind zudem die Wasserreserven und „grünen Lungen". Ein Hektar Grasnarbe erzeugt rund 7 Tonnen Sauerstoff, die Sauerstoffproduktion des Waldes hingegen beträgt nur 2,7 Tonnen.

Geschützte Alpenpflanzen *(Verordnung der Kärtner Landesregierung)*

Aufgrund einer Naturschutzverordnung der Kärntner Landesregierung ist das Pflücken und Ausgraben folgender Pflanzen nicht gestattet:

Alpen-Breitschötchen
Alpen-Edelweiß
Alpenmannstreu
Alpen-Rittersporn
Artemisia
Berghähnlein
Dreizählige Waldsteine
Echte Aurikel
Europ. Heiliglöckchen
Alle Arten Gletscherweiden
Illyrische Gladiole
Hirschzunge
Gewöhnlicher Hundszahn
Feuerlilie
Krainer Lilie
Schneeweiße Trichterlilie
Türkenbundlilie
Moosbeere
Kriechende Nelkenwurz
Alle Arten Orchideen
Alle alpinen Polsterpflanzen
Alle rotblühenden Primeln
Schöne Rosmarinheide
Rohrkolben
Europ. Zwergalpenrose
Gelber Enzian
Pannonischer Enzian
Punktierter Enzian
Stengelloser Enzian
Federgräser
Feinblättriger Spargel
Frühlingsblume
Gewöhnlicher Aronstab
Gewöhnlicher Sadebaum
Schopfige Teufelskralle
Schwefelgelber Milchstern
Alle Arten Schwertlilien
Schwimmende Wassernuß
See- und Teichrosen
Seidelbast
Steinröschen
Sturzbach-Gemswurz
Sumpf-Drachenwurz
Sonnentau
Kärntner Wulfenia
Zoys-Glockenblume
Zoys-Veilchen
Zwerg- und Strauchbirke

Eine Reihe weiterer Alpenpflanzen ist teilweise geschützt; dabei ist das Pflücken auf wenige beschränkt.

Kunst und Hausformen im Nockgebiet

Bekanntlich hat Kärnten den größten Anteil am Nockgebiet. Vieles von den reichen Kunstschätzen liegt in diesem Bereich.
So zählt der Gurker Dom zu den bedeutendsten Sakralbauten Österreichs. Für die romanische Bauplastik des ehemaligen Benediktinerstiftes Millstatt läßt sich in Österreich kein vergleichbares Gegenstück namhaft machen. Ebenso ist die berühmte Magdalenerscheibe von Weitensfeld Österreichs ältestes und kostbarstes Glasgemälde, es stammt aus der gleichnamigen Filialkirche im Gurktal.

Kärnten gilt überdies mit Recht als das an mittelalterlichen Wandgemälden, Flügelaltären und Schnitzplastiken reichste Gebiet der Republik.
Römische Relief- und Inschriftsteine sind in einer nahezu unübersehbaren Fülle zutage getreten und meist in Kirchenmauern eingelassen worden. Sogar in Höhen von über 1000 m stößt man auf solche Denkmäler. Auch aus der Zeit des frühen Christentums sind hierzulande die Funde erheblich dichter als im übrigen Österreich.
Kärntens bekanntester und eigenständigster Hoftypus ist der „Ringhof", der trotz seines Namens eckig ist. Die Ringhöfe prägten einstmals den Siedlungscharakter im gesamten Nockgebiet, vom Ortsende des Millstätter Sees bis zur Engen Gurk, von der Turrach bis nahe vor Villach. Durch die zunehmende Rationalisierung in der Landwirtschaft verschwand der extensive Betriebstyp des Ringhofes immer rascher aus dem Siedlungsbild und wurde vorerst durch leichter zu bewirtschaftende Paarhöfe mit Pfeilerstadeln ersetzt. Der Ringhof ist als Zwiehof anzusprechen, bei dem Mensch und Tier getrennt unter eigenen Dächern untergebracht sind.
Zum persönlichen Bereich der Bäuerin zählt beim Bauernhaus das von einem „Lattlzaun" umgebene „Gartl". Seine im Nockgebiet gebräuchliche Bezeichnung „Kräuterlachgartl" läßt schon seine Bestimmung erkennen. Mitunter schließt an den Hausgarten ein „Krautgarten" an. Unter den vielen Gemüsen, Kräutern und Blumen finden sich in den Hausgärten des Nockgebietes auch vielerlei Heilkräuter. Vom Salbei („Salfe" genannt) heißt es: „Fürn Tod ist kein Kraut gewachsen, und wenn so oans war, wars der Salfe und der Wermut."

Der Getreidekasten ist im Ringhofgebiet Kärntens als zweigeschossiger Speicher gestaltet und gilt als Zeugnis hoher Blockbaukunst

Brauchtum im Nockgebiet in Kürze dargestellt

Das Kranzlreiten in Weitensfeld

Das schöne Erholungsgebiet Flattnitz liegt im Bereich der Marktgemeinde Weitensfeld-Flattnitz. Ihr Mittelpunkt, der freundliche Markt Weitensfeld im Gurktal, ist seit Jahrhunderten Schauplatz eines interessanten Kärntner Brauches. Hier wird zu Pfingsten das Kranzlreiten gepflegt, ein Brauch, der alljährlich Tausende Menschen von nah und fern anzieht. Wann das Kranzlreiten das erste Mal gepflegt wurde, verrät keine Urkunde.
Eine Sage knüpft den schönen Brauch an ein geschichtliches Ereignis, das diesen Markt in grausamer Weise heimgesucht hat. Um 1567 wütete auch hier die Pest und brachte einen Menschen nach dem anderen ins Grab. Noch heute trägt der an der Schweinetratte in der Schattseite angrenzende ehemalige Marktgrund den Namen „Freithofanger", wo man die Pesttoten beerdigt hat, weil sie der übervolle Friedhof nicht mehr aufnehmen konnte. In Weitensfeld lebten nur drei Bürgerssöhne, und im benachbarten Zweinitz blieb das Burgfräulein vom Schloß Thurnhof am Leben. Alle drei hielten nun um die Hand dieser Jungfer an. Um keinem weh zu tun, forderte sie die Freier auf, um die Wette zu rennen, dem Sieger schenkte sie dann ihre Liebe. Im Kranzlreiten lebt angeblich jener historische Wettlauf weiter.

Bei den Ringern im Nockgebiet

Im Nockgebiet pflegen die Burschen im Sommer das Ringen, vielleicht Kärntens ältester Brauch, bei dem Unerschrockenheit, Geistesgegenwart und Gewandtheit erforderlich sind.

Szene vom Weitensfelder Kranzelreiten, das alljährlich am Pfingstmontag veranstaltet wird

Dieses Ringen fand früher auf der Ringstätte der 2055 m hohen Kaiserburg statt. Am 15. August wird nach dem Festgottesdienst in St. Anna der große Ringkampf ausgetragen, weitere Ringkämpfe finden noch beim Urscherwirt in der Engen Gurk und in Wachsenberg ob Feldkirchen statt.
Das Ringen um den Landesmeister wird alljährlich wechselnd in Arriach, Deutschgriffen oder Sirnitz ausgetragen.

Kärntner Besonderheiten

Der Gesang

Der Älpler singt nicht gerne allein, und so ist zumindest die Zweistimmigkeit das Gegebene. Es bedarf keiner besonderen Begabung dafür, zu der vorherrschenden „Bauernterz", die ihren Ursprung im Halbtonmangel der alten Holzinstrumente und Blockflöten hat, die Begleitstimmen, die hohe und die tiefe Quint zu singen. Dem Vorsänger bleibt dabei die Führung der Weise überlassen, während der Drübersinger mit der falschen Quint bis in hohe Fistel- und Falsettlagen geht. Nirgendwo sonst im deutschen Sprachraum gibt es etwas Ähnliches.
Der besondere Reiz der kärntnerischen Fünfstimmigkeit liegt im sogenannten „Zuawisingen". Das harmonische Ab- und Zusammenstimmen ist das ganze Geheimnis dieser Kunst, zu deren Beherrschung, außer einem guten Gehör, eigentlich nur das rhythmische Sichnähern und Vibrieren der Köpfe erforderlich ist. Wer einmal dem Kärntner Fünfgesang gelauscht hat, begreift sofort, daß der Gesang in diesem Lande mehr als nur eine Unterhaltung ist. Er ist eine Lebensäußerung, ein Teil des Lebens selbst.

Alte Trachten neu belebt

Der Krieg und die Nachkriegszeit haben eine schwere Lücke in den Bestand unserer historischen Trachten gerissen.
Nun veranlaßten die beachtlichen Erfolge einiger österreichischer „Heimatwerke", auch der des „Kärntner Heimatwerkes", eine sinnvolle Erneuerung heimischer Volkskunst anzustreben und besonders das Interesse an der Tracht wiederzubeleben.
Das gefällige Schöne in Stoff und Schnitt, in Farbe und Musterung, das Zweckmäßige der heimatlichen Arbeits-, Sonntags- und Festtagstracht sollten erhalten bleiben. In der Verkaufsstelle des Kärntner Heimatwerkes liegen alle Mustertrachten für Kärntner Täler vor. Da für jedes Tal ein Alltagsdirndl, eine Sonntags-

Anmerkungen zum Bergwandern

Die **Touren planen!** Das heißt, die Tourenzeiten nicht zu knapp bemessen, eher großzügig planen und auf schwächere Teilnehmer abstimmen. Die angegebenen Gehzeiten nicht von vornherein unterbieten wollen und dabei die Berg-, Pflanzen- und Tierwelt „übersehen".

Wettervorhersagen beachten und Ratschläge bei Hüttenwirten und anderen Kundigen einholen, sich auch über die Weg- bzw. Geländeverhältnisse informieren.

Bei längeren Touren etwa alle 2 Stunden eine kurze **Rast** einschalten, dabei **essen** und vor allem **trinken.** Kekse, Schokolade, Obst, insbesonders Dörrobst (Studentenfutter) stillen den Hunger und belasten den Organismus nicht. Während der Wanderung (Tour) Alkohol meiden!

Zur **Taktik** beim Tourengehen: Nicht sofort losstürmen, sondern zuerst warmgehen, die übereifrigen „Sprinter" überholt man früher oder später irgendwo unterwegs. Bei Einbruch von Schlechtwetter oder bei Erschöpfung nicht den „Gipfelsieg" oder das Tourenziel erzwingen wollen, sondern rechtzeitig umkehren.

Die Berge sind nicht so gefährlich, wie sie gerne hingestellt werden. Meist führt ein fehlerhaftes Verhalten zu Unfällen. **Einstellung** und **Ausrüstung** vieler Touristen stimmen einfach nicht!

Gut eingegangene feste Schuhe mit Profilsohle sind unbedingt ratsam – auch für reine Almwanderungen. An funktioneller Wanderbekleidung fehlt es bei dem reichhaltigen Angebot meistens nicht, mit in den Rucksack gehören Regenschutz, Biwaksack, Reservewäsche, Verbandzeug, Proviant und Trinkvorrat. Erfahrene Wanderer und Bergsteiger haben ihre eigene langjährig erprobte Zusammenstellung von Ausrüstung und Verpflegung, diese Angaben und Empfehlungen sind daher ganz allgemein gehalten.

Alpines Notsignal: 6mal pro Minute ein optisches oder akustisches Zeichen (z. B. Rufen) geben. Als Antwort werden 3 Zeichen pro Minute gegeben.

Legende

♗	Almwirtschaft	– – –	markierter Weg, Steig
☛	Schutzhütte, Berggasthaus	✕	Gipfel, Scharte, Törl
▭	Haus	△	Höhenpunkte
♗	Bildbaum	†	Kreuz
——	Fahrweg	●–●–●	Bergbahn, Sessellift
══	Straße

In derselben Reihe bei Styria erschienen

Ingrid Pilz
NATURPARADIES JULISCHE ALPEN
Mit beigelegtem Tourenheft für Wanderungen, Bergtouren, Klettersteige

192 Seiten, 106 Farbabbildungen, darunter zahlreiche Panoramen, 80 Skizzen, Leinen mit Schutzumschlag, ISBN 3-222-12158-3

Der erste Bild-Text-Band, der die gesamten Julischen Alpen mit dem Naturparadies des Triglav-Nationalparks umfassend vorstellt. Bergsteiger und Klettersteiggeher werden auf die höchsten Felsgipfel geführt, Wanderer und Erholungsuchende zu blumenübersäten Almen, malerischen Bergseen, romantischen Klammen und Einödhöfen mit Hängebrücken. Mit allen Informationen über Flora, Fauna, geologische Besonderheiten, Bewohner und bewahrte Volkskunst.
Der beiliegende Tourenführer enthält 80 Tourenvorschläge mit genauen Wegbeschreibungen und Skizzen – eine entscheidende Hilfe in dieser naturbelassenen Bergwelt mit nur spärlich markierten Wegen.

Notizen

Notizen

Notizen

Notizen

Touren zum Mirnock

Ausgangspunkt:
a) Vom Drautal oder von Radenthein über die Streusiedlung Gschriet zum Gasthaus Possegger, 1222 m.
Auf markiertem Weg Nr. 188 über das Bodeneck, 2006 m, zum Gipfel des Mirnock, 2110 m.
Abstieg auf derselben Route.
Höhenunterschied fast 900 m.
Gehzeit 4 1/2 bis 5 Stunden.

b) Von Afritz mit den Verditz-Sesselliften bis zur Mittelstation in etwa 1300 m oder gleich bis zur Bergstation in rund 1800 m.
Über die Friesneralpe, 1828 m, auf markiertem Weg Nr. 180 zum Palnock, 1896 m.
Weiter über den Rindernock zum Mirnock (2110 m).
Verschiedene Abstiegsvarianten.
Höhenunterschied gering.
Gehzeit mindestens 2 1/2 Stunden, unschwierig.

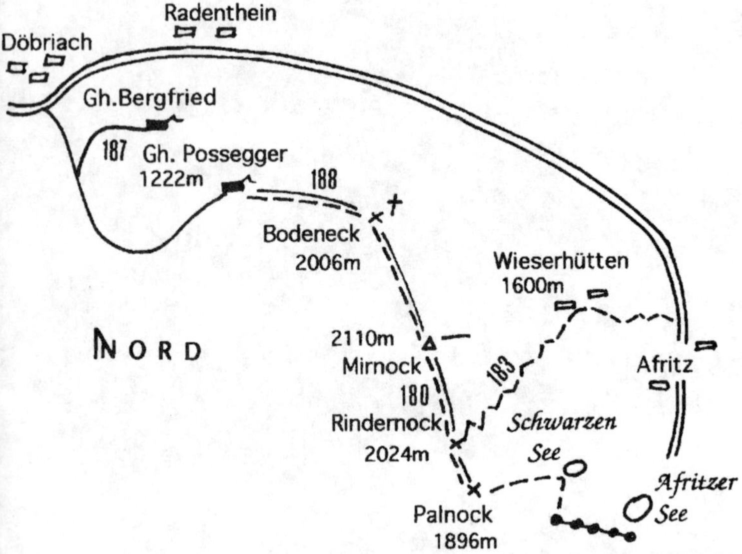

Steiler Weg zum Rindernock

Ausgangspunkt:
Ist die Wieseralm, 1600 m, die von Afritz oder Radenthein erreicht wird.
Aufstieg nach Weg 183 steil zum Rindernock, 2024 m.
Weiterweg zum Mirnock möglich.
Höhenunterschied rund 500 m.
Gehzeit 3 Stunden.

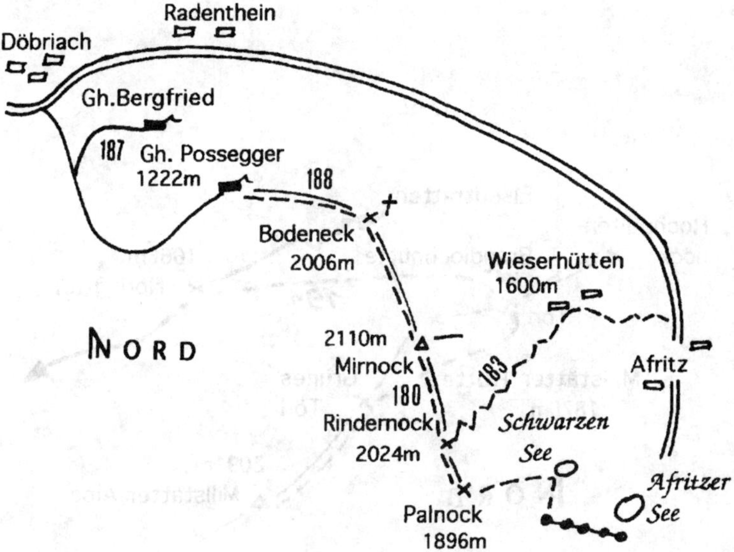

Millstätter Alpe

Ausgangspunkt:
a) Ist Gmünd/Eisentratten. Mit dem Pkw in den Nöringgraben und zum Nöringtörl, 1666 m.
auf dem Weg Nr. 191 ins Törl, 1904 m, und von hier in wenigen Minuten zur Millstätter Hütte, 1876 m.
Auf dem Weg Nr. 191 entweder zum Hochpalfennock, 2099 m, oder auf die Millstätter Alpe, 2091 m.
Verschiedene Wander- und Abstiegsvarianten.

b) Ist Radenthein, Richtung Kaning zum Magnesitbruch und Nöringtörl.
Weiter wie unter a).
Geringe Höhenunterschiede.
Gehzeit je nach Variante bis zu 7 Stunden, unschwierig.

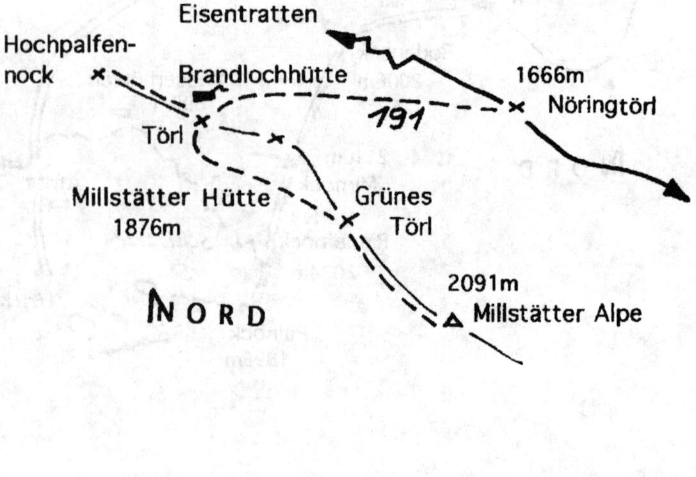

Wieser Nock und Priedröf

Ausgangspunkt:
Ist die Kirche von St. Oswald bei Bad Kleinkirchheim, 1319 m.
Auf markierten Wegen Nr. 6 bzw. 16 und 1623 zur Scharte, 1730 m, und auf Weg Nr. 1 über den Wiesernock, 1974 m, zum Priedröf, 1963 m.
Rückweg Nr. 3 nach St. Oswald (Staudach) bzw. verschiedene Varianten möglich.
Höhenunterschied über 600 m.
Gehdauer bis zu 4 1/2 Stunden, bei Liftbenützung entsprechend kürzer, unschwierig.

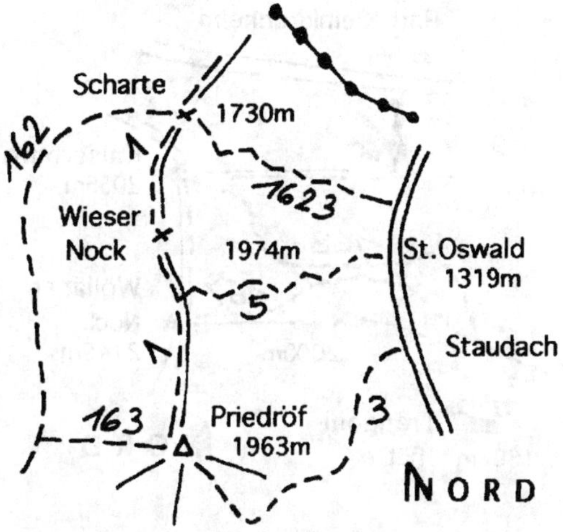

Wöllaner Nock

Ausgangspunkt:
Von Bad Kleinkirchheim mit der Gondelbahn bis zur Bergstation, 1915 m.
Weiter über Kaiserburg, 2055 m, zum Gipfel des Wöllaner Nock, 2145 m, in weniger als 1 Stunde.
Abstiegsvarianten über Weg Nr. 167 Richtung Trangonihütte, 1667 m, und zur Bergstation der Gondelbahn zurück (Weg Nr. 168), oder vom Gipfel zur Walder Hütte, 1960 m, und Abstieg nach Arriach.
Höhenunterschied unbedeutend.
Gehzeit je nach Variante mindestens 2 Stunden, unschwierig.

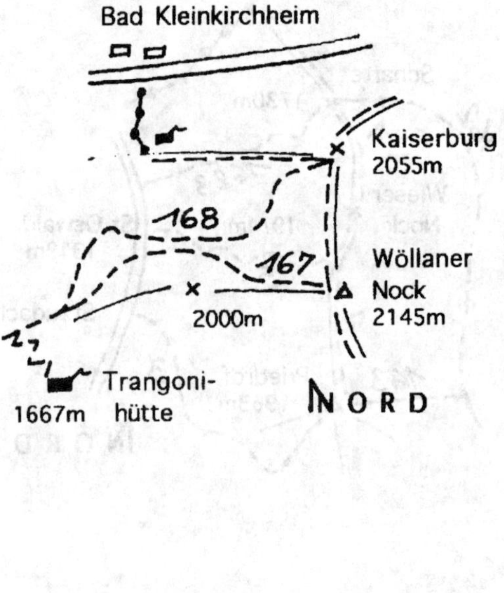

Von Turrach auf den Großen Königstuhl

Ausgangspunkt:
Ist der Ort Turrach, 1269 m.
Beim Ortsende, Richtung Turracher Höhe, Hinweisschild „Großer Königstuhl“, Weg Nr. 125 beachten.
Nach 1 km Schranken, von hier zu Fuß weiter auf dem Weg Nr. 125 und in 1$^1/_2$ bis 2 Stunden in den Stangsattel, 2076 m.
Von da in 1 Stunde über den Gipfel des Karlnock zum Großen Königstuhl, 2336 m.
Abstieg wie Aufstieg.
Oder Varianten, z. B.: Weg Nr. 125 über Friesenhalshöhe, 2246 m, und Seenock, 2260 m, zum Grünleitennock, 2160 m, nach Innerkrems.
Oder vom Seenock Abstieg über die Sauereggeralm, 1803 m, nach Innerkrems.
Höhenunterschied über 1100 m.
Gehzeit insgesamt bis zu 8 Stunden, unschwierig, Ausdauer erforderlich.

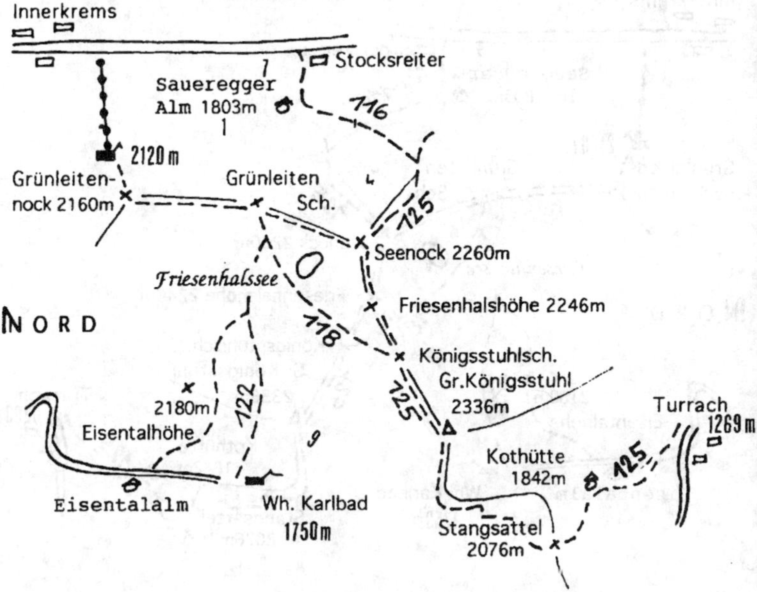

Der Große Königstuhl, der Dreiländerberg

Ausgangspunkt:
a) Innerkrems, mit Sessellift zur Bergstation, 2120 m.
Über das Grünleitennock, 2160 m, zur Grünleitenscharte und nach Weg 118 zum Friesenhalssee.
Aufstieg zur Königstuhlscharte und zum Großen Königstuhl, 2336 m.
Höhenunterschied gering, da Sesselliftauffahrt.
Gehzeit zum Gipfel 1 1/2 bis 2 Stunden.

b) Eisentalalm an der Nockalmstraße.
Auf schmalem Pfad Richtung Eisentalhöhe, nach 200 m halbrechts über den Hang zu Viehzaun.
Jenseits des Zaunes noch 100 m, dort Beginn eines nicht markierten Steiges.
Auf diesem bis zum Weg 122 von Karlbad und weiter nach 122 bis zum Weg 118, diesem rechts folgend zum Gipfel.
Gehzeit 3 Stunden.

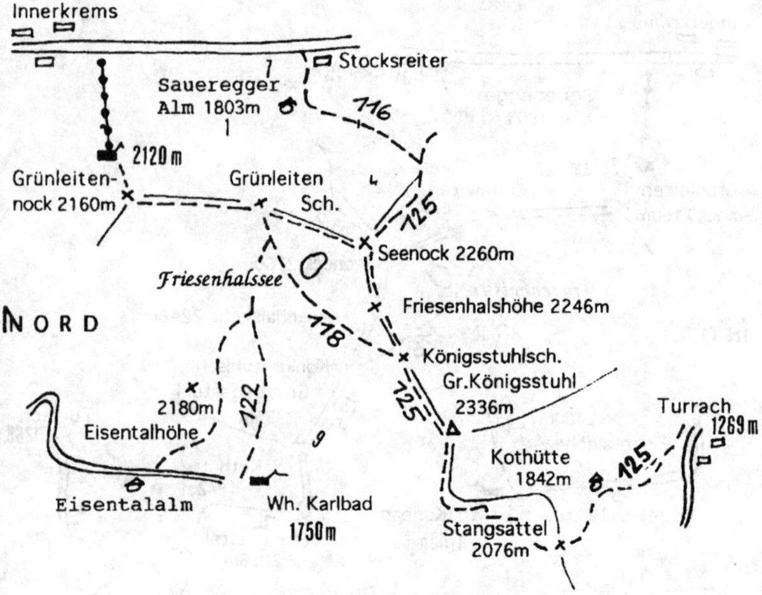

Auf das Plattnock

Ausgangspunkt:
Von Radenthein Richtung Kaning und in den Koflachgraben bis zum Schranken, knapp unter 1700 m.
Zunächst Weg Nr. 169 bis zur Kaninger Wolitzenalm, 2070 m, dann Weg Nr. 17 zum Gipfel, 2316 m, wählen.
Rückweg wie Aufstieg bzw. verschiedene Varianten möglich.
Höhenunterschied knapp über 600 m.
Gehzeit insgesamt 4 bis 6 Stunden, unschwierig.

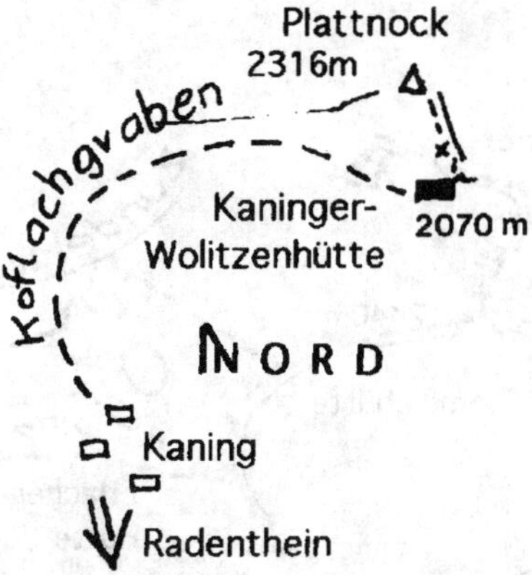

Touren zum Großen Rosennock

Ausgangspunkt:
a) Ist die Erlacher Hütte, 1636 m, die von Radenthein kommend über Kaning durch das Langalmtal erreicht wird.
Zuerst Weg Nr. 170, dann Nr. 171, unter der Zunderwand, weiter Weg Nr. 13 über den Naßbodensee, 2029 m, zum Gipfel, 2440 m. Gleicher Rückweg.
Höhenunterschied knapp 800 m.
Gehzeit insgesamt 6 Stunden, unschwierig, etwas Ausdauer erforderlich.

b) Unweit der Tonis Hütte, 1688 m, im Koflachgraben, in diese von Radenthein Richtung Kaning.
An der Wendenalm (mit Thomelehütte) vorbei auf Steigspuren etwa 2 Stunden zum Gipfel.
Gleicher Rückweg.
Höhenunterschied etwa 750 m.
Gehzeit insgesamt 4 bis 5 Stunden, unschwierig.

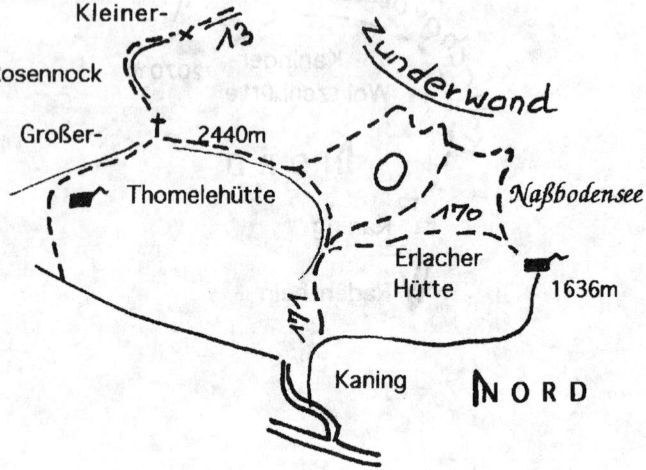

Höhenwanderung Klomnock – Falkertspitze

Ausgangspunkt:
Von der Brunnachhöhe über den Mallnock (2226 m) zum Klomnock (2331 m), dann gegen Südosten in die „Flache Scharte“ (2100 m). Weiter auf Höhenweg (AV-Markierung 161) in die Hundsfeldscharte (2165 m) und über den breiten Nordgrat auf die Falkertspitze (2308 m).
Abstieg über den Tanzboden zum Falkert-Schutzhaus (Weg 161) und auf Talstraße zur Talstation des Brunnach-Sesselliftes.
Gesamtgehzeit 5 bis 6 Stunden.
Für die ganze Familie.

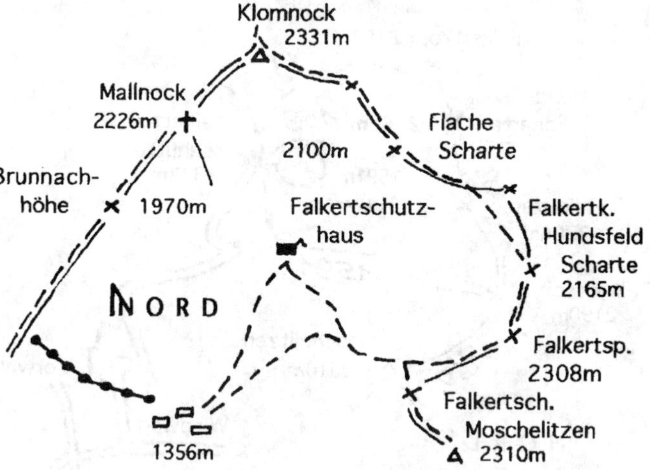

Wanderungen um den Falkert

Ausgangspunkt:
Ist immer die Falkertseehütte, 1872 m, die von Ebene Reichenau oder Patergassen oder Radenthein/Bad Kleinkirchheim über Wiedweg bzw. Vorwald mit dem Pkw erreicht wird.
a) Von der Hütte auf dem Weg Nr. 13 in die Hundsfeldscharte, 2165 m, und zum Gipfel der Falkertspitze, 2308 m.

b) Weg Nr. 159 am See vorbei, direkt zum Gipfel.

c) Weg Nr. 1591 in die Falkertscharte, 2190 m, und auf Weg Nr. 160 zum Gipfel Moschelitzen, 2310 m.
Verschiedene Abstiegsvarianten bzw. Rückweg zum Falkertsee.
Höhenunterschiede gering, unter 500 m.
Gehzeit jeweils 2 bis 3½ Stunden, unschwierig.

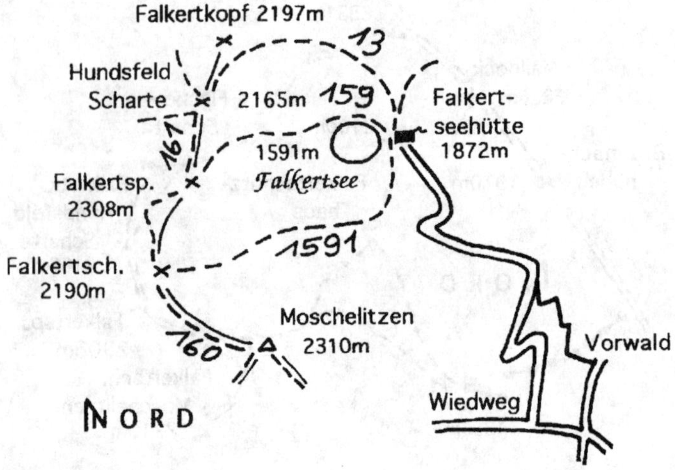

Simmerleck

Ausgangspunkt:
Ist die Nockalmsstraße, Rosentalalm, ca. 1700 m.
Weg Nr. 1231 bis zum Einschnitt Rinsennock und Simmerleck folgen, ab da unmarkiert auf den Gipfel, 2079 m.
Rückweg in die Pregartscharte und auf Weg Nr. 109 bis zur Jausenstation Prießhütte an der Nockalmstraße.
Höhenunterschied 300 m.
Gehzeit 5 bis 6 Stunden, unschwierig.

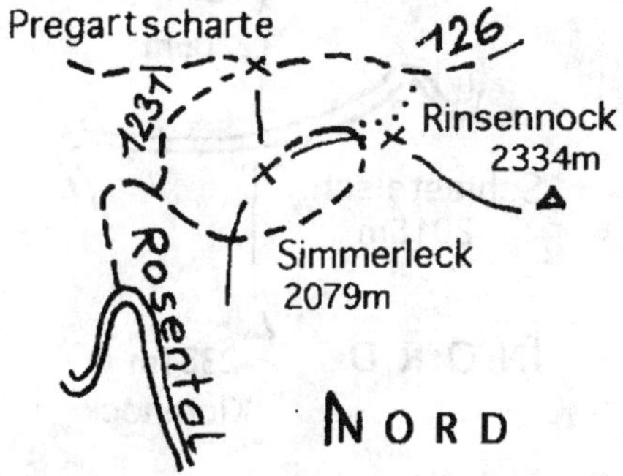

Schiestelnock

Ausgangspunkt:
Ist die Nockalmstraße, Schiestelscharte, 2015 m.
Auf Steigspuren in knapp 1 Stunde auf den Schiestelnock, 2206 m.
Trittsicherheit erforderlich.
Höhenunterschied unbedeutend.

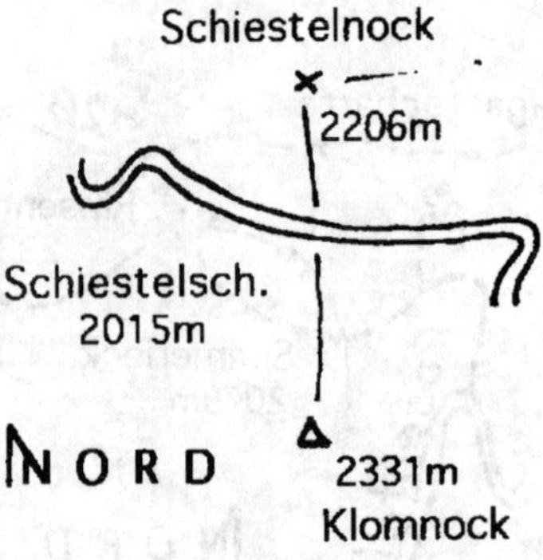

Der Klomnock

Ausgangspunkt:
a) Ist die Nockalmstraße, Schiestelscharte, 2015 m.
In etwas mehr als 1 Stunde auf markiertem Weg zum Gipfel des Klomnock, 2331 m.
Höhenunterschied knapp über 300 m.
Gehzeit insgesamt 2½ bis 3 Stunden, unschwierig.

b) St. Oswald bei Kleinkirchheim, Sessellift Talstation Brunnachhöhe, 1356 m.
Von hier zu Fuß Weg Nr. 7 oder mit dem Lift zur Bergstation, 1902 m.
Weiter Weg Nr. 161 zum Mallnock, 2226 m.
Von hier möglicher Abstieg auf Weg Nr. 8 zum Falkert-Schutzhaus, 1552 m, oder weiter zum Klomnock, 2231 m.
Zum Ausgangspunkt zurück auf dem Weg Nr. 123 über das Falkert Schutzhaus nach St. Oswald.
Weitere Aufstiegsvarianten sind möglich.
Höhenunterschied rund 1000 m bzw. 430 m von der Bergstation Brunnachhöhe.
Gehzeit 2½ bis 3 Stunden, ohne Sessellift um 1 Stunde länger, unschwierig.

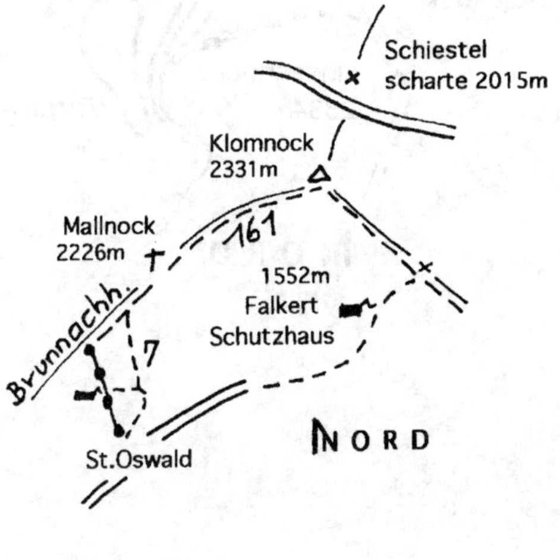

Rinsennock

Ausgangspunkt:
Ist die Turracher Höhe, 1783 m, oder die Bergstation des Sesselliftes, 1965 m.
Über Kornock, 2193 m, Weg Nr. 149 auf den Gipfel des Rinsennock, 2334 m.
In etwa 2 Stunden bzw. 1/2 Stunde kürzer mit dem Lift.
Höhenunterschied etwa 550 m.
Gehdauer insgeamt 3 bis 4 Stunden, unschwierig.

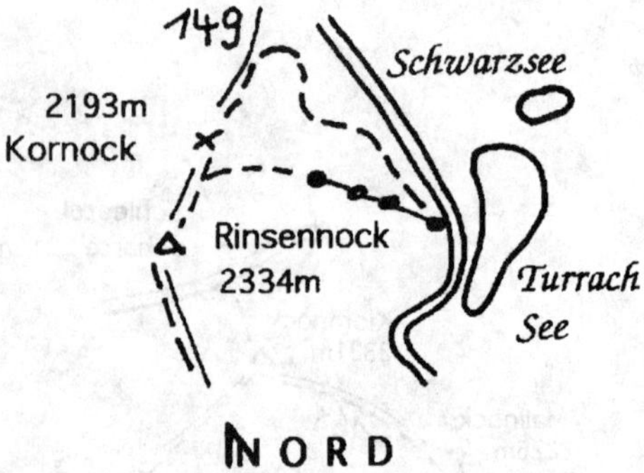

3 Touren zur Beretthöhe

Ausgangspunkt:

a) Ist St. Lorenzen, 1477 m (erreichbar über Ebene Reichenau).
Auf dem Weg Nr. 155 über den Kleinen Speikkofel zum Großen Speikkofel, 2270 m, und über den Torer zum Gipfel.
Abstieg über die Zgartenalm, Weg Nr. 154, nach St. Lorenzen.
Höhenunterschied über 800 m.
Gehzeit 5 bis 6 Stunden, unschwierig.

b) Ist die Turracher Höhe, 1783 m. Auf dem Weg Nr. 133 über Schoberriegel, 2208 m, Gruft, 2232 m, Kaserhöhe, 2318 m, Hoazhöhe, 2319 m, zum Tagesziel.
Höhenunterschied etwa 1000 m.
Gehzeit insgesamt 6 1/2 bis 7 Stunden, unschwierig.

c) Ist Hochrindl (Zufahrt von Ebene Reichenau oder Sirnitz).
Von hier mit dem Pkw bis zum Parkplatz unweit des Weißen Kreuzes, 1800 m.
Auf dem Weg Nr. 156 über die Lattersteighöhe, 2264 m, zum Gipfel der Beretthöhe.
Höhenunterschied etwas über 400 m.
Gehzeit 4 bis 6 Stunden, unschwierig.

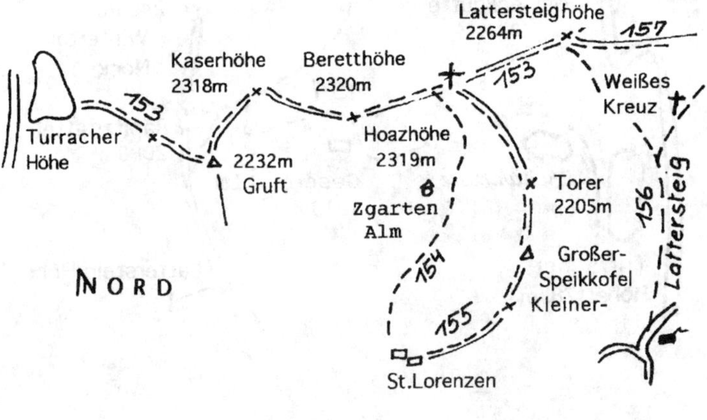

Weitere Besteigungen des Wintertaler Nock und des Eisenhut

Ausgangspunkt:
a) Ist die Turracher Höhe, 1783 m.
Von hier zum Schwarzsee und auf dem Weg Nr. 151 in den Rapitzsattel, 2088 m.
Etwa 3 Stunden bis hierher, und in 1 Stunde erreicht man den Wintertaler Nock.
In weiteren 1 1/2 Stunden auf Weg Nr. 129 auf den Eisenhut, 2441 m.
Höhenunterschied etwa 800 m.
Gehzeit 7 bis 8 Stunden, unschwierig, Ausdauer erforderlich.

b) Vom Ort Turrach auf Weg Nr. 128 in den Rapitzsattel.
Weiter siehe unter a).

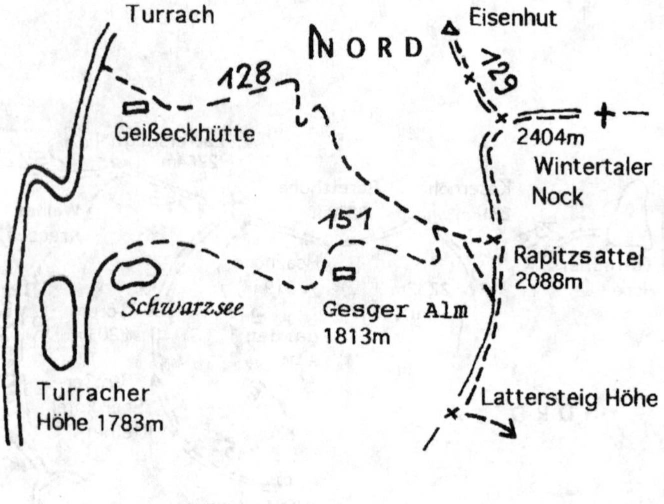

Der Eisenhut

Ausgangspunkt:
Ist beim Beginn des Minigrabens, 1161 m, 4 km vor dem Ort Turrach, von Predlitz kommend.
Auf dem Weg 129 in den Minigraben und in 2 Stunden zum Dieslingsee, 1818 m.
In weiteren 2 Stunden auf den Gipfel.
Abstieg wie Aufstieg.
Höhenunterschied 780 m.
Gehzeit insgesamt 7 bis 8 Stunden, unschwierig, Ausdauer erforderlich.

Rundtour Eisenhut – Wintertaler Nock

Ausgangspunkt:
Von Flattnitz mit dem Pkw bis zur Bruggeralm, 1601 m.
Auf Weg Nr. 152 über die Michlebenalm, 1852 m, zum Diesling See, 1818 m.
Von hier weiter auf dem Weg Nr. 129 auf den Gipfel des Eisenhut, 2441 m.
Dieselbe Wegmarkierung führt zum Doppelgipfel des Wintertaler Nock (2404 m bzw. 2394 m) und über die Steringeralm zum Ausgangspunkt zurück.
Höhenunterschied über 800 m.
Gehzeit 8 bis 10 Stunden, unschwierig, Ausdauer erforderlich.
Die Tour ist auch in entgegengesetzter Richtung empfehlenswert.

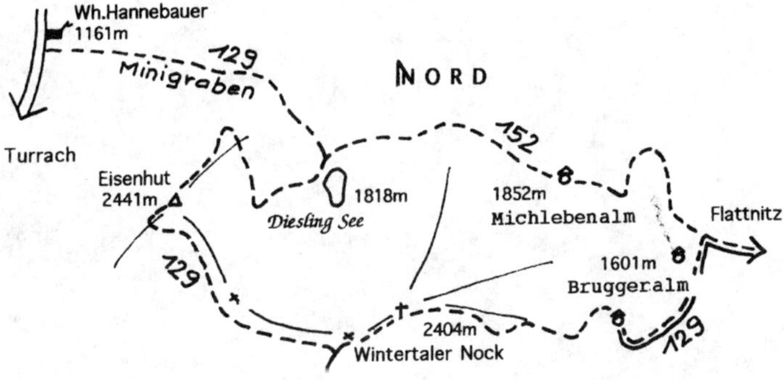

Bergwandern . . .

. . im Nockgebiet

Das schönste Wanderparadies Kärntens ladet Naturliebhaber, Wanderer und Bergbegeisterte gleichermaßen ein.
Aus sonnigen Hochtälern führen Wege und Anstiege in kühle Bergwälder, zu weiten luftigen Almen und langen Höhenrücken hinauf auf knapp über 2000 m hohe, meist runde Gipfel (Nocke).
Seit dem 1. Januar 1987 trägt diese unvergleichliche Gebiet das Prädikat Nationalpark.
Damit ist ein für allemal garantiert, daß dieses einmalige Erholungs- und Wandergebiet mit den charakteristischen Pflanzen und Tieren sowie wertvollen Kunstschätzen weitgehend erhalten bleibt.

Von der Mehrlhütte auf den Großen Königstuhl

Ausgangspunkt:
Ist die Mehrlhütte, 1730 m, die von Innerkrems oder von Bundschuh über Schönfeld erreicht wird.
Auf bequemen Wegen (Nr. 126) wandert man zum Rosaninsee, knapp über 2000 m.
Weiter in die Königstuhlscharte und zum Gipfel, 2336 m.
Abstieg wie Aufstieg –
oder weglos und unmarkiert in die Rosaninscharte, 2075 m, absteigen und dem Kremsbach entlang auf dem Weg Nr. 126 zurück zur Mehrlhütte.
Höhenunterschied über 600 m.
Gehzeit 4 bis 5 Stunden, unschwierig (bis auf den Abschnitt Gipfel – Rosaninscharte, dort Bergerfahrung und -ausrüstung erforderlich).

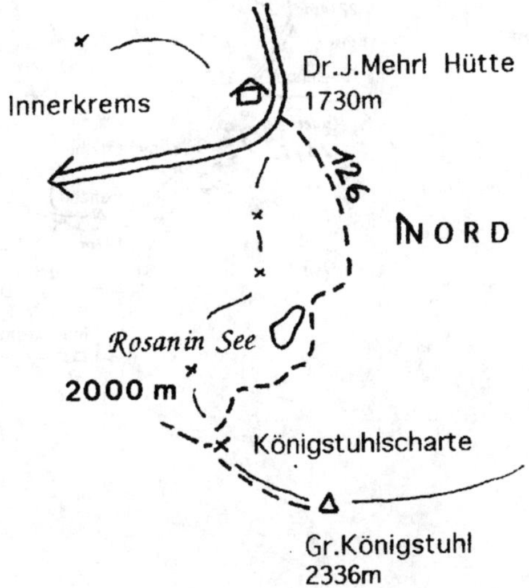

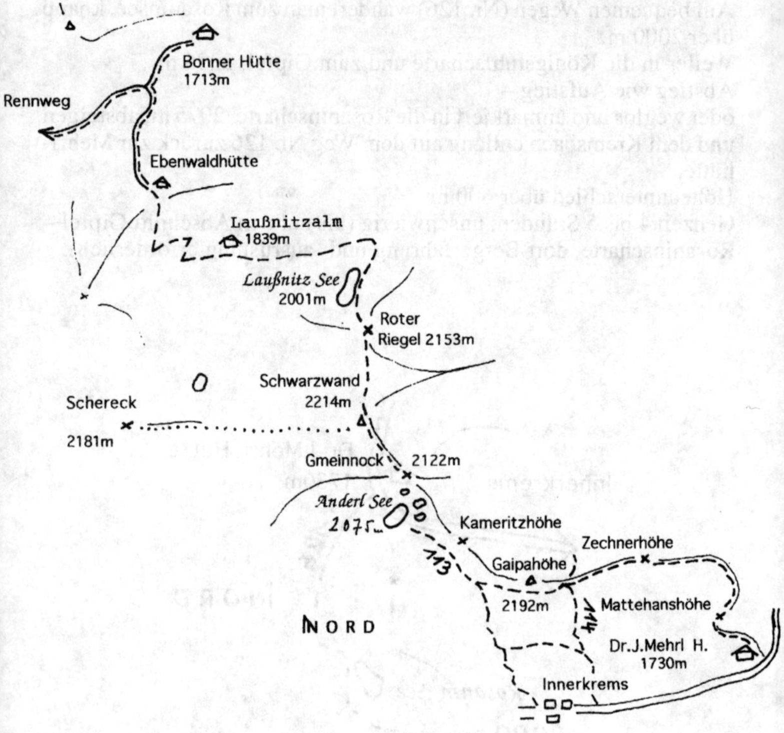
Bonner Hütte
1713m
Rennweg
Ebenwaldhütte
Laußnitzalm
1839m
Laußnitz See
2001m
Roter
Riegel 2153m
Schwarzwand
2214m
Schereck
2181m
Gmeinnock
2122m
Anderl See
2075m
Kameritzhöhe
113
Zechnerhöhe
Gaipahöhe
2192m
Mattehanshöhe
114
NORD
Dr.J.Mehrl H.
1730m
Innerkrems

Von der Mehrlhütte zum Anderlsee und zur Bonner Hütte

Ausgangspunkt:
Ist die Mehrlhütte, 1730 m (von Innerkrems oder Bundschuh erreichbar).
Auf nur gelegentlich markierten Wegen zu den Gipfeln Mattehanshöhe, 2086 m, Zechnerhöhe, 2188 m, Gaipahöhe, 2192 m, Kameritzhöhe, 2167 m, und von da kurzer Abstieg zum Anderlsee, 2075 m.
Bis hierher 3 Stunden Gehzeit; zurück zur Mehrlhütte nochmals 3 Stunden.
Will man weiter zum Laußnitzsee, 2001 m, und zur Bonner Hütte, 1713 m, dann zur Schwarzwand aufsteigen, 2214 m.
Dann hinunter zum Laußnitzsee und absteigen zur Laußnitzalm, 1839 m.
Von hier in das Tal des Blareitbaches, zur Ebenwaldhöhe und Bonner Hütte.
Höhenunterschied ca. 1000 m.
Gehzeit von Hütte zu Hütte bis zu 10 Stunden, verschiedene Abstiegsvarianten möglich. Bei guter Sicht unschwierig, ansonsten Tour abbrechen bzw. unterlassen. Ausdauer erforderlich.

Laußnitzsee – Schwarzwand – Schereck

Ausgangspunkt:
Zufahrt von Rennweg bis knapp vor der Bonner Hütte.
Davor rechts ab (Weg Nr. 4) und Anstieg zur Ebenwaldhütte und Laußnitzalm, 1839 m.
Über den Laußnitzsee zum Gipfel Roter Riegel, 2153 m, und zur Schwarzwand, 2214 m.
Dann über die grasige Hochfläche zum Schereck, 2181 m.
Höhenunterschied ca. 500 m.
Gehzeit 6 Stunden.

Teuerlnock und Aineck

Ausgangspunkt:
Über Rennweg Fahrt zur Bonner Hütte. Von der Bonner Hütte Aufstieg in den Sattel zwischen Schöngelitzhöhe und Laußnitzhöhe.
Weiter über Kammrücken, Markierung Nr. 111, auf das Teuerlnock, 2145 m. Weiter Höhenwanderung zum Aineck.
Abstieg wie Aufstieg
Gehzeit ca. 4 Stunden.

Großeck

Ausgangspunkt:
Von St. Michael nach Zederhaus und in das gleichnamige Tal bis nach der Ortschaft Fell zum Gasthaus Tafernwirt, 1120 m. Von hier noch 1 km bis zum Zäunerbauern (blau markiert) fahren und parken.
Auf Güterwegen bis zur Zäuneralm, 1732 m, in etwa $1^1/2$ Stunden.
Von dort auf Steigspuren (unmarkiert) in weiteren $1^1/2$ Stunden auf den Gipfel, 2427 m.
Mehrere Abstiegsvarianten möglich, aber immer zur Zäuneralm.
Höhenunterschied 1300 m.
Gehzeit insgesamt 6 bis 7 Stunden, unschwierig.

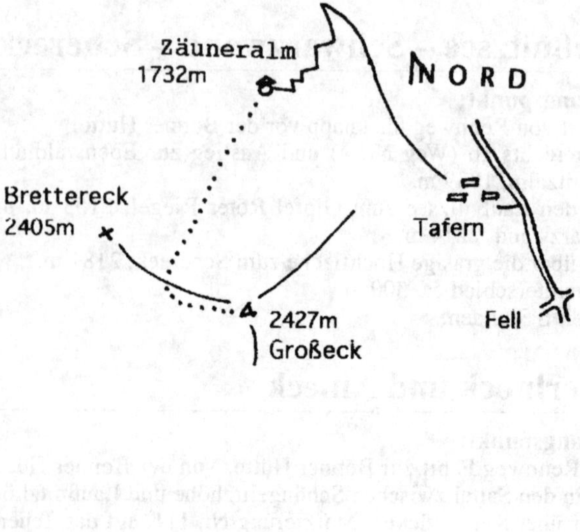

Schareck

Ausgangspunkt:
Von Mauterndorf mit dem Sessellift auf das Großeck, 2074 m. Von hier markiert an den Kämpenköpfln vorbei in 3 Stunden auf den Gipfel, 2466 m.
Abstiegsmöglichkeit über die Gragabber Alm nach Tweng, 1233 m, 2 Stunden; oder zurück zu den Kämpenköpfln und über die Passeggeralm (-hütte) und Abstieg nach Mauterndorf, 1120 m.
Höhenunterschied knapp über 1300 m (von Mauterndorf gerechnet).
Gehzeit je nach Abstiegsvariante 6 bis 8 Stunden insgesamt, unschwierig bei guten, trockenen Verhältnissen.

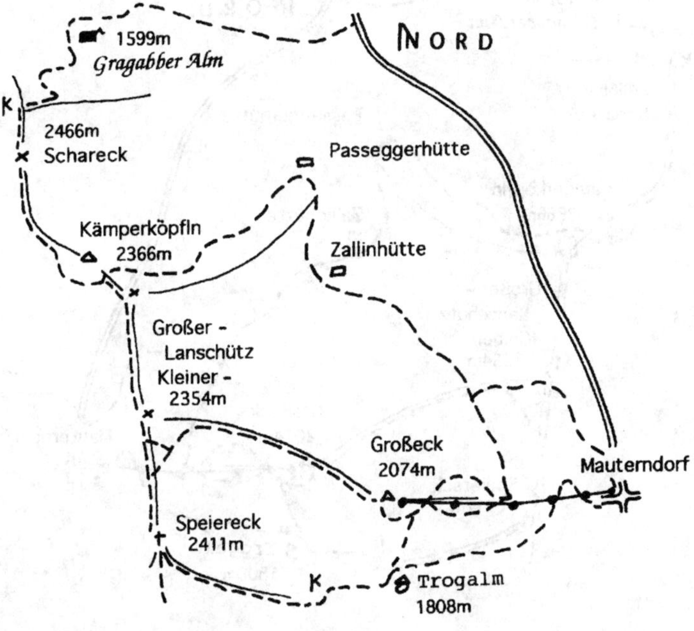

Auf das Speiereck

Ausgangspunkt:
Von Mauterndorf mit dem Sessellift auf das Großeck, 2074 m.
Nach roter Markierung zur Scharte des Kleinen Lanschütz und nach links über Verbindungsgrat zum Speiereck, 2411 m.
Abstieg über die Trogalm nach Mauterndorf.
Höhenunterschied ab Großeck ca. 350 m.
Gehzeit insgesamt $3^1/_2$ bis 4 Stunden.

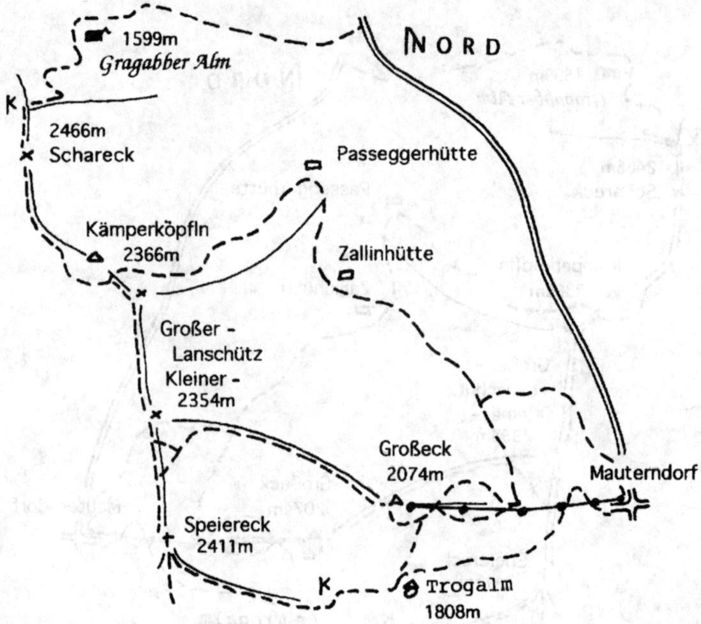

Zechnerkarspitze

Ausgangspunkt:
Anfahrt von Mariapfarr in Richtung Grabendorf, Tscharra. Knapp vor Tscharra in Richtung Kreischaberg, Lignitz abzweigen.
Vom Schranken, 1300 m, dem markierten Weg Nr. 763 bis auf den Gipfel, 2452 m, folgen.
Höhenunterschied etwa 1100 m.
Gehzeit insgesamt 4 1/2 bis 5 Stunden, unschwierig.

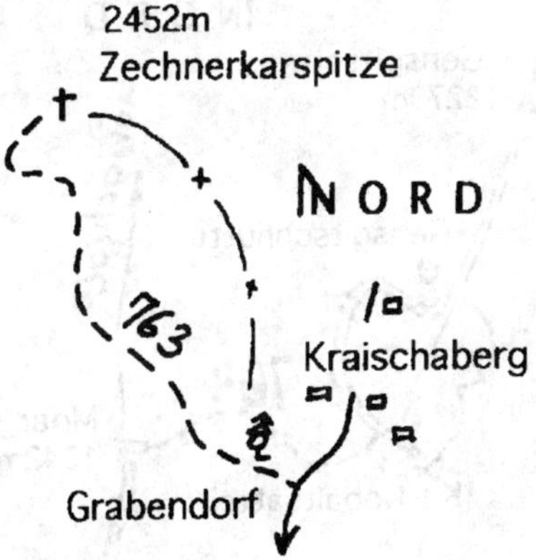

Der Gensgitsch

Ausgangspunkt:
Ist das „Moargut“, 1242 m, am Eingang des Göriachtales unweit der Ortschaft Göriach.
Weg Nr. 764 folgen und über den Kobaltsattel, 1554 m, zum Gipfel, 2279 m.
Höhenunterschied 1037 m.
Gehzeit $4^1/_2$ bis 5 Stunden, unschwierig.

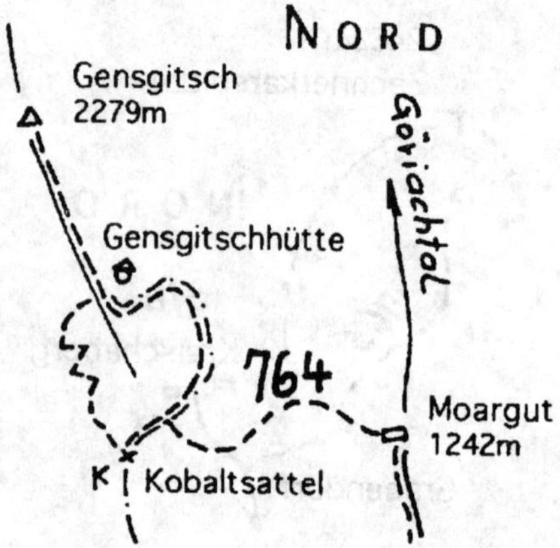

Gumma-Berg und Kreuzhöhe

Ausgangspunkt:
Von Göriach nach Vordergöriach. Nach der blauen Markierung und Nr. G4 bis zum Schranken am Beginn der neuen Forststraße, 1250 m. Über die Wildbachhütte auf Weg Nr. 765 in etwa 3 Stunden zum Gipfel, Gumma-Berg, 2315 m, und von da in 1 1/2 Stunden zur Kreuzhöhe, 2566 m.
Höhenunterschied 1065 m bzw. 1316 m.
Gehzeit Gumma-Berg 6 Stunden, unschwierig;
mit Besteigung der Kreuzhöhe mindestens 8 bis 10 Stunden, nur bei guten Bedingungen empfehlenswert.

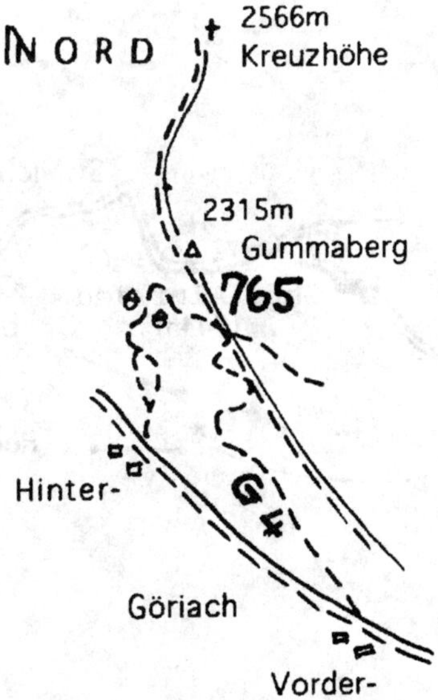

Vom Katschberg auf das Kareck

Ausgangspunkt:
Ist die Paßhöhe Katschberg, 1641 m; oder vom Paß weiterfahren (Weg Nr. 20) bis zum Berggasthof Almfried, 1844 m.
Von da in ca. $1^1/_2$ Stunden auf den Gipfel, 2481 m (von der Paßhöhe etwa 3 Stunden).
Höhenunterschied 840 m bzw. 687 m.
Gehzeit 5 bis 6 Stunden, unschwierig.

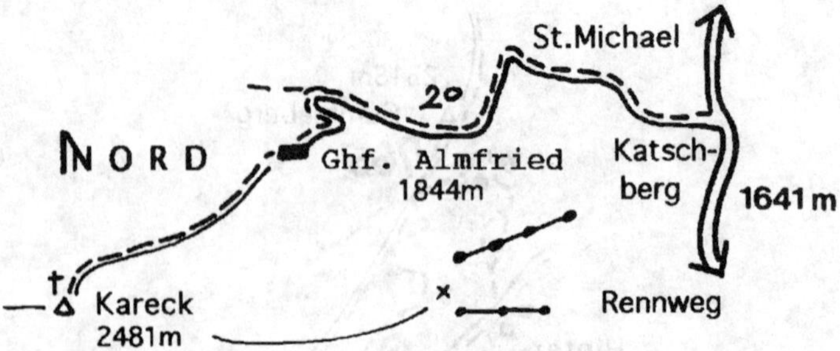

Auf die einsame Oblitze

Ausgangspunkt:
Ist die Ortschaft Muhr, 1124 m. (Wegweiser außerhalb der Ortschaft, taleinwärts beachten!)
Auf Weg Nr. 543 über die Hiasleralm, 1820 m, in die Murscharte, 2418 m, und auf den Gipfel, 2657 m.
Abstieg wie Aufstieg; oder von der Murscharte ins Pöllatal (nicht markiert!).
Höhenunterschied 1533 m.
Gehzeit insgesamt 8 bis 10 Stunden, unschwierig, aber Ausdauer erforderlich.

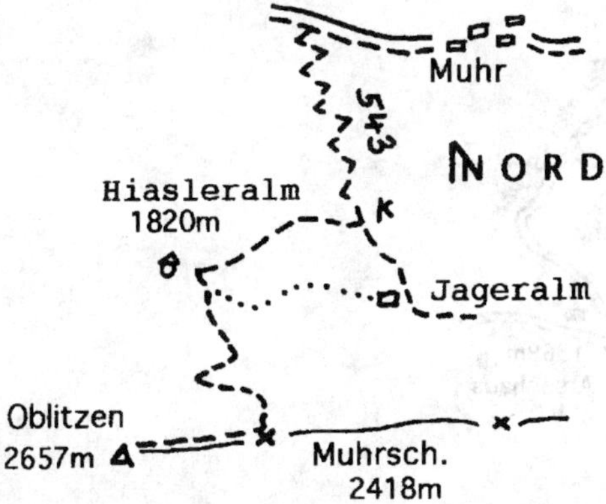

Von der Sticklerhütte über die Schmalzscharte

Ausgangspunkt:
Zur Sticklerhütte, 1752 m, von St. Michael nach Muhr und taleinwärts bis zur Muritzenalm, 1591 m, im Schmalzgraben.
Mit Tälerbus bis zur Hütte (ca. 10 Minuten).
Taleinwärts auf markiertem Weg Nr. 711, am Murursprung vorbei, in die Schmalzscharte (Unterstand), 2444 m.
Weiter Weg Nr. 502 über die Muritzenscharte, 2358 m, auf den Weinschnabel, 2750 m,
oder in die Marchkarscharte, 2387 m (Abstiegsmöglichkeiten ins Arl- bzw. Maltatal usw.).
Höhenunterschied bis zur Schmalzscharte 700 m.
Gehzeit bis zur Schmalzscharte und zurück etwa 3 bis 4 Stunden, unschwierig;
in die Marchkarscharte und zurück mindestens 6 Stunden, nur bei besten Bedingungen für geübte Bergsteiger.

Sticklerhütte – Murtörl – Mureck

Ausgangspunkt:
Anfahrt von St. Michael nach Muhr und in den Schmalzgraben bis zum Parkplatz knapp unter der Muritzenalm, ca. 1600 m gelegen.
Zu Fuß 1 Stunde, mit dem Tälerbus in 10 Minuten zur Sticklerhütte, 1752 m.
Weiter Richtung Mururspring, Nr. 702, nach ca. 1/2 Stunde beim Wegweiser auf Weg Nr. 724 in das Murtörl, 2260 m.
Weiter auf das Mureck, 2402 m.
In 1 weiteren Stunde (unmarkierter Pfad) oder vom Murtörl, Weg Nr. 702, zur Schmalzscharte, 2444 m, mit Abstieg zur Sticklerhütte (Weg 711).
Höhenunterschied 500 bis 700 m.
Gehzeit von 5 bis 8 Stunden, unschwierig.

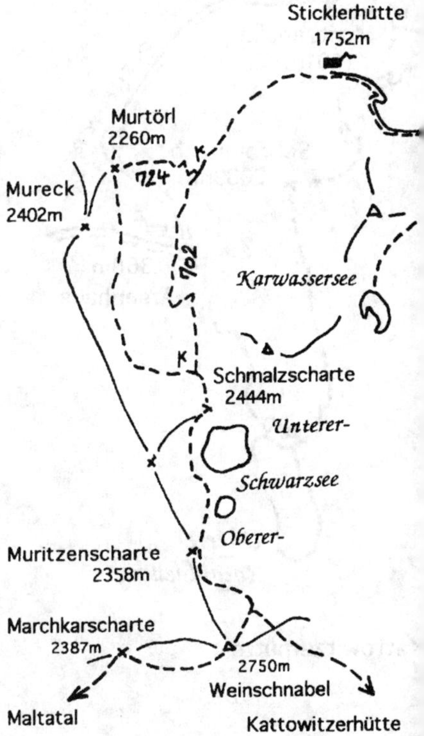

Durchs wildromantische Muritzental

Ausgangspunkt:
Von der Muritzenalm, 1591 m, taleinwärts in südliche Richtung, am Muritzenbach entlang, in 2 Stunden zum Karwassersee, 1897 m, auf demselben Weg retour.
Höhenunterschied 300 m.
Gehzeit ca. 4 Stunden, unschwierig.

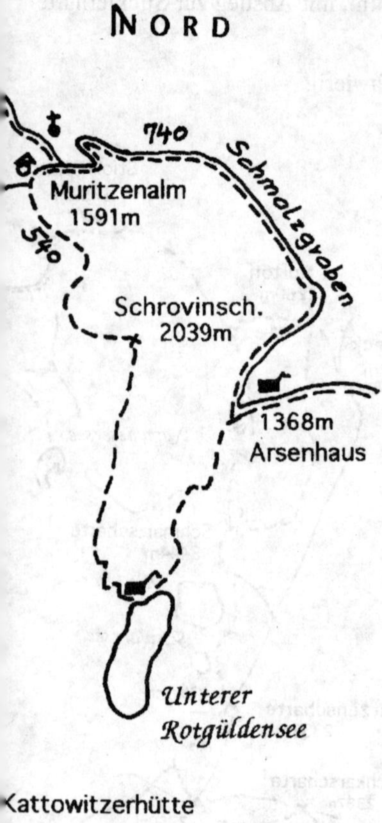

Von der Muritzenalm zum Rotgüldensee

Ausgangspunkt:
Von der Muritzenalm, 1591 m (unter der Sticklerhütte), auf dem Weg Nr. 540 in die Schrovinscharte, 2039 m, zum Unteren Rotgüldensee, 1710 m.
Höhenunterschied knapp 500 m.
Gehzeit ca. 3 Stunden, nur bei trockenen Bedingungen empfehlenswert.

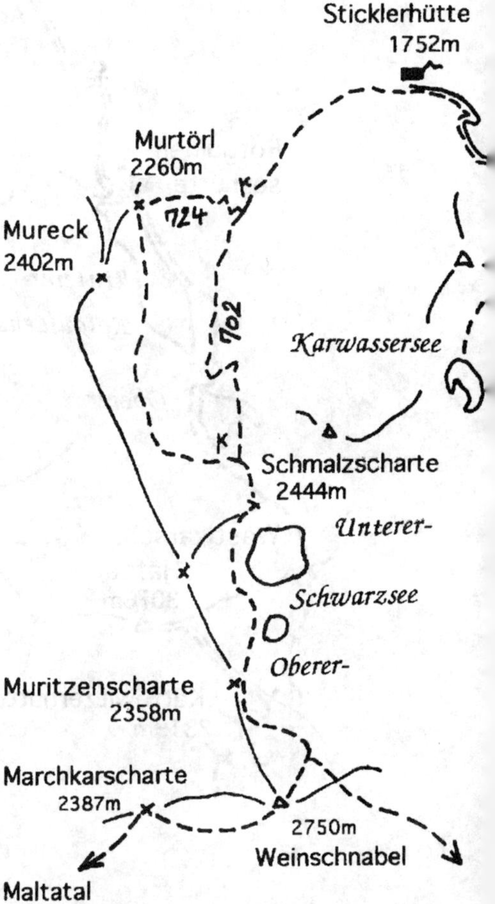

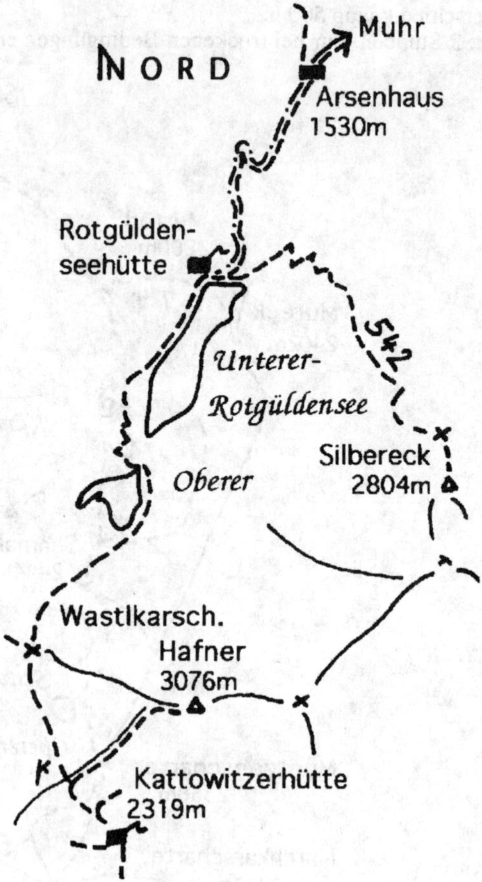
Muhr
NORD
Arsenhaus
1530m
Rotgülden-
seehütte
5+2
Unterer-
Rotgüldensee
Oberer
Silbereck
2804m
Wastlkarsch.
Hafner
3076m
Kattowitzerhütte
2319m

Über die Rotgüldenseen auf den Großen Hafner

Ausgangspunkt:
Ist der Parkplatz beim Arsenhaus, 1530 m, in der Ortschaft Rotgülden.
Zu Fuß 1 Stunde oder mit dem Tälerbus ca. 15 Minuten zur Rotgüldenseehütte am Unteren Rotgüldensee, 1710 m.
Weiter zum Oberen Rotgüldensee, 1996 m, und durchs Wastelkar 800 m höher in die gleichnamige Scharte, 2720 m.
Über Wastelkarkees zum Hafnereck, 2757 m, und auf den Hafner, 3076 m.
Höhenunterschied 1546 m.
Rückweg wie Aufstieg, oder Abstieg in einer knappen Stunde zur nahen Kattowitzer Hütte, 2319 m.
Gehzeit 10 bis 12 Stunden, nur für ausdauernde, geübte Bergsteiger und nur bei gutem Bergwetter ratsam. (Hochalpine Tour ab dem Oberen Rotgüldensee!)

Das Silbereck

Ausgangspunkt:
Von St. Michael nach Muhr und weiter bis zum Arsenhaus, 1530 m.
Zu Fuß 1 Stunde, mit dem Tälerbus in 15 Minuten zum Unteren Rotgüldensee, 1710 m.
Von da auf markiertem Weg Nr. 542 auf den Gipfel, 2804 m.
Hochalpine Tour, nur bei guten Bedingungen empfehlenswert, nur für trittsichere, schwindelfreie Bergsteiger empfehlenswert.
Höhenunterschied 1274 m.
Gehzeit insgesamt 6 bis 8 Stunden.

Haselloch und Schiedeck

Ausgangspunkt:
Von Zederhaus ins hintere Riedingtal ca. 12 km bis zur Königalm, 1733 m, Parkplatz.
Auf markiertem Weg, Nr. 722, zum Haselloch, 2135 m, und weiter unmarkiert auf das Schiedeck, 2366 m.
Abstieg wie Aufstieg.
Höhenunterschied ca. 630 m.
Gehzeit insgesamt 3 Stunden.

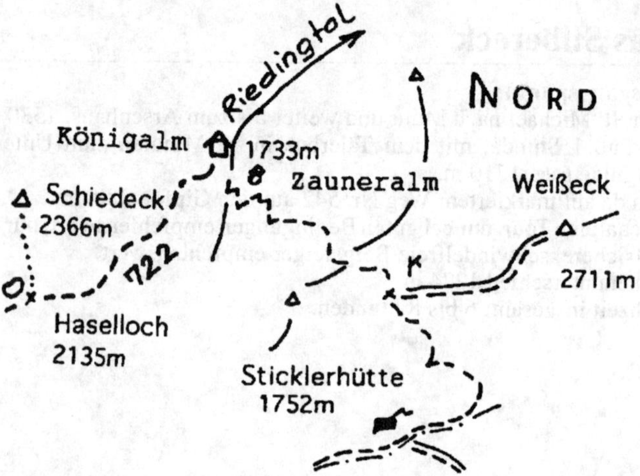

Auf das Weißeck

Ausgangspunkt:
Entweder die Königalm (Zauneralm, 1733 m) im Riedingtal (von Zederhaus auf Mautstraße erreichbar)
oder von der Sticklerhütte, 1752 m (von St. Michael und Muhr erreichbar).
Von beiden Seiten auf markierten Wegen, Nr. 711, zum Gipfel, 2711 m.
Höhenunterschied ca. 1000 m.
Gehdauer jeweils rund 5 Stunden insgesamt, unschwierig.

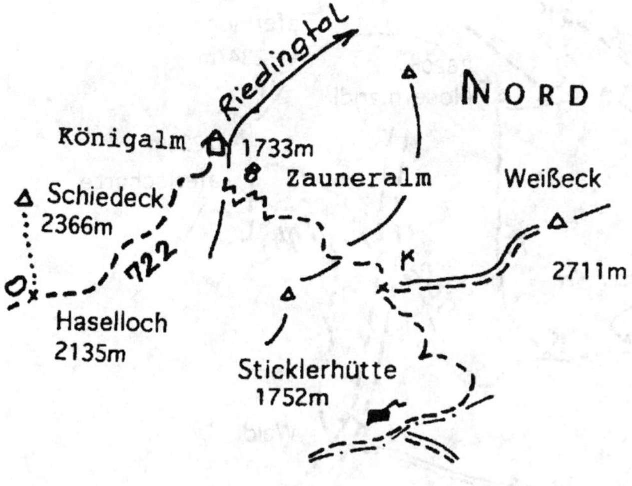

Zum Taferlnock

Ausgangspunkt:
Von Zederhaus nach Wald, der Pkw bleibt unweit des Südportals der Tauernautobahn, vor der Mautstelle ins Riedingtal.
Auf Sträßchen (Wegnummer 741), später Weg zur Taferlscharte, 2236 m (davor Vereinigung mit Weg 702), und weglos zum Gipfel, 2347 m.
Abstieg wie Aufstieg.
Höhenunterschied ca. 1000 m.
Gehzeit insgesamt 5 bis 6 Stunden.

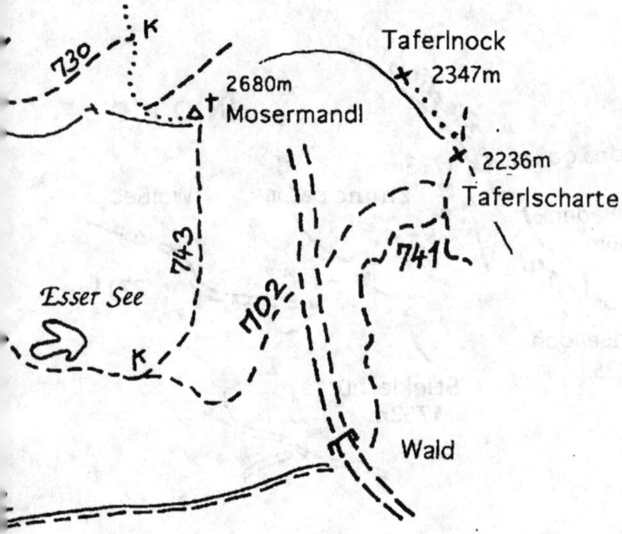

Zum Stierkarkopf

Ausgangspunkt:
Ist die Franz-Fischer-Hütte, 2020 m.
Absteigen bis zum Zauner See, beim Hinweisschild „Stierkarkopf“ auf markiertem Weg zum Gipfel, 2365 m.
Abstieg wie Aufstieg.
Höhenunterschied knapp über 300 m.
Gehzeit insgesamt 1 1/2 bis 2 Stunden.

Zum Weißgrubenkopf

Ausgangspunkt:
Ist die Franz-Fischer-Hütte, 2020 m.
Auf dem Höhenweg 702 bis zur Weißgrubenscharte, 2257 m, weiter auf den Gipfel, 2369 m.
Höhenunterschied 250 m.
Gehzeit insgesamt 3 Stunden, unschwierig.

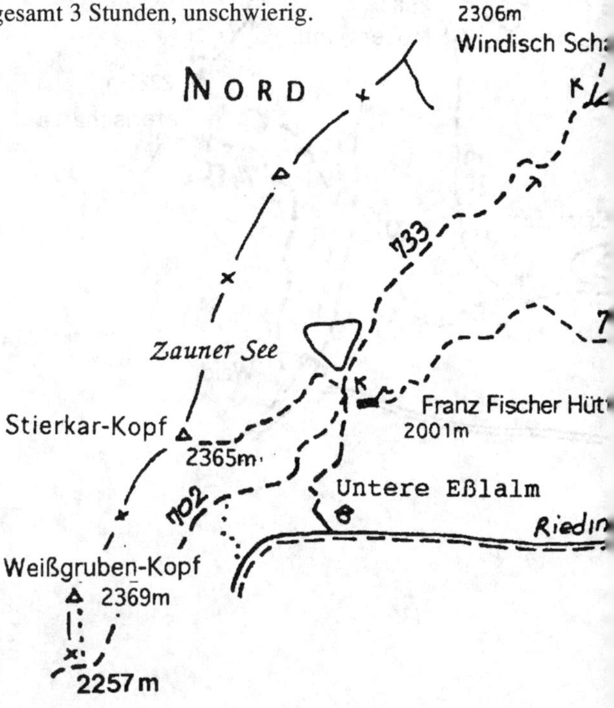

Die Rundtour Mosermandl

Ausgangspunkt:
Ist die Franz-Fischer-Hütte, 2020 m (siehe vorangegangene Tour).
Auf dem Weg Nr. 702 Richtung Taferlscharte/Südwiener Hütte bis zum Esser See, 2088 m, wandern.
Ab da Weg Nr. 743 bis zum Gipfel, 2680 m.
Abstieg zur Windischscharte, 2306 m (Weg Nr. 730).
Auf dem Weg Nr. 733 zurück zur Franz-Fischer-Hütte.
Höhenunterschied etwa 700 m.
Gehdauer 5 bis 6 Stunden, im Gipfelbereich Schwierigkeitsgrad I, ansonsten unschwierig.

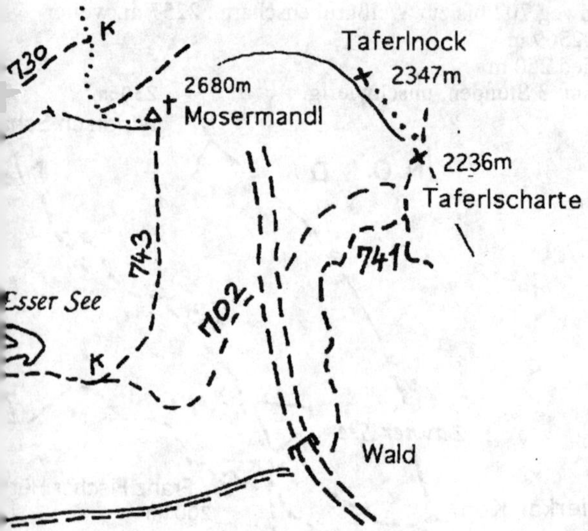

Zur Franz-Fischer-Hütte

Ausgangspunkt:
Vom Ort Zederhaus in das Riedingtal bis zur Unteren Eßlalm, ca. 1520 m, fahren (Mautstraße).
Bei der Alpenvereinstafel den Wegmarkierungen 742 bzw. 711 folgen.
Höhenunterschied knapp 500 m.
Gehzeit etwa $1^1/2$ Stunden, unschwierig.

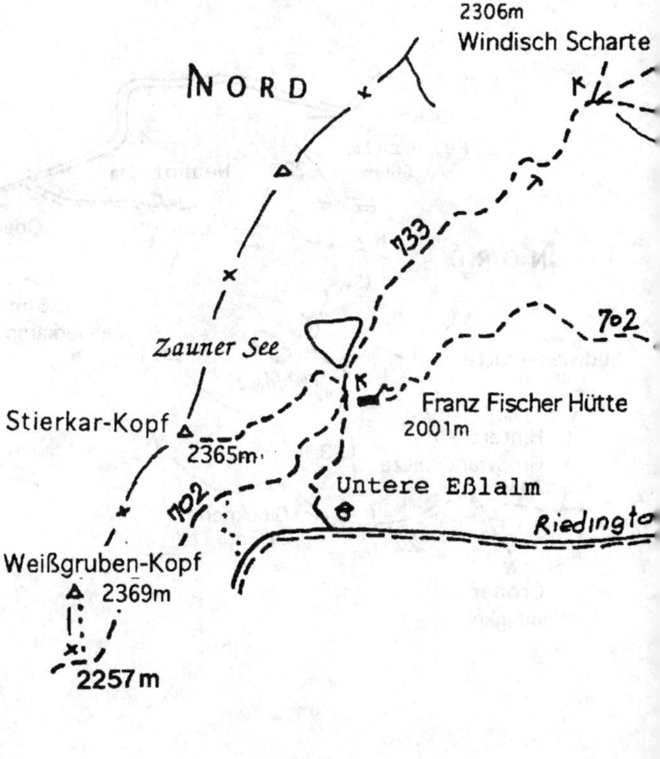

Glöcknerin und Hintere Großwandspitze

Ausgangspunkt:
Von Obertauern Richtung Untertauern fahren und nach 2 km zum Jugendhaus Tauernhof, oder 3 km nach der Ortstafel Obertauern zur Felseralm, 1660 m, abzweigen.
Auf Wegen Nr. 25 bzw. Nr. 23 zum Wildsee, 1925 m.
Weiter auf den Kamm, der die beiden Gipfel Glöcknerin, 2432 m, und Hintere Großwandspitze, 2380 m, verbindet (hier Weg Nr. 22).
Höhenunterschied ca. 900 m.
Gehzeit 5 bis 6 Stunden, unschwierig.

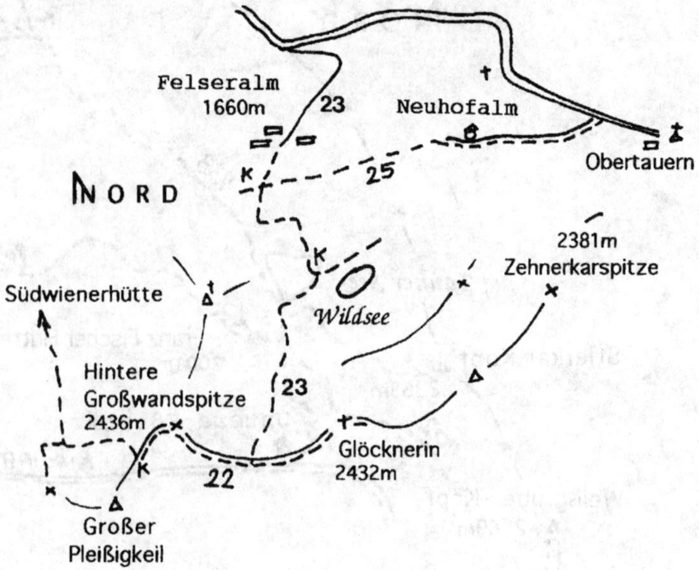

Gamsleitenspitze und Zehnerkarspitze

Ausgangspunkt:
Im Ort Obertauern, 1739 m, das Vindobona-Haus (unweit des DAV-Hauses). Dem Weg Nr. 22 folgen, im Gipfelbereich der Gamsleitenspitze, 2357 m, ausgesetzter Rasenweg.
Im Bereich der Zehnerkarspitze, 2387 m, Schwierigkeitsgrad I.
Beim Rückweg den Weg Nr. 21 zum Ausgangspunkt wählen.
Höhenunterschied ca. 700 m.
Gehdauer ca. 7 Stunden, bei guten Verhältnissen unschwierig.

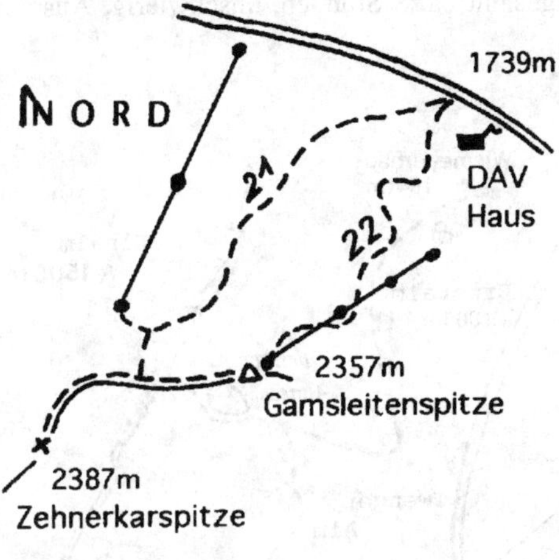

Das Gurpitscheck

Ausgangspunkt:

a) Wismeyerhaus, 1641 m, unmittelbar vor dem Ort Obertauern (von Tweng kommend) gelegen.
Über die Ernstalm, 1869 m, und dem Twengeralmsee (Weg Nr. 8) auf den Gipfel, 2526 m.
Höhenunterschied ca. 900 m.
Gehzeit insgesamt 6 bis 7 Stunden, bei guten Bedingungen unschwierig.

b) Ulnhütte, ca. 1300 m, die von Weißpriach mit Tälerbus erreichbar ist. Über die Schönalmseen markierter Weg zum Gipfel.
Höhenunterschied ca. 1200 m.
Gehzeit 7 bis 8 Stunden, unschwierig.

c) Vor der Ortschaft Tweng, 1233 m, auf markiertem Weg zu den Hofbauer Hütten, 1820 m, zum Twengeralmsee (zuvor Zusammentreffen mit Weg Nr. 8 von Obertauern) und zum Gipfel.
Höhenunterschied ca. 1300 m.
Gehzeit insgesamt ca. 8 Stunden, unschwierig, Ausdauer erforderlich.

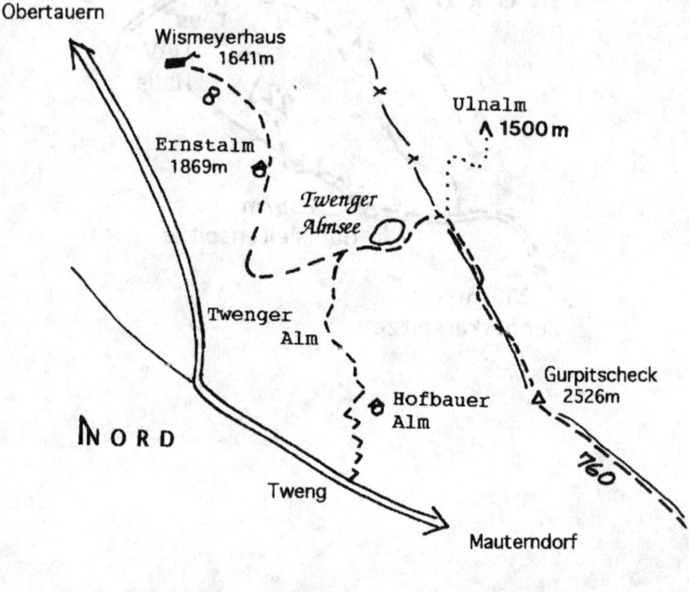

Zur Lungauer Kalkspitze und auf dem „Urpfad“

Ausgangspunkt:
Von Weißpriach mit dem Tälerbus bis zu den Stockerhütten, 1276 m, wo sich Znachtal und Weißpriachtal teilen.
In das Znachtal, Weg Nr. 771 bis zum Znachtalsattel, 2059 m.
Dann auf Weg Nr. 702 in die Akkarscharte, 2315 m, und auf den Gipfel, 2471 m.
Abstieg wie Aufstieg oder weiter von der Akkarscharte zum Oberhüttensattel, 1866 m, und auf dem „Urpfad“, Weg Nr. 770, zu den Stokkerhütten und nach Weißpriach zurück.
Höhenunterschied etwa 1200 m.
Gehdauer 10 bis 12 Stunden, unschwierig, aber Ausdauer erforderlich.

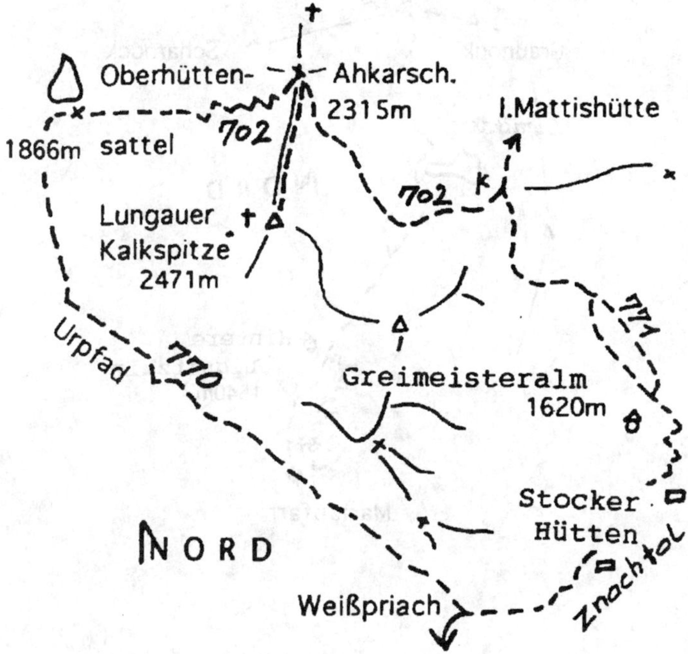

Zur Lignitzhöhe

Ausgangspunkt:
Von Mariapfarr ca. 7 km über Lignitz in das gleichnamige Tal bis zum Schranken, ca. 1400 m.
Auf dem Weg Nr. 744 taleinwärts, vorbei am Lignitzsee, 1958 m, auf die Höhe, 2204 m.
Höhenunterschied 800 m.
Gehzeit 4 1/2 bis 5 Stunden, unschwierig.

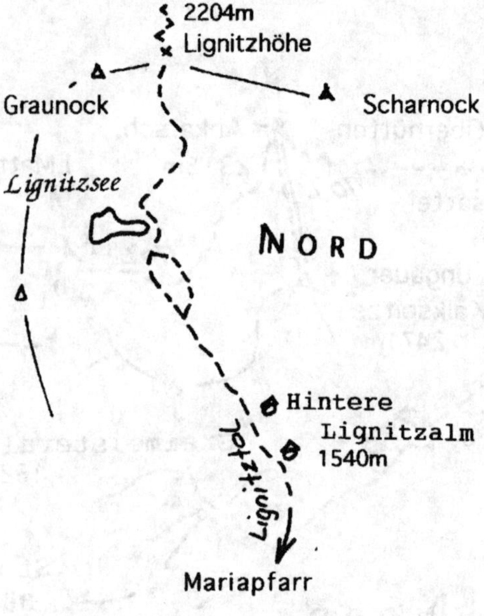

Zum Hochgolling und zu den Landawirseen

Ausgangspunkt:
Von Göriach taleinwärts bis zum Schranken, von da mit dem Tälerbus bis zu den Vorderen Göriachalmen, 1422 m.
Auf dem Weg Nr. 775 bis in den Göriachwinkel und weiter in die Gollingscharte, 2326 m.
Auf dem Nordwestgrat (Schwierigkeitsgrat II) zum Gipfel, 2863 m.
Abstieg auf dem Normalweg (Schwierigkeitsgrat I) in die Gollingscharte.
Zur Landawirseehütte bei aperen Bedingungen den Weg hoch über dem Göriachwinkel wählen, andernfalls in den Talgrund absteigen und dem Weg Nr. 702 zur Hütte, 1985 m, und zu den Seen folgen.
Zugleich Weg Nr. 702 und Weg Nr. 775.
Höhenunterschied 1441 m.
Gehzeit 8 bis 10 Stunden.

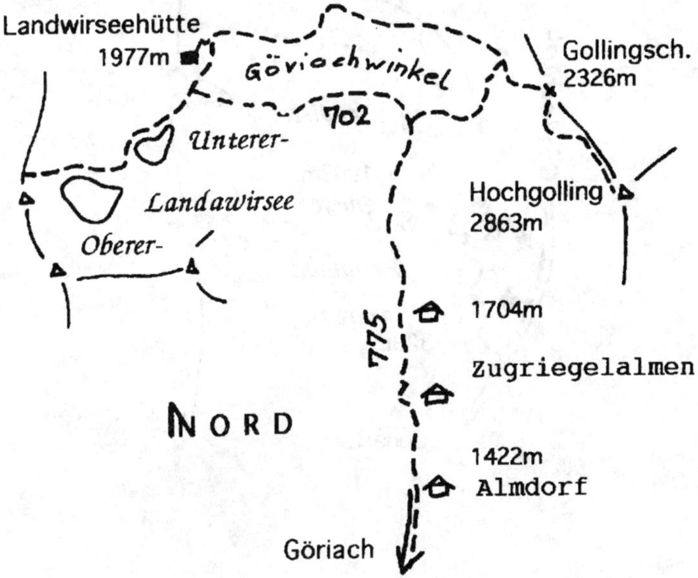

Das Kasereck

Ausgangspunkt:
Von Göriach mit dem Pkw taleinwärts bis zum Schranken, dann mit dem Tälerbus bis zur Unteren Piendlalm, 1329 m.
Bis zur Oberen Piendlalm, 1908 m, in 1½ bis 2 Stunden.
Weiter bis zum Gipfel des Kasereck, 2740 m, in ca. 2 Stunden.
Schwierigkeitsstufe I.
Höhenunterschied 1411 m.
Gehzeit insgesamt 5 bis 6 Stunden.

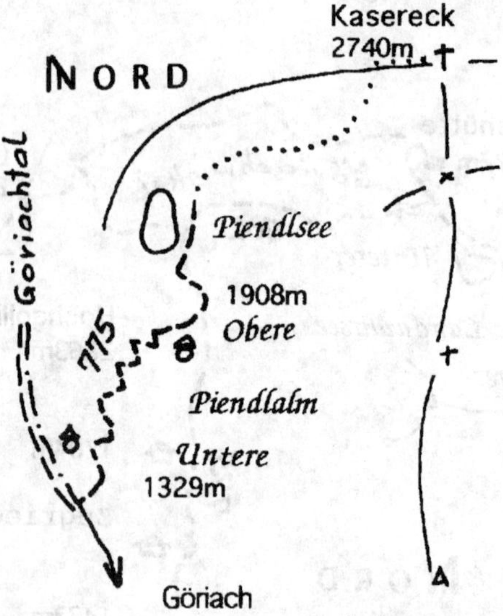

Über die Lungauer „Fjorde“ auf den Greifenberg

Ausgangspunkt:
Das Lessachtal einwärts bis zum Parkplatz und weiter bis zur Laßhoferalm, 1290 m, mit dem Tälerbus.
Auf dem Weg Nr. 777 bis zum Zwerfenbergsee, 2029 m, und von da in westlicher Richtung am Lungauer Klaffersee, 2197 m, vorbei auf den Greifenberg, 2618 m.
Höhenunterschied 1328 m.
Gehzeit 6 bis 8 Stunden, Ausdauer erforderlich.

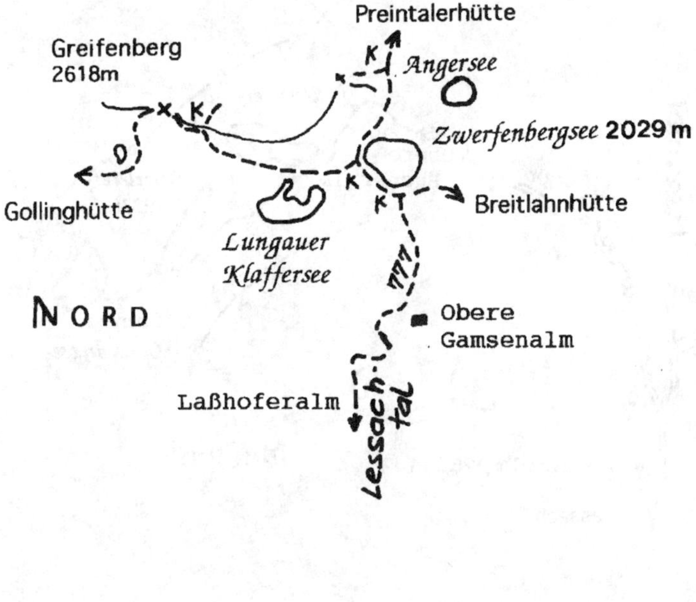

Zu den drei Lanschitzseen

Ausgangspunkt:
Von Lessach taleinwärts mit Pkw bzw. Tälerbus bis knapp nach der Lenzenalm, 1253 m.
Der Wegmarkierung Nr. 784 bis zur Oberen Bacheralm unter dem Unteren Lanschitzsee folgen.
Ab hier den Weg Nr. 784 verlassen und dem markierten Pfad über dem Mittleren zum Oberen Lanschitzsee folgen. Aufstiegszeit etwa 3 Stunden.
Höhenunterschied knapp 800 m.
Gehdauer insgesamt 6 bis 8 Stunden, technisch leicht, etwas Ausdauer erforderlich.

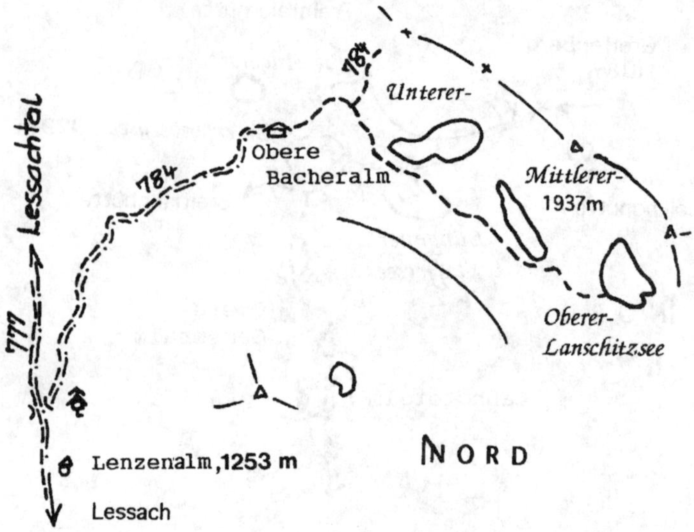

Auf das Roteck

Ausgangspunkt:
Grazer Hütte, 1896 m. Zunächst Weg Nr. 787 entlang, nach 10 Minuten auf Weg Nr. 788 in den Preberkessel und zum Mühlbachtörl, 2478 m.
Bis hierher 2 Stunden Gehzeit.
In 1 Stunde auf den Gipfel, 2743 m. Abstieg ins Mühlbachtörl wie Aufstieg, dann auf dem Weg Nr. 788 a zurück zum Ausgangspunkt (2½ Stunden Gehzeit). Gehzeit insgesamt 6 bis 8 Stunden, Höhenunterschied rund 900 m.
Nur für ausdauernde, geübte Bergsteiger!

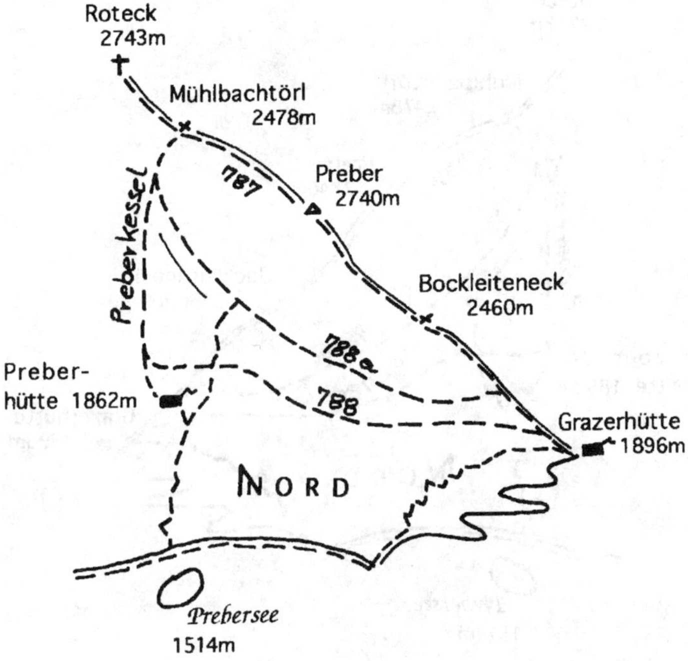

Der Preber

Ausgangspunkt:
Entweder der Prebersee, 1514 m (unweit der Ludlalm), oder die Grazer Hütte, 1896 m, beide von Murau bzw. Tamsweg aus erreichbar.
Schlechter Fahrweg bis zur Grazer Hütte, aber fast 400 Höhenmeter Ersparnis!
Auf dem Weg Nr. 787 zum Gipfel, 2740 m. Gehzeit 2 Stunden bzw. vom See mindestens 3 Stunden, unschwierig.
Höhenunterschied 844 m bzw. 1226 m.

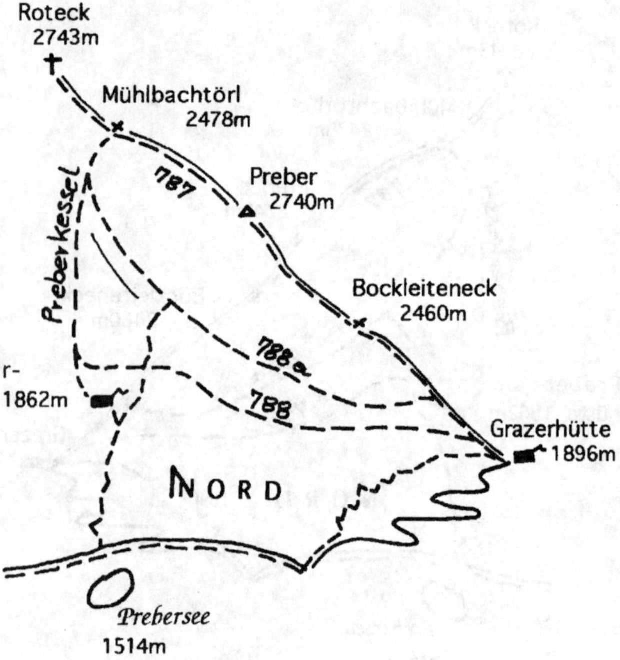

Bergwandern . . .

. . . im Lungau

Unglaublich groß und vielseitig ist die Auswahl an Wanderzielen im Lungau. Dieser einmalig schöne Teil des Landes Salzburg erfüllt jedermanns Wünsche:
Für den Naturliebhaber und Kunstfreund gibt es viele gut markierte Wanderwege von Ortschaft zu Ortschaft, von Schloß zu Schloß, in unversehrter, erholsamer Wiesen- und Waldlandschaft sowie in Landschaftsschutzgebieten. Ebenso findet der Bewunderer der vielen Gebirgstäler mit den Wasserfällen, gepflegten Almen und den wunderschönen, klaren Bergseen beinahe ungezählte Motive.
Am Nationalpark Hohe Tauern hat der Lungau Anteil mit der Ortschaft Muhr als Nationalparkgemeinde und dem Großen Hafner, dem Murursprung sowie der Schmalzscharte.
Auch Bergziele aller Schwierigkeitsgrade im Kalk und im Urgestein – bis auf über 3000 m – bieten sich an. Ist doch der höchste Punkt des Lungaues, der Gipfel des Großen Hafners, über 3000 m hoch!
Voll auf seine Rechnung kommt der Wanderer von Hütte zu Hütte auf dem internationalen Weitwanderweg, dem Tauernhöhenweg, und den vielen Übergängen von Tal zu Tal. Er genießt hier die farbenprächtigste Bergflora, die oftmals zwischen Kalk- und Urgestein auf engstem Raum wechselt.

und eine Festtagstracht sowie ein Winterdirndl entworfen worden sind, ist eine reiche Vielfalt gegeben. Die persönliche Note wird durch bunte Seidentücher, Schürzen und Zierat unterstrichen, wobei die Tracht immer ein Kleid der Gemeinschaft und Landschaft bleibt.

Ritschert, Sterz und Kasnudeln

Die Namen der Kärntner kulinarischen Spezialitäten sind den Gästen meist unverständlich. Sie in Kalorien umzurechnen, empfiehlt sich für den kalorienbewußt Lebenden nicht. Wer dennoch Entdeckerfreuden erleben will, genieße sie! Die Spezialitäten der Kärntner Küche überzeugen beim Essen, was sich historisch belegen läßt.

Der Wild-, Geflügel- und Fischreichtum des Landes ist nicht versiegt, die Gastronomie bietet oft Spezialitäten an.
Salate, vor allem Wildsalate, wie junger Löwenzahn und Brunnenkresse, spielen in der Landesküche ebenso wie geselchte Würste und geselchtes Fleisch eine bedeutende Rolle. Das Ritschert ist z. B. eine dicke Selchsuppe, in der Rollgerste, kleine Bohnen und Suppenkräuter sämig gekocht werden.
Leichter gelingt es, die Kärntner Küche von einer anderen Spezialität her zu begreifen: den Kasnudeln und den Kletzennudeln; das sind in heißem Wasser gekochte, faustgroße Teigtäschchen mit einer Fülle aus Topfen oder getrockneten, aufgeweichten und zerhackten Birnen.

Sagen, Geschichten und alte Erzählungen

Die Winterbrentlerin (vergleichbar mit der „Perchtn“) geht über die Alm

Wenn das Weidevieh im Herbst die Almen verlassen hatte und die Berge zu schlummern begannen, zog früher nach dem Glauben der Bergbauern die Winterbrentlerin in die verlassenen Sennhütten der Nockberge ein. Während des Sommers hauste dieses vermeintliche Almgespenst in irgendeinem Bergversteck, weil es keinem Menschen begegnen wollte. Im Winter aber, wenn die Stürme um die Berghäupter tobten, war sie froh, wenn sie in einer Sennhütte Unterschlupf finden konnte. Sie wollte dort aber auch einen Rest von Milch, Butter, Käse, Mehl und Salz vorfinden. Dann half sie im nächsten Sommer den Rindern über tückische Wurzeln und glitschige Steine. Fand aber die Winterbrentlerin keine Nahrung in der Hütte vor, so rächte sie sich im kommenden Sommer am Herdenvieh, stieß es über gefährliche Felswände oder stellte sich ihm in den Weg, daß sich so manches Rind die Beine brach.
Die Winterbrentlerin glich einer Hexe mit wirren, offenen Haaren und zerlumpten Kleidern, glotzigen Augen und spitzen Fingern, wissen Neugierige zu erzählen, die angeblich diesem Almgespenst begegnet sind, weil sie nach ihren Tücken spähen wollten.
Spätestens bei Martini (11. November) machte sich die Winterbrentlerin ihr Plätzchen in einer der vielen Sennhütten. Bis dorthin mußte die Hütte von allen Menschen geräumt sein, sonst erging es ihnen mitunter schlecht.
In einer Almhütte unweit der Turracher Höhe blieben einmal die Sennleute bis Martini dort, weil sie die Winterbrentlerin leibhaftig sehen wollten. Am Abend kamen wirklich die Winterbrentlerin und der Winterbrentler. Beide waren kohlschwarz und hatten zornig funkelnde Augen. Die Winterbrentlerin kreischte die Sennerin an: „Husch, husch! Kalt, kalt! Martini is a bald!“
Die Sennerin entgegnete ganz aufgeregt: „Morgen treiben wir das Vieh ab, daß ihr Platz habt. Aber heute müßt ihr bei mir liegen und der Winterbrentler beim Halter.“
So geschah es auch. Doch in dieser Nacht war es den beiden Sennleuten unheimlich zumute. Als diese am nächsten Morgen erwachten, war von den unholden Gestalten nichts mehr zu sehen. Erst meinten sie geträumt zu haben. Doch in beiden Liegestätten war eine Vertiefung, noch warm, aber nicht größer, als wäre eine Katze dort gelegen. Noch am selben Tag trieben sie ihr Vieh ab.

Das Schabreiten, ein alter Wintersport

Ehe es Schier und Rodel gab, fuhr die Bergjugend mit Faßtauben, gestützt auf ausgediente Rechenstiele, blitzschnell die steilen Leiten hinab oder rutschte auf hölzernen, schienenlosen „Gruten“ auf den Bergwegen dahin.
Die Burschen und Männer aber machten sich in ihrer kargen Freizeit Schnee und Eis in einer sonderbaren Art dienstbar, die für die sportbegeisterte Generation der Gegenwart beinahe wie ein Märchen klingt.
Sie pflegten das Schabreiten, Kärntens ältesten Wintersport. Besonders im oberen Gurktal brachte das Schabreiten im Winter eine willkommene Abwechslung. In den beiden Bergsiedlungen nahe der Turracher Straße, in

Winkl und Sauereggen, erinnert man sich an den vor einem Jahrhundert noch lebendigen Wintersport der Vergangenheit.
Viele mondhelle Winterabende und die winterlichen Sonntage füllte dieser Sport aus. Wenn die Schneemassen so dicht fielen, daß sie über die Zäune emporwuchsen und alle Steinköpfe bedeckten, war die Zeit des Schabreitens gekommen.
Die Burschen holten die langen Roggengarben aus den Scheunen hervor. Früher wurde nämlich das Roggenstroh nach dem Dreschen mit dem Dreschflügel wieder zu dicken Garben – mundartlich Schabe – gebunden und auf das Gepater, den Dachboden der Scheune, gelegt. Diese Schabe steckten sie mit der Unterseite in den Brunnentrog, so daß sich die Halme mit glattem Eis überzogen. An der Hauswand stellten sie die Schabe auf, und nach dem Abendessen sammelten sich oft die Burschen eines ganzen Bergdorfes auf einer Anhöhe. Wie stolze Reiter setzten sie sich auf die mit Eis gesohlten Strohschaben und blinzelten noch einmal zum Mond empor. Ein Pfiff, ein Jauchzer aus allen Kehlen, und die Schabe flitzte in die Tiefe. Nur wenige stürzten.
Fast allen verhalf der Eispanzer zu sausender Geschwindigkeit, daß die schneidende Kälte wie mit spitzen Nadeln gegen die Gesichter prallte. Immer toller, immer rasender sausten die Schabreiter zu Tal. Und wehe, wenn ihnen ein Hindernis in den Weg kam! Einem Schuppen, einem Baum, einem Felskopf konnte kaum einer ausweichen. Funken, wie sprühende „Gahn", flammten manchmal hinter den Schaben auf, wenn der Schnee gefroren war. Oder es zischte eine wirbelnde Staubfahne hinterher, wenn Pulverschnee auf dem Harsch lag.

Die Reichenauer Schmuggler

Bei Reichenau findet die Nockstraße ihr Ende. Der Ort ist eine Gründung der Benediktiner von Millstatt und bedeutend jünger als das im Bereich seiner Gemeinde auf dem Berg erbaute St. Lorenzen. Die Benediktiner ließen das früher versumpfte und von Wald bedeckte oberste Gurktal durch bayerische Siedler systematisch roden. Noch gegenwärtig gibt es drei Kilometer talauswärts an der Turracher Bundesstraße die Ortschaft Vorwald, die also vor dem Wald an der oberen Gurk, wie der Name schon sagt, lag.
Obwohl die Ahnen der Reichenauer fleißige und brave Bauern waren, zählten sie in früheren Jahrhunderten zur Gilde der gefürchteten Schmuggler. Die Männer von Ebene Reichenau und St. Lorenzen, von Winkel und Sauereggen, schlichen viele Jahre über die geheimen Pfade der Nockberge, um „Lungauer Salz" in das obere Gurktal zu schmuggeln. Selbst Kaiser und Herzog waren durch einige Zeit gegen diesen Schmuggel machtlos. Der Wohlstand schien von jenem heimlichen Geschäft zu kommen. Das über 1000 m Meereshöhe gelegene und öfter von kalten Winden heimgesuchte Tal wurde durch das Erträgnis des Schmuggelgeschäftes zur „reichen Au".
Wie kam nun das damals biedere Bauernvölkchen im Herzen des Kärntner Nockgebietes zur unbeliebten Gilde der Schmuggler? Die Reichenauer an der Auffahrt zur Turrach besaßen ein uraltes Privileg an ihrer Salzmaut, das vermutlich bis in das 14. Jahrhundert zurückreicht. Dieses Privileg erlaubte ihnen, ein gewisses Quantum Salz mautfrei aus Salzburg einzuführen. Das Salz stammte aus den erzbischöflichen Bergwerken in Hallein, wurde aber als „Lungauer Salz" bezeichnet, weil es im ebenfalls erzbischöflichen Lungau an die Abnehmer in Kärnten und Steiermark verteilt wurde. Die Bergbauern in der Reichenau mußten als Gegenleistung für das mautfreie Salz den Weg über die Turracher Höhe stets offenhalten, weil er als wichtige Handelsstraße zwischen dem erzbischöflichen Salzburg und dem herzoglichen Kärnten galt, wo Salzburg ausgedehnte Güter besaß.
Die Reichenauer trugen die privilegierten Salzstöcke mit Buckelkraxen aus dem Lungau herüber, luden aber immer mehr auf, als ihnen nach altem Recht zustand. Das Salz setzten sie für gutes Geld in den Nachbardörfern ab. Weil das Geschäft blühte, schlichen die wetterharten Männer nun immer öfter und auch auf geheimen Pfaden in den Lungau. Als man hinter den Schmuggel kam, beriefen sich die Männer auf ihr uraltes Salzprivileg und kamen ohne Strafe davon. Am meisten beschwerte sich über die Salzschmuggler die Kaiserliche Hauptmautstelle in Kremsbrücke, die sich natürlich sehr geschädigt fühlte. Die Reichenauer aber schmuggelten offen weiter. Weil es zu dauernden Beschwerden kam, änderte im Jahre 1564 der Kaiser das alte Recht dahingehend ab, daß er verfügte, jeder Reichenauer dürfte für seines Hauses Bedarf zwei Stock erkauften Lungauer Salzes mautfrei heimbringen.
Erst gegen Ende des 18. Jahrhunderts flaute der Salzschmuggel ab, um während der Franzosenzeit von 1810 bis 1844 noch einmal im alten Umfang aufzublühen. Als Napoleon in seinem Siegesrausch alte Reiche zerschlug und willkürlich neue Reiche errichtete, zog er auch mitten durch die Reichenauer Gegend eine neue Grenze, die quer durch Kärnten zum Mittagskogel verlief. Der korsische Eroberer

„Krampuslaufen" am 5. und 6. Dezember im Nockgebiet (Aufnahme in Bad Kleinkirchheim)

verlangte nun, daß die Bewohner seines neuen Herrschaftsbereiches nur das billige Meersalz verwenden durften. Gegen das Meersalz aber zeigten die Kärntner schon seit jeher eine besondere Abneigung, sie „grausten" sich vor diesem Speisegewürz. Darum holten die Reichenauer wieder ihre alten Buckelkraxen von den Dachböden und schleppten neuerdings das ihnen genehme Steinsalz auf den bekannten Schmuggelwegen in ihre Täler. An der illyrischen Grenze standen zwar französische Wächter und hier und dort auch von diesen angeworbene Mitläufer aus unseren Dörfern. Die Reichenauer aber wußten ihnen auszuweichen, weil sie ihre Heimatberge besser kannten als die fremden Soldaten.

Die Nockalmstraße, Geschichte und Erzählungen

Mitten durch den Almfrieden des Nockgebietes führt die Nockalmstraße. Vor dem Bau der Nockalmstraße waren erst die Randbereiche des Kärntner Nockgebietes erschlossen. Bad Kleinkirchheim mit seiner Alpentherme in den südlichen Nockbergen ist ja schon seit langem bekannt. Von der romantischen Innerkrems hört man schon seit Jahrzehnten. Ebene Reichenau mit der Turrach und mit dem Falkert weiß man ebenfalls seit langem zu schätzen. Die Hochrindl und Flattnitz wurden zu beliebten Zielen für die Sommer- und Wintergäste.
Das zentrale Nockgebiet jedoch, wo die Berggipfel bis über die Zweitausendergrenze sich erheben und wo sich ideales Wander- und Schigebiet ausbreitet, war bisher wenigen bekannt, weil es nur auf langen, einsamen Wanderwegen erreicht werden konnte.

Um für viele Gäste Kärntens ein neues Sommererholungs- und Wintersportgebiet zu schaffen, wurde die Nockalmstraße gebaut.
Diese Alpenstraße nimmt in Kremsbrücke im Liesertal bei der dort vorbeiführenden Tauernautobahn ihren Ausgang. Sie steigt neben dem rauschenden Kremsbach mäßig gegen Osten an und erreicht nach 10 km das aufstrebende Innerkrems, wo man erstmals den Zauber der Nockberge zu spüren bekommt. Das Straßenstück bis Innerkrems ist zwar schon etwas älter, doch hier beginnt die eigentliche Nockalmstraße, die sich nach Süden wendet, durch das Almgebiet von Heiligenbach über die Baumgrenze ansteigt und auf der Steigerhöhe 2042 m über dem Meer ihren höchsten Punkt erreicht. Dann senkt sie sich zum urtümlichen Karlbad hinab und erreicht schließlich tief

Die „heilsamen" Steine vom Karlbad

Seite 103: Das Karlbad an der Nockalmstraße lädt zur Kur ein

unten im Leobengraben die Sacklhütte. Hier biegt die neue Straße in die Grundalm ein und steigt dann in weit ausladendem Bogen zur Schiestlscharte auf. Jenseits dieses Passes führt die Straße in das Almreich des Rosentales nieder, zieht sich durch das Rosental und durch den Winkelgraben nach Osten und mündet bei der Teufelsbrücke in die Turracher Bundesstraße ein. 34 km Länge weist die Nockalmstraße auf, sie verläuft in der Richtung von Nordwest bis Südost und verbindet das Liesingtal mit dem oberen Gurktal.

Die kaiserliche Maut Kremsbruggen

Das Dorf Kremsbrücke, das westliche Tor zur Nockalmstraße, spielte bereits in der Vergangenheit eine bedeutende Rolle, die ihm wegen seiner günstigen Lage an der wichtigen Handelsstraße des Mittelalters zugedacht wurde. Jedem Besucher dieses freundlichen Dorfes fällt hier der stattliche „Gasthof zur Post" auf, dem man es gleich ansieht, daß er einmal einem anderen Zweck gedient hat. Das Haus ist sehr alt, wurde mehrmals umgebaut und trägt an der Straßenfront ein großes kaiserliches Wappen, das in hellen Farben auf den Beschauer leuchtet.
Es handelt sich dabei um das Wappen Kaiser Ferdinands I., der in diesem Hause um die Mitte des 16. Jahrhunderts eine Mautstelle errichten ließ, welche den gesamten Handels- und Reiseverkehr auf der Katschberger Straße zu kontrollieren hatte. Das kaiserliche Wappen auf dem ehemaligen Mauthaus besteht aus fünf Feldern. Man erblickt darauf – vom Beschauer aus gesehen – links oben das Wappen Ungarns und darunter das rot-weiß-rote Wappen Österreichs, rechts oben den böhmischen Löwen und darunter das burgundische Wappen Kärntens, und auf dem Scheitel des kombinierten Wappen sitzt die habsburgische Krone.

Die Entdeckung der Innerkrems

Seit das Almgebiet der Innerkrems als reizvolles Wandergebiet für den Sommer und als interessantes Schigebiet für den Winter entdeckt wurde, hat der Name dieser Berglandschaft in Kärnten einen besonderen Klang. Die Innerkrems zählte aber auch schon in der Vergangenheit einmal zu den berühmtesten und begehrtesten Örtlichkeiten dieses Landes. Die erste Entdeckung verdankt die Innerkrems dem Eisen. Der Bergbau in der „Krems" ist sehr alt. Die Sehnsucht nach dem Erz hat den Menschen einstens durch das einsame, lange Kremstal in jenes verlassene Bergreich geführt, von dem aus durch etliche Jahrhunderte reiche Schätze den Weg in die weite Welt fanden.
Im Jahre 1594 machte ein verheerender Brand in Gmünd die Bürger des Städtchens so arm und hilflos, daß sie die Bergwerke in der Krems aufgeben mußten.
Die fremden Gewerken, die den Erzabbau mit größtem Erfolg fortsetzten, bauten im Jahre 1541 in Kremsbruggen den ersten Flußofen nicht nur Kärntens, sondern ganz Österreichs.

Der Jungbrunnen Karlbad

Von der Steigerhöhe windet sich die Nockalmstraße hinab ins „Karl", in ein kleines Seitental des Leobengrabens, das sich gegen den Königstuhl hinaufzieht. In dieser Einschicht befindet sich seit vielen Jahren ein heilkräftiger Jungbrunnen ganz eigener Art.
Der Badebetrieb im „Karl" ist eine sehr kuriose Angelegenheit. An ihm hat sich in den letzten hundert Jahren nichts geändert, und gerade diese ursprüngliche Art gibt dem Karlbad einen besonderen Reiz. In die Holztröge der Badekabinen fließt über ausgehackte Holzrinnen das klare Wasser der Karlquelle, die sich ober dem Haus befindet. In einer primitiven Hütte vor dem Hause werden auf einem brennenden Holzstoß schon zeitig am Morgen graubraune Kugelsteine zum Glühen gebracht, die aus dem angrenzenden Bachbett oder aus der nächsten Umgebung zum Karlbad herbei-

geschafft werden. Mit einem hölzernen „Mölterlan“, einem muldenförmigen Gefäß, trägt man die glutheißen Steine in jede Wanne und legt kleine Bretter darüber, damit der heilsame Dampf nicht entweichen kann. Nach etwa 15 Minuten holt man die Steine wieder aus den Trögen, in denen das Wasser nun fast 40 Grad Wärme hat.
Nun ist das Bad bereit, und die Kurgäste legen sich in die Holztröge. Diese werden mit den Brettchen derart zugedeckt, daß nur der Kopf aus dem Trog ragt. Die Steine und das Wasser der Karlquelle tun nun ihre Wunder.

Über die Schiestelscharte

Vom Königstuhl zieht sich die Kette der Nockberge gegen Süden. Wie ein mächtiger Gebirgswall scheiden Königstuhl, Stangnock, Gregerlenock, Koflernock, Schiestlnock, Klomnock und Falkert das ausgedehnte Almgebiet in einen östlichen und einen westlichen Teil. Für die Nockalmstraße wurde nach reifer Überlegung die Schiestelscharte zwischen dem 2206 m hohen Schiestelnock im Norden und dem auf 2331 m ansteigenden Komnock im Süden gewählt.
Um die Schiestelscharte zu erreichen, mußte die Bergstraße vom Karlbad durch die ziemlich enge Schlucht des Karlbaches abwärts geführt werden. Sie erreicht unter der Sacklhütte, wo der Stangbach die Bergwasser der Stangalm und Tangerner Alm herunterbringt, den Leobenbach. Auch durch den langen Leobengraben führt ein Forstaufschließungsweg tief in das Nockgebiet herein. Sein letztes Stück wurde zur Nockalmstraße ausgebaut, um diese über die Grundalm zur Schiestlscharte hinaufzuführen.
Von der Grundalm führt die Bergstraße in weitem Bogen höher, gewährt zwischen den schütteren Lärchen- und Zirbenbeständen nochmals einen Blick zurück zu den Straßenkehren zwischen Steigerhöhe und Karlbad und biegt in den Schiestlboden ein. In sanftem Aufstieg erreicht die Straße die Schiestelscharte, 2025 m über dem Meer, und verläuft dann in mehreren weit ausladenden Kehren hinunter durch das weite Almgebiet, welches sich vom Schiestlnock gegen das Rosental hinabzieht. Auf dieser herrlichen Alm, die als Windalm bezeichnet wird, sommern alljährlich viele Rinder. Wer die Schiestlscharte vom Westen her passiert hat, dem zeigt sich hier erstmals das weithin sich ausbreitende Bergreich des östlichen Nockgebietes. Über das Sinnesloch und das gewaltige Berghaupt des 2334 m hohen Rinsennock reicht der Blick hinaus zu Kaserhöhe, Brettspitze und zum Speikkofel.

Im Rosental

Von der Windeben biegt die Nockalmstraße in das Rosental ein, einem kleinen, unwahrscheinlich schönen Almtal in den Nockbergen. Im Zentrum des Tales steht die gastliche Prießhütte in 1710 m Meereshöhe. Von der Prießhütte führen die Wanderwege in alle Richtungen.
Wer sich nordwärts wendet, kommt in ebenfalls 3 Stunden über die Pregartscharte auf die Turracher Höhe, zwei Stunden geht man nach Ebene Reichenau, wenn man im dichten Wald des unteren Rosentales dem nach Osten ziehenden Winklbach folgt. Der schönste Wanderweg, der jedem Bergfreund unvergeßlich bleibt, führt von der Prießhütte hinauf in das obere Rosental. Hier erlebt man den prachtvollsten Zirbenbestand des Landes. Wahre Baumriesen, mittlere Stämme und junge Bäumchen streben hier überall zur Sonne, ihre buschigen, langen Nadelbüschel und das harzige Aroma, das die Bergluft würzt, erinnern an die Zedernwaldungen in südlichen Regionen.
In diesem Tal erlebt man im Sommer die Almrauschblüte wie in keiner anderen Gegend des Nockgebietes. Weil dieses Wunder der Natur allgemein unter dem Namen „Alpenrosen“ bekannt ist, erhielt diese begnadete Landschaft die poesievolle Bezeichnung „Rosental“.
Das Rosental besitzt einen grandiosen Gebirgsabschluß: im Süden das 2272 m hohe Koflernock, auf der anderen Seite das Gregerlnock, 2232 m, an der Ostflanke die Pregartscharte, anschließend das Simmerleck, 2075 m hoch, und alles überragend das 2334 m hohe Rinsennock. Über den Schneegrubensattel findet der Bergwanderer die kürzeste Verbindung vom oberen Gurktal zum Königstuhl.
An diesem gerne benützten Almweg steht die Prießhütte, die einzige noch bewirtschaftete Almhütte im ganzen Rosental. Hier kann man auch Einzelheiten über den Ablauf eines richtigen Almsommers, wie er früher verlief, erfahren:
Früher zogen die Sennerinnen um den Veitstag (15. Juni) mit den braungescheckten Kühen und etlichen Schweinen auf die Alm.
Jedem Besucher, der zur Sennerin in die Hütte trat, setzte sie gleich eine tüchtige Portion Butter, Käse und Milch vor und stellte den knusprigen Brotlaib daneben, damit sich jeder etwas abschneiden konnte.
Der Arbeitstag der Sennerin verlief zwar etwas eintönig, trotzdem sind ihr die Stunden rasch vergangen. Hatte sie Glück auf der Alm und hatten die Berge von ihren Schützlingen keine

Blick vom Klomnock auf die Nockalmstraße unweit der Schiestelscharte

Opfer gefordert, so flocht sie Ende September, wenn die ersten Schneeschauer das Rosental ungemütlich machten, aus Zirbenzweigen und den letzten Bergblumen einen Kranz, band auch noch buntes Glanzpapier dazwischen und brachte in der Mitte den Spruch an:
Frisch und gesund sind wir jetzt hier
und bitten den Bauern um ein Winterquartier!

Mit diesem schönen Kranz schmückte die Sennerin beim Abtrieb das Haupt der Glockenkuh.

Die Teufelsbrücke

Wo sich der Mayerlingbach, aus dem Bereich des Steinnock und der Mayerlingalm kommend, mit dem Winkelbach vereint, ist das Rosental der Kärntner Nockberge zu Ende.
Dort, wo sich die Nockalmstraße ganz dicht an einen Winkler Bauern herandrängt, bietet sich bald darunter ein Naturschauspiel ersten Ranges. Hier hat nämlich der Winkelbach eine tiefe Schlucht in das Felsgestein gemeißelt, welche von einer steinernen Brücke überspannt wird, über die die alte Turracher Bundesstraße führt.
Die früheren Generationen der Winkler Bauern konnten es einfach nicht glauben, daß am Eingang zu ihrer Bergheimat die ewig hämmernde Kraft des Baches dieses Naturwunder schaffen konnte. Darum erzählen sie den Neugierigen, die an der steinernen Brüstung lehnen, noch heute, daß diese Schlucht einmal der Teufel aufgerissen habe, weil ihm eine Menschenseele entkommen sei:
Der Neureiter Jakob war der leidenschaftlichste Wilderer dieser Gegend. Schon oft lauerte man auf ihn, doch nie konnte man ihn auf frischer Tat ertappen. Am liebsten pirschte Jakob am Sonntagvormittag durch das Gehege des nahen Tristatales, weil um diese Zeit die Menschen in der Pfarrkirche zu Ebene Reichenau ihre Christenpflicht erfüllten.
Wieder einmal lauerte Jakob droben im Lärchenwald auf das Wild, doch kein Reh kam vor seinen Lauf. Als er von Reichenau schon zum dritten Mal die Sonntagsglocken läuten hörte, schwang er seine Büchse auf die Schulter und

begann fürchterlich zu fluchen: „Das verdammte Geläute da unten, das vertreibt mir heute das ganze Wild! Dieses heilige Bimmelzeug reiß ich ihnen noch einmal vom Turm und werfe es in die Gurk! Heute bin ich wieder einmal ganz umsonst durchs Tristatal geschlichen! Der Teufel soll mich holen!“

Kaum hatte Jakob den Fluch gesprochen, raschelte es hinter ihm im Geäst, und der grüne Jäger stand mit lachender Fratze vor dem Gebüsch. Weil der linke Fuß einem Bocksbein glich, erkannte der Wilderer sogleich den Teufel. Jakob tat einen Aufschrei und rannte in die Tiefe nieder.

Dem Wilderer folgte mit unheimlicher Geschwindigkeit der Teufel und streckte seine Krallenhand nach dem Verfolgten aus. Jakob stürmte die Turracher Straße hinunter, und da ihn der Teufel nicht ergreifen konnte, riß dieser einen gewaltigen Stein aus dem Felsen und schleuderte ihn dem Wilderer nach. Der wich dem Stein durch einen Sprung zur Seite geschickt aus, rannte über die Winkelbachbrücke und warf sich todmatt vor den Bildstock des heiligen Johannes von Nepomuk, der neben der Brücke stand. Seine fiebernden Hände klammerten sich um die Stäbe des Eisengitters, und er stammelte einige Stoßgebete hervor. Der Teufel durfte nicht am geweihten Bildstock vorbei und mußte die Verfolgung aufgeben. Er sprang zornentbrannt über die Brücke in den Bach, riß mit einem donnernden Getöse den Felsen entzwei und verschwand in sein höllisches Reich.

So soll es sich vor vielen Jahren zugetragen haben, als die Winkler Bauern noch dem Kloster Millstatt zehenten mußten.

Die steinerne Teufelsbrücke ist inzwischen durch eine Eisenbrücke ersetzt worden.

Auf der Turracher Höhe

Das Gebiet zwischen Kornock und Schoberriegel hat der Schöpfer mit besonderem Gemüt beschenkt. Als er nämlich die Nockberge mit ihren runden Kuppen und weit ausladenden Hängen zu einem mächtigen Bergkranz geformt hat, ließ er – so man der Überlieferung glauben darf – drei Freudentränen auf das wohlgelungene Werk fallen. Und diese drei Tränen sind die drei lieblichen Seen auf der Turrach.

Der große Turracher See liegt im Zentrum der Almlandschaft. Etwas höher liegt der Schwarzsee, in dessen dunklem Wasser sich der höchste Vertreter der Nockberge, der 2441 m hohe Eisenhut, spiegelt. Östlich dieser beiden Wasser entdeckt man noch den idyllischen Grünsee, dem die umstehenden Lärchen und Zirben einen Abglanz ihrer grünen Pracht verleihen.

Uralt ist der Übergang über die Turrach. Die Straße wird urkundlich erstmals 1382 erwähnt. Ursprünglich führte dort ein bescheidener Almweg. Bergknappen waren die ersten Siedler in der früher sehr entlegenen Gegend. Bereits im Jahre 1256 erfährt man von einem Eisenerzlager im kleinen Turrach jenseits des Passes. Die Erzstätte wurde damals durch einen Lehensbrief an Ulrich von Liechtenstein übertragen. Doch erst seit 1658 wurde das Eisen wirklich abgebaut und auch dort verhüttet. Damals erhielt Turrach seinen Hochofen. Seit 1825 wurden hier die Bergschätze erst voll ausgenützt. In einem Nebengebäude des

Im Schwarzsee auf der Turracher Höhe spiegelt sich der Eisenhut

Turracher Hochofens, das über dem Torbogen die Jahreszahl 1863 zeigt, stand die erste Bessemerbirne auf dem europäischen Festland. Sie befindet sich gegenwärtig im Technischen Museum in Wien.

St. Lorenzen, das Kärntner Alpendorf

Knapp hinter Ebene Reichenau steht an der Straße noch ein Grenzstein der illyrischen Provinzen Napoleons als steinerner Zeuge einer bitteren Zeit. Wenn man hier die Augen nach oben erhebt, erblickt man erstmals die Pfarrkirche von St. Lorenzen, dem höchstgelegenen Pfarrdorf Kärntens. In 1473 m Meereshöhe thront dieses Pfarrdorf einer Feste gleich auf dem steilen Berg.
Steil und mager sind in St. Lorenzen die Felder, und nicht selten fällt der Schnee auf das reifende Getreide. Wer erstmals dieses Alpendorf mit seinen beiden gefälligen Gasthöfen besucht, wundert sich sehr, daß in dieser Höhenlage noch Bauern existieren können. Ein geistlicher Herr schrieb einmal: „St. Lorenzen ist nicht nur das höchstgelegene Pfarrdorf Kärntens und Österreichs, sondern bekanntlich ganz Europas."
Und trotzdem ist das Alpendorf des Nockgebietes die älteste Niederlassung an der oberen Gurk. Sie verdankt ihre Entstehung der sonnigen Lage und dem zähen Fleiß einiger Siedler.

Wallfahrt nach St. Anna

Wer von St. Lorenzen noch eine Viertelstunde höher steigt, erreicht am obersten Saum der duftenden Bergwiesen die schöne Wallfahrtskirche St. Anna. Seit vielen Jahren pilgern die Bewohner der umliegenden Täler auf ihren „Weiberberg", wie diese bezaubernde Örtlichkeit am letzten Waldstreifen vor dem Speikkofel früher auch genannt wurde. Im oberen Gurktal hat man nämlich mancher alten Jungfer den Rat erteilt:

„Geh' aufe betn zur St. Ann
die verhilft dir bestimmt an Mann!
Wann's a ka bsunderer nit is,
an rothaaratn schickt sie dir gwiß!"

Die Einheimischen wissen die Entstehung dieses Kirchleins in der Einschicht durch eine Legende zu deuten: Beim „Lorenzer Brunnen", einer Bergquelle oberhalb der Baumgrenze am Speikkofel, wo seit alters her ein großes Kreuz neben der Quelle steht, erschien einmal ein Bild der heiligen Mutter Anna. Der Marhofer, als höchstgelegener Bergbauer, trug das Bild in sein Haus hinab. Das Bild aber war am folgenden Morgen wieder beim „Lorenzer Brunnen". So oft es der Bauer auch holte, es blieb nicht in seinem Haus. Darum ließ er im Verein mit seinen Nachbarn das Anna-Kirchlein bauen, in welchem das seltsame Bild aufgestellt wurde. Das Wasser für das Mauerwerk mußte man auf Holzrinnen vom „Lorenzer Brunnen" herunterleiten. Nach Vollendung des Baues floß das Wasser noch lange Zeit in die beiden Tümpel unter der Kirche. Wer mit dem Wasser aus diesen „Moosaugen" seine Augen benetzte, konnte die Sehkraft bis in das hohe Alter behalten. Aus der ganzen Umgebung pilgerten nun die Sehschwachen hinauf nach St. Anna. Daß man hier in manchen Nöten Hilfe fand, beweisen die vielen Votivbilder.

Auf der Turracher Höhe, unweit des Schwarzsees zum Schoberriegel

Das Almenreich Hochrindl

Das Almenreich der Hochrindl zieht sich als 7 km lange Bergschwelle von der 1886 m hohen Kruckenspitze nordwärts, bis sie von der weit ausladenden Haidnerhöhe, 2009 m, begrenzt wird.
Diese im Durchschnitt 1600 m hohe „Rinne" in der wechselvollen Berglandschaft des östlichen Nockgebietes ähnelt einer riesigen Sonnenterrasse, in der sich in der weiten Runde bis über 2300 m aufstrebende Nockberge wie Speikkofel, Beretthöhe, Lattersteig und Kalteben gleichsam hingesetzt haben.
Zwischen der Hochrindl und den genannten Wander- und Aussichtsgipfeln zieht sich noch ein etwa auf 1700 m ansteigendes Almgebiet durch die weite Landschaft, das beinahe einem erstarrten Wellenschlag des Meeres gleicht. Diese Almen erhielten den bezeichnenden Namen „In den Kogeln". Hier stehen zahlreiche Sennhütten bis ganz zurück in den Schoß der Beretthöhe, wo einmal ein Bergsee ausgebrochen sein soll. Kleine, in sanften Mulden träumende Seelein sind der Beweis dafür. Sie alle entlassen kleine Bächlein, aus denen die junge Gurk entsteht.
Etwa 2 km unter der Hochrindl blickt ein hölzerner Tatermann auf die Autofahrer. Bis hierher kamen die türkischen Horden in den siebziger Jahren des 15. Jahrhunderts, als sie auch in Sirnitz plünderten und brandschatzten. Zur Erinnerung an jene bittere Zeit ließen die Sirnitzer Bauern hier einen Tatermann – einen hölzernen Türken – am Straßenrand aufstellen.
Die klimatisch günstige Höhenlage und die fast unberührte Landschaft geben der Hochrindl und ihrem dahinterliegenden Almreich den Vorzug einer begnadeten Zone der Ruhe und Erholung.

Millstatt

Mit den Orten Seeboden und Döbriach gehört Millstatt zu den Schwerpunkten des Fremdenverkehrs am Millstätter See. Traditionelle Badeorte mit alten, gemütlichen Strandhotels befinden sich hier.
Der See ist Ausgangspunkt vieler markierter Wanderwege kreuz und quer an den Hängen der Millstätter Alpe (2086 m), deren Gipfel für den Bergsteiger neben Tschiernock (2082 m) und z. B. Kamplnock (2101 m) sich als lohnendes Ziel empfehlen.

Bergtouren im Nockgebiet

Die Nord- und Ostseiten mancher Nockberge weisen nockenunähnliche steile bis schroffe Abstürze durch Karbildung auf; Blick vom Wintertaler Nock zum Eisenhut

Außerordentlich vielseitig ist die Auswahl an Berg- und Wanderzielen im Nockgebiet.
Dem Erholungsuchenden bieten sich viele gut markierte Wanderwege in unversehrter Wiesen- und Waldlandschaft mit beschaulicher Rastmöglichkeit an vielen prachtvollen kleinen und großen Seen im Almgelände.
Für den Naturliebhaber eröffnet sich im Nockgebiet der ganze Reichtum der Bergflora, die hier oftmals zwischen Kalk und Urgestein auf engstem Raum wechselt, und die Zirbenbestände bis nahe dem Gipfelbereich sind wohl einmalig.
Aber auch der zünftige Bergwanderer findet in den Nockbergen lohnende Ziele und ausgedehnte Wanderungen mit entsprechenden Höhenmetern. Viele gemütliche Berggasthöfe und -hütten laden zu Stärkung und Erholung ein.
In dem Kapitel „Bergtouren im Nockgebiet" werden vorwiegend anspruchsvolle Touren und besonders reizvolle Wanderungen vorgestellt. Auch auf die zahlreichen kurzen Ausflüge, etwa von der Nockalmstraße aus, soll der Vollständigkeit wegen immer wieder hingewiesen werden.

Östliches Nockgebiet mit Gurktaler Alpen

Der Eisenhut (2441 m) ist der höchste, Besteigung von der Turracher Seite

Hart an der Grenze zu Kärnten liegt zwischen der Turracher Höhe und der Flattnitz der steile Aussichtsgipfel Eisenhut mit seinem kaum weniger lohnenden Trabanten, dem doppelgipfeligen Wintertaler Nock (2394 m und 2404 m). Der ausdauernde Gipfelsammler besteigt daher meist beide Berge, nicht etwa um einen „Zweitausender" mehr in der Tasche zu haben, sondern einfach, weil die herrliche Gebirgslandschaft und eine eindrucksvolle,

höchst informative Rundsicht dazu einladen. Eisenhut und Wintertaler Nock erreicht man auf verschiedenen, landschaftlich gänzlich anders gearteten Anstiegen. Besonders gut ausgeprägt zeigt der Eisenhut den Charakter der Nockberge. Einer mehr oder minder sanft geneigten Bergwiesenseite gegen Westen folgen nördlicherseits schroffe Felsabstürze. Diese beeindrucken beim Eisenhut vom Dieslingsee aus besonders.
Der Gebirgsstock, den Eisenhut und Wintertaler Nock bilden, ist also ganz typisch für die Nockberge mit Wiesenflanken, Felsabstürzen, ausgedehnten Zirbenbeständen in der Kampfzone des Waldes und dunklen, kleinen Seen auf den Geländestufen.
Der Bergwanderer sollte sich daher in den Nocken gut ausrüsten, feste Schuhe, Wetterschutz sowie Getränk und Jause sollten nicht fehlen!

Tourenbeschreibung:
Auf gut ausgebauter Straße fährt man in Richtung Turrach (von der steirischen Seite kommend), ansonsten von Kärnten (Ort Ebene Reichenau) aus über die Turracher Höhe bis ca. 4 km vor bzw. nach dem Ort, je nachdem, aus welcher Richtung man kommt, bis zum Minigraben (jedenfalls nördlich des Ortes Turrach). Tafeln mit rot-weißer Markierung und der Weg Nr. 129 weisen zum Graben. Nun geht es, der Markierung folgend, auf der Forststraße bachaufwärts. Hochwald mit Schlägen und Almwiesen begleitet uns. Am Ende der Forststraße überqueren wir den Bach, auf gutem Steig gewinnen wir im Hochwald rasch an Höhe. Vorbei an der Perneralm in den typischen Fichten-Lärchen-Zirbenwald, begleitet vom Rauschen des Bergbaches, führt uns der Weg direkt zum einsam gelegenen, wunderschönen Dieslingsee (zwei Stunden vom Parkplatz). Liselotte Buchenauer schreibt im Buch „Sanfte Kuppen, schroffe Berge“ über den Dieslingsee: „Er gilt als einer der stimmungsvollsten Bergseen Österreichs und liegt in einem so wilden Bergkessel, daß man glauben könnte, in den nahen Tauern zu sein und nicht in den Nockbergen.
Der Wintertaler Nock bricht zum See mit stumpf gewinkelten Schieferwänden ab, daneben ein wüstes Hochkar, und vom Eisenhut her springen geradezu sinnverwirrende Zinken und Zacken herein. Man kann sich nicht vorstellen, daß es da irgendwo zum Eisenhut hinaufgehen soll. Ein besonders erstaunlicher Anblick ist die Turney-Wand, in der Mitte des Kars ein mächtiger, dunkler Felsklotz.“
Wir verweilen an diesem urtümlichen und

Abstieg vom Eisenhut zum Dieslingsee

doch so reizvollen Bergsee mit den mächtigen Kampfbäumen und umrunden ihn. Diese Umrundung des Sees lohnt sich wegen der vielen schönen Fotomotive allemal.
Schon mehrmals haben wir uns vom Dieslingsee und seiner gewaltigen Umgebung beeindrucken lassen, so etwa vom Gipfel des Eisenhutes herabsteigend im Zuge einer Rundwanderung von der Steringeralm bei Flattnitz aus über den Wintertaler Nock wieder zurück zum Ausgangspunkt. Eine Tour, die bei gutem Wetter jedermann, der gut bei Fuß ist, empfohlen werden kann und im folgenden Kapitel genauer beschrieben wird. Man kann auch von Flattnitz aus über die Bruggeralm, Michlebenalm zum Dieslingsee–Eisenhut–Wintertaler Nock, zurück zum Ausgangspunkt gehen. Auch diese ausgedehnte Wanderung wird nachfolgend ausführlich geschildert.
Vom See weg zieht sich ein breiter, bequemer Weg bis nahe zur Baumgrenze. Angesichts dieses unerwartet guten Weges fällt uns ein, daß hier großangelegte Jagden abgehalten wurden und wir uns auf dem ehemaligen Reitsteig befinden. Schönwetterwolken spielen um die benachbarten Gipfel, angenehmen Schatten spenden die letzten Lärchen und Zirben im sonnenüberfluteten Steilhang. Hoch über uns der Gipfel, steil ziehen die felsdurchsetzten Flanken hinauf. Längst ist der breite Weg einem steilen Bergpfad gewichen. Eindrucksvolle Szenerien der schroffen Hänge und das Pfeifen der Murmeltiere lassen innehalten. An den letzten Zirben vorbei gleitet der Blick in die Tiefe zum sattgrün schimmernden Dieslingsee. Viele bunte Bergblumen begleiten uns in das felsige Gelände; das nahe Gipfelkreuz leuchtet in der Sonne. Ein Blick nach Südosten zum klotzigen Wintertaler Nock bestätigt wieder einmal, er ist eine richtige „Wetterfabrik"! An seinen Hängen dräuen schon wieder Nebel und bilden häßliche Wolken. Schon oft haben wir dieses Wetterschauspiel beobachten können, Gewitter sich in seinen Flanken bilden gesehen und ihn daher „Wetterfabrik" getauft. Gut markiert ist der Weg bis zum Gipfel, den wir aufatmend, von frischer Bergluft gekühlt, erreichen (weitere zwei Stunden vom Dieslingsee haben wir herauf gebraucht).
Nur ein einfaches Holzkreuz, errichtet im Jahre 1977, schmückt den höchsten Gipfel der Nockberge, doch bei Schönwetter und guter Fernsicht zeichnet ihn eine gewaltige Gipfelschau aus. Im Süden beeindruckt die vielzakkige Kette der Steiner und Julischen Alpen, im Westen die schneebekränzten Hohen Tauern, im Norden die Radstädter und Niederen Tauern. Im näheren Rund gruppieren sich die vielen Nocke. Leider wird uns eine längere Gipfelrast durch die Nebelbänke vom Wintertaler Nock her vermiest, daher verzichten wir auf den Weiterweg und treten den Rückweg im Sinne des Aufstieges an. Nach etwa 3 Stunden Abstieg sind wir am Parkplatz angelangt. Gesamtgehzeit 7 Stunden.

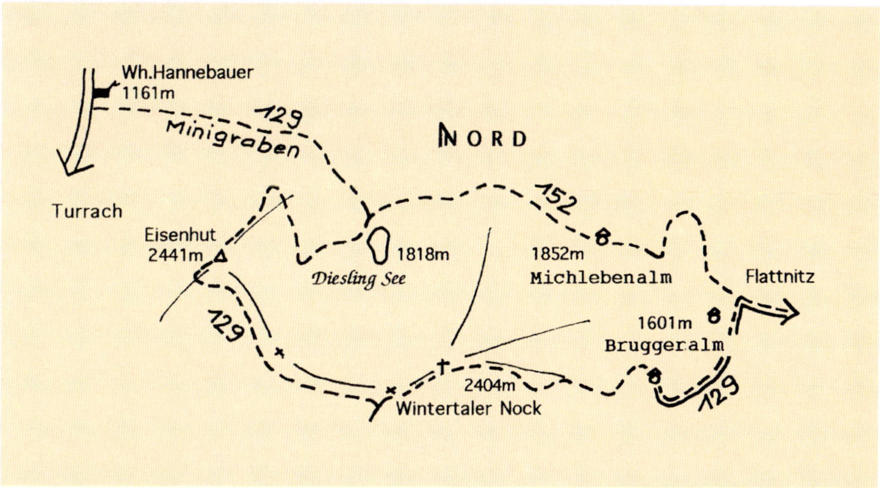

Tour auf einen Blick

Ausgangspunkt:
Ist beim Beginn des Minigrabens, 1161 m, 4 km vor dem Ort Turrach, von Predlitz kommend.
Auf dem Weg 129 in den Minigraben und in 2 Stunden zum Dieslingsee, 1818 m.
In weiteren 2 Stunden auf den Gipfel.
Abstieg wie Aufstieg.
Höhenunterschied 780 m.
Gehzeit insgesamt 7 bis 8 Stunden, unschwierig, Ausdauer erforderlich.

Rundtour Eisenhut (2441 m) – Wintertaler Nock (2404 m)

Tourenbeschreibung:
Von der Steringeralm geht man weg, gut markiert mit Nr. 129, und gewinnt durch lichten Lärchen-Zirben-Bestand und über zunächst sanftes Almgelände, später steil den Ostkamm aufwärts, rasch an Höhe. Nach etwa 2 Stunden ist man auf dem Wintertaler Nock-Hauptgipfel. Von da an beginnt eine großzügige Kammwanderung mit Tiefblicken in steiles Schrofengelände und zum Dieslingsee sowie großartiger Gipfelschau.

Alpen-Waldrebe (Clematis alp.)

Am teilweise zugefrorenen Dieslingsee gegen Wintertaler Nock

Tour auf einen Blick

Ausgangspunkt:
Von Flattnitz mit dem Pkw bis zur Bruggeralm, 1601 m.
Auf Weg Nr. 152 über die Michlebenalm, 1852 m, zum Diesling See, 1818 m.
Von hier weiter auf dem Weg Nr. 129 auf den Gipfel des Eisenhut, 2441 m.
Dieselbe Wegmarkierung führt zum Doppelgipfel des Wintertaler Nock (2404 m bzw. 2394 m) und über die Steringeralm zum Ausgangspunkt zurück.
Höhenunterschied über 800 m.
Gehzeit 8 bis 10 Stunden, unschwierig, Ausdauer erforderlich.
Die Tour ist auch in entgegengesetzter Richtung empfehlenswert.

Über den Nebengipfel abwärts gelangt man in eine Senke, die den etwas mühseligen Schuttanstieg zum Eisenhut einleitet. Der anschließende Abstieg in den Nordosthängen des Eisenhut zum Dieslingsee ist bei guten Verhältnissen ausgesprochen genußvoll. Nach wohlverdienter Rast am See beginnt ein weiterer Gegenanstieg durch einen Bergurwald und weiter zur Michlebenalm. Hat man den Pkw auf der Steringeralm geparkt, muß man unmarkiert und etwas beschwerlich zwischen den Abhängen des Wintertaler Nocks und dem Blumbühel zurückstapfen. Wegzeit ca. 8 Stunden.
Wählt man dagegen die entgegengesetzte Variante und geht von der Bruggeralm weg, gelangt man an mächtigen Zirben vorbei auf einer bequemen Forststraße zu den weiten sanften Almböden der Michlebenalm (Pferde füttern nicht ratsam!).

Vorbei an den Almhütten, mehreren Tümpeln unterm Wintertaler Nock Richtung Dieslingsee, steigt das Weglein gemächlich bis zu einem Sattel an. Beeindruckend ragt über dem mächtigen Bergwald der Gipfel des Eisenhut und die Schrofenszenerie zum Wintertaler Nock auf. Angenehm ist der Abstieg zum Dieslingsee, doch der anschließende Aufstieg zum Eisenhut „zieht“ sich. Der Weiterweg zum Wintertaler Nock wird durch die umfassende Gipfelschau etwas kurzweiliger. Ein vergnügtes Bergabwandern erwartet den schon etwas müden Bergsteiger vom Wintertaler Nock zum Parkplatz. Mindestens 8 Stunden sollte man für diese Rundtour einplanen, egal für welche Variante man sich entscheidet. Da wir beide gegangen sind und jedesmal gute Verhältnisse erlebten, meinen wir, daß letztere Variante vorzuziehen ist, aber letztlich ist das reine Geschmacksache!

Der fast tausendjährige historische Kern der Ortschaft Flattnitz mit dem Wintertaler Nock

Weitere Besteigungen des Wintertaler Nock und des Eisenhut

Tourenbeschreibung:
Ausgangspunkt ist diesmal die Turracher Höhe. Für ausdauernde Bergwanderer gilt diese Route als interessantes Unternehmen, weil doch rund 1160 m Höhenunterschied zu bewältigen sind. Der deutlich markierte Weg (Nr. 151) beginnt beim Schwarzsee und führt am Fuße des Schoberriegels und den Ausläufern der Kaserhöhe in einem Auf und Ab über die Gesgeralm, Engeleriegel (1976 m) in das Quellgebiet des Geißeckbaches. Es folgt der Anstieg zum Rapitzsattel, in dessen Verlauf die Wege von der Turrach über die Geißeckhütte (Nr. 128), bzw. vom Lattersteig (Nr. 156) dazustoßen. Der Weg Nr. 109 führt hinaus nach Flattnitz.

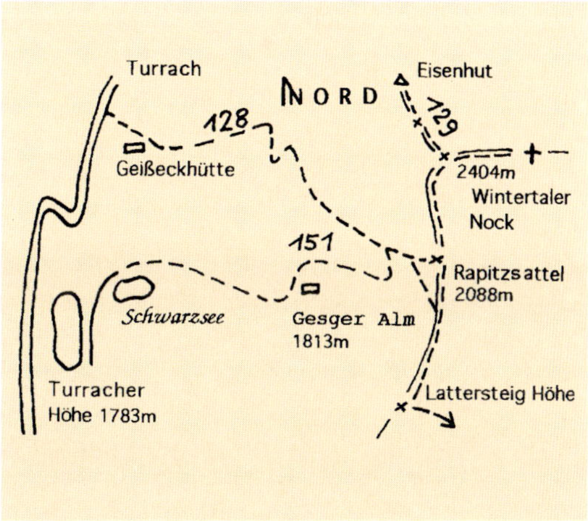

Touren auf einen Blick

Ausgangspunkt:
a) Ist die Turracher Höhe, 1783 m.
Von hier zum Schwarzsee und auf dem Weg Nr. 151 in den Rapitzsattel, 2088 m.
Etwa 3 Stunden bis hierher, und in 1 Stunde erreicht man den Wintertaler Nock.
In weiteren 1 1/2 Stunden auf Weg Nr. 129 auf den Eisenhut, 2441 m.
Höhenunterschied etwa 800 m.
Gehzeit 7 bis 8 Stunden, unschwierig, Ausdauer erforderlich.

b) Vom Ort Turrach auf Weg Nr. 128 in den Rapitzsattel. Weiter siehe unter a).

Blick vom Aufstieg zum Wintertaler Nock gegen Norden zum Kasereck und Hochgolling, aufgenommen oberhalb der Steringeralm

Wegdauer bis zum Rapitzsattel (2088 m) etwa 3 Stunden. Nach einer $^3/_4$ Stunde erreicht man den Gipfel und will natürlich weiter zum gipfelkreuzgeschmückten Hauptgipfel. Nach kurzer lustiger Gratwanderung mit den schon mehrmals erwähnten Tief- und Ausblicken und einem kurzen Gegenanstieg kann man sich zufrieden an das massive Gipfelkreuz lehnen. Wer noch höher hinaus will, wandert vom Westgipfel bis zum Eisenhut weiter. Wegmarkierung Nr. 129, Wegdauer etwa weitere $1^1/_2$ Stunden. In jedem Fall handelt es sich um Tagestouren mit 7–8 Stunden Zeitaufwand, daher sind sie nur bei guten Verhältnissen und mit guter Bergausrüstung durchzuführen. Wetterentwicklung beobachten.

Rundwanderung St. Lorenzen – Beretthöhe – Zgartenalm – St. Lorenzen

Tourenbeschreibung:
Von Ebene Reichenau fahren wir auf dem schmalen Sträßchen vorbei am „Franzosenstein" mit den Aufschriften 1814 Austria bzw. 1814 Franconia hinauf nach St. Lorenzen in 1477 m Höhe. Unsere Wanderung wird uns in ein Herzstück des Nockgebietes führen. Bei der Kirche parken wir das Auto. Bevor wir dem Weg Nr. 155 folgen, zweigen wir noch zur etwas außerhalb der Route gelegenen Wallfahrtskirche St. Anna ab. Nach $^1/_4$ Stunde stehen wir vor dem schmucken Wallfahrtskirchlein. Ein Plakat mit dem Hinweis „das nächste Preisringen findet in Sirnitz statt" erinnert uns

daran, daß hier auf dem Wiesenplatz vor der Kirche viele hitzige Ringgefechte ausgetragen wurden. (Siehe Kapitel Ringen in den Nockbergen!)
Nach kurzem Verweilen suchen wir unseren markierten Weg Nr. 155 und dringen dabei in einen zauberhaften Bergwald ein. In lichtem Stand begleiten uns mächtige knorrige Lärchen, aber auch Fichten mit Flechtenbärten. Vor Jahren waren wir bald nach der Schneeschmelze in diesem Märchenwald. Damals schien der Boden ein einziger Enzianteppich, und dunkelrot blühten die Lärchen. Diesmal sind wir später im Jahr dran, nur einzelne blaue Blüten leuchten im satten Grün, das dem zahlreichen Weidevieh ausreichend Futter bietet.
Nach etwa $^1/_2$ Stunde bleibt der schöne Bergwald zurück, am Wegrand stehen nur noch einzelne, mächtig ausgebleichte Baumruinen mit weit verästeltem Wurzelgeflecht.
Der Himmel ist strahlend blau, die letzten Almhütten bleiben zurück, und wie auf einem Blumenteppich wandernd, erreichen wir den Kleinen Speikkofel. Hier sollte es noch den Speik geben, erinnern wir uns.
Beim Anstieg zum Großen Speikkofel riecht es auch bald verdächtig nach Speik, und schon entdecken wir die blaßgelben, aber unscheinbaren Blüten. Der intensive Speikgeruch verläßt uns erst wieder vor der Beretthöhe. Auf dem Weg dahin stoßen wir auf Hinweistafeln, die uns aufmerksam machen, daß wir uns im Naturschutzgebiet Gurkursprung befinden.
Wir lesen: „Dieses Gebiet wurde wegen seiner weitgehenden Ursprünglichkeit, seiner seltenen Pflanzen und Tiere, seiner einmaligen Bodenbildungen und anderen Naturschöpfungen von der Kärntner Landesregierung zum Naturschutzgebiet erklärt. Die Errichtung von Bauwerken, Drahtleitungen, das Ausbringen von Tafeln, die Durchführung von Grabe- und Sprengarbeiten, das Lagern und Zelten, das

Teilansicht von St. Lorenzen, dem mit 1473 m höchstgelegenen Pfarrdorf Kärntens

Touren auf einen Blick

Ausgangspunkt:
a) Ist St. Lorenzen, 1477 m (erreichbar über Ebene Reichenau).
Auf dem Weg Nr. 155 über den Kleinen Speikkofel zum Großen Speikkofel, 2270 m, und über den Torer zum Gipfel.
Abstieg über die Zgartenalm, Weg Nr. 154, nach St. Lorenzen.
Höhenunterschied über 800 m.
Gehzeit 5 bis 6 Stunden, unschwierig.

b) Ist die Turracher Höhe, 1783 m. Auf dem Weg Nr. 153 über Schoberriegel, 2208 m, Gruft, 2232 m, Kaserhöhe, 2318 m, Hoazhöhe, 2319 m, zum Tagesziel.
Höhenunterschied etwa 1000 m.
Gehzeit insgesamt $6^1/_2$ bis 7 Stunden, unschwierig.

c) Ist Hochrindl (Zufahrt von Ebene Reichenau oder Sirnitz).
Von hier mit dem Pkw bis zum Parkplatz unweit des Weißen Kreuzes, 1800 m.
Auf dem Weg Nr. 156 über die Lattersteighöhe, 2264 m, zum Gipfel der Beretthöhe.
Höhenunterschied etwas über 400 m.
Gehzeit 4 bis 6 Stunden, unschwierig.

Befahren des Gebietes außerhalb erlaubter Fahrwege mit Motorfahrzeugen aller Art, die Erregung von störendem Lärm, das Sammeln von Pflanzen und Tieren, das Verunreinigen des Geländes u. ä. würde der Schutzmaßnahme widersprechen und ist daher nicht gestattet. Bitte helfen auch Sie mit, die Natur vor schädigenden Eingriffen zu schützen!"
Vom Großen Speikkofel blicken wir in ein weites Gipfelpanorama. Uns interessiert aber zunächst die nähere Umgebung: das Nockgebiet! Vor uns liegt nach einer weiten Senke die Beretthöhe, sehr flach, beinahe unscheinbar von hier aus wirkend. Nordostwärts davon, über der Lattersteighöhe, baut sich das beachtliche Massiv des Eisenhutes und des mehrgipfeligen Wintertaler Nock auf. Und siehe da, der Wintertaler Nock, die „Wetterfabrik" der Nockberge, braut schon wieder die ersten weißen Wolken. Noch freuen wir uns über diese „Wolken vom Dienst", für die Fotografen.

Weidevieh begleitet uns noch auf weiten Almböden in dieser Höhe über 2200 m bis knapp vor den Anstieg zum Gipfel. Sehr steil bricht rechter Hand der Berg in einen weiten baumfreien Kessel ab, aus dem smaragdgrün der Torer- und Gurksee, das Quellgebiet der Gurk, heraufgrüßen. Über hellrote Seifenkrautpolster erreichen wir das Gipfelkreuz der Beretthöhe. Nach Rast und Gipfelschau steigen wir steil abwärts zur Zgartenscharte und von dort zum Zgartensee. Hier bleiben wir noch eine geraume Weile in der Sonne sitzen, fotografieren die letzten Enzian- und Almrauschblüten. Kein Gewitter jagt uns aus dem Bergparadies! Nach ausgiebiger Rast folgen wir dem netten Weg hinab zur Zgartenalm. Dort stoppt eine größere Anzahl prächtiger gelber Enzianblüten unseren Lauf. An Almen und ausgedehnten Wäldern vorbei, erreichen wir auf dem Weg Nr. 154 St. Lorenzen. Mit den Rastpausen waren wir über 7 Stunden unterwegs.

Zur Beretthöhe (2320 m) von der Turracher Höhe

Tourenbeschreibung:
Schon der Anstieg auf den Schoberriegel vermittelt schöne Tiefblicke auf die Seenlandschaft der Turracher Höhe sowie Ausblicke weit über die Nockberge hinaus. Wieder erfreuen wir uns an den knorrigen Zirben, die bis unter die Felsen hinaufreichen.
Ungewöhnlich viele Wanderer, jung und alt, sind an diesem taufrischen Sonntagmorgen mit uns zum Gipfel des Schoberriegels unterwegs, und nur wenige sind wandermäßig ausgerüstet. Das Rätsel löst sich, als wir uns dem Gipfelkreuz nähern. Hier scharen sich bereits viele Menschen um das Holzkreuz, dessen schmiedeeisener Bogen mit leuchtend roten Almrauschsträußchen geschmückt ist, um eine Bergmesse zu feiern.
Die Worte „Glaube, Hoffnung, Liebe" lesen wir auf dem Kreuz. Nach kurzem, andächtigem Verweilen setzen wir den Weg fort. Eine großartige Kammwanderung folgt. Ausgedehntes Alm- und Waldgebiet erstreckt sich zu unseren Füßen, darüber bauen sich unzählige Gipfel rundum auf. Wir erreichen bald den nächsten Gipfel, der den eigenartigen Namen Gruft trägt. Von hier zweigt ein Pfad zum Schönebennock (2002 m) und weiter nach Saureggen ab (Weg Nr. 150).
Wir müssen nun steil zum Weitentalsattel absteigen, um gleich darauf den breiten Rücken zur Kaserhöhe hinaufzuwandern. Der nächste Gipfel, die Hoazhöhe, liegt bereits vor uns, und da unser Ziel, die Beretthöhe, nur mehr durch einen kurzen Einschnitt von uns getrennt ist, rasten wir hier kurz. Eindrucksvoll stürzen die felsigen Nordhänge der Beretthöhe in die Tiefe, während sich nach Süden die sanften Almgipfel des Torers und Speikkofel und die „Nocke" erstrecken.
Nach kurzem Steilanstieg haben wir das Gipfelkreuz der Beretthöhe erreicht. Die Sonne versteckt sich hinter dunklen Wolken, kühl ist es auch geworden, und der Wetterwind treibt uns weiter. Über Felsgeröll, vorbei an Felstürmen, folgen wir dem gut markierten Pfad zur Lattersteighöhe und hinunter zum Lattersteig. Unterhalb des Rapitzsattels folgen wir dem

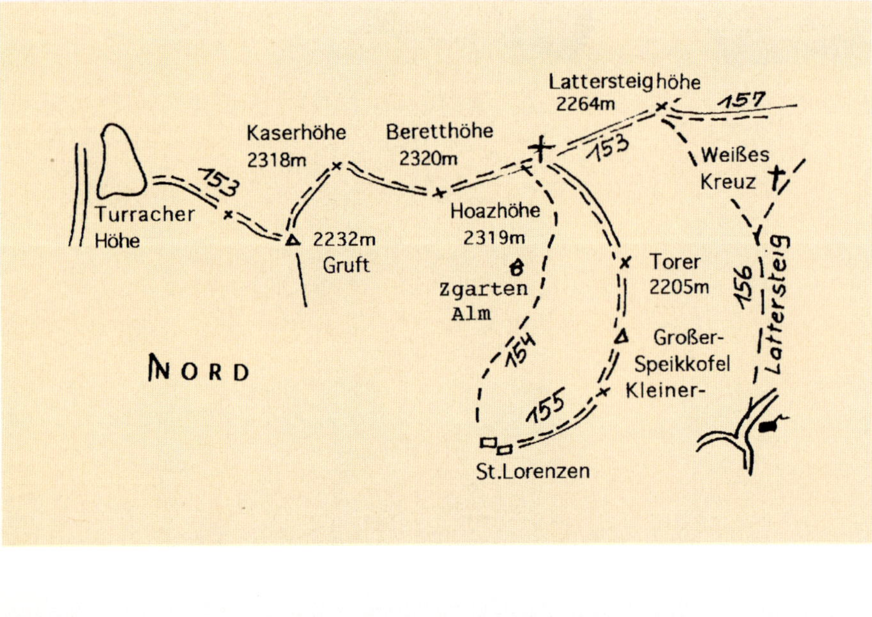

Weg Nr. 151, der uns über die Almlandschaft – parallel verlaufend zur zurückgelegten Kammwanderung – auf die Turracher Höhe bringt.
Bevor wir uns in den folgenden Kapiteln anderen Nockbergen zuwenden, soll noch der Text eines Volksliedes aus der Sirnitzer Gegend, wie es im Buch „Sanfte Kuppen, schroffe Berge" von Liselotte Buchenauer aufgezeichnet ist, eingefügt werden. Die Ortschaft Sirnitz liegt südöstlich des eben beschriebenen Nockgebirges.

„Auf da Flattnitzer Alman hon i Seufzalan gsat,
seind ma alle aufgangen, wons nur reifen nit tat.
Auf da Flattnitzer Alman bin i niedergsessn,
und mei schwarzaugats Dirndle kon i nit vagessn.
Auf da Flattnitzer Alman hon i Seufzalan gstrat,
und das Dirndle hot gwant, wie ses Wiesle hom gmaht."

Gehzeit 6–8 Stunden.

Lattersteig- und Beretthöhe, aufgenommen oberhalb des „Weißen Kreuzes"

Das „Weiße Kreuz" ober Hochrindl, Ausgangspunkt schöner Alm- und Bergwanderungen

Von Hochrindl zur Beretthöhe (2320 m)

Blick vom Rinsennock zum Turracher- und Schwarzsee sowie zum Eisenhut und Wintertaler Nock

Eine weitere Variante, auf den Gipfel der Beretthöhe zu gelangen, bietet sich von Hochrindl aus an. Auf einer schönen Panoramastraße in 1700 m bis 1800 m Höhe gelangt man bequem mit dem Pkw von Hochrindl aus bis knapp zum Weißen Kreuz in etwa 1800 m Höhe. Von hier auf breitem Weg (Nr. 156) über den Lattersteig, vorbei an einer Notunterstandshütte auf felsigem Terrain zur Lattersteighöhe (2264 m) und dem Weg Nr. 153 folgend, auf die Beretthöhe. Gehzeit 4–6 Stunden.

Der Weiterweg von der Beretthöhe führt uns wieder zum Ausgangspunkt.

Nationalpark Nockberge

Der Rinsennock (2334 m), ein großer Nockberg

Auf dem Kornock oberhalb der Turracher Höhe mit Blick nordwärts zum Kilnprein

Einer der schönsten Aussichtspunkte in der Umgebung der Turracher Höhe ist der Rinsennock, ein breiter, felsdurchsetzter Rücken südwestlich des Turracher Passes. Der Gipfel gewährt bei sichtigem Wetter ein umfassendes Panorama. Nicht zu vergessen sind die Tiefblicke zur Turracher Höhe mit dem Turracher- und Schwarzsee! Der Anstiegsweg von der Turracher Höhe aus hat die Markierung 149. Er verläuft über die Turracher Alpe und das Kornock (2193 m). Wer den Sessellift benützt, kann von der Bergstation (1965 m) aus direkt aufsteigen. Die Gehzeit verkürzt sich dabei um etwa $^1/_2$ Stunde.

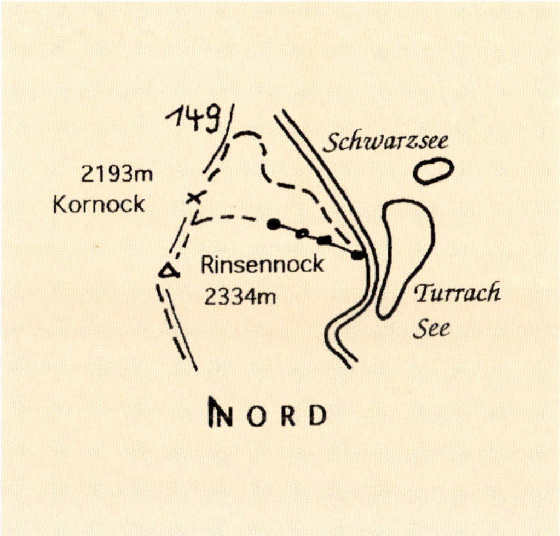

Tour auf einen Blick

Ausgangspunkt:
Ist die Turracher Höhe, 1783 m, oder die Bergstation des Sesselliftes, 1965 m.
Über Kornock, 2193 m, Weg Nr. 149 auf den Gipfel des Rinsennock, 2334 m.
In etwa 2 Stunden bzw. $^1/_2$ Stunde kürzer mit dem Lift.
Höhenunterschied etwa 550 m.
Gehdauer insgeamt 3 bis 4 Stunden, unschwierig.

Das Gipfelkreuz der Beretthöhe, im Hintergrund der Eisenhut

Tourenbeschreibung:
Wir gehen nicht den markierten Weg Nr. 149, sondern von der Sesselliftstation, wo auch die Sommerrodelbahn endet, weg und folgen dem Weg zunächst in südlicher Richtung hangaufwärts. Weiter geht es westlich in einen weiten Kessel mit verfallenen Almhütten. Heute, an einem Spätsommertag, beeindrucken besonders die vielen blaßroten fransigen und wohlduftenden Blüten der Federnelke. Über Almböden schlängelt sich der Weg zunächst eher gemächlich bergauf, um bald darauf sehr steil südöstlich hangaufwärts zu führen. Die Sonne brennt beträchtlich in den Kessel, und wir sind froh, den luftigen Grat vom Kornock zum Rinsennock erklommen zu haben. Der Gratweg zum Gipfel vermittelt bereits umfangreiche Ausblicke, aber dabei sollte man nicht die Blumenschönheiten längs des Weges auf den Abhängen in nordwestlicher Richtung übersehen. Die Enzianart Stahlblauer Tarant wechselt mit zarten Grasnelkenblüten.
Der letzte Anstieg zum Gipfelkreuz ist felsig, aber völlig unschwierig. Die vielen „Gipfelstürmer“ vom Sessellift drängen uns ein wenig abseits. In aller Ruhe rasten wir südlich vom Gipfelkreuz und genießen den Tiefblick auf die Turracher Höhe mit den Seen, den Hotels und der steilen Straße von Ebene Reichenau herauf sowie den beherrschenden Gipfelstock Eisenhut und Wintertaler Nock.
Nach ausgiebiger Rundschau steigen wir weglos und steil in das Gebiet der Korhütte und zum Ausgangspunkt ab. Gehzeit 3$^{1}/_{2}$ Stunden. Dieser Abstieg ist nur bei guter Sicht und trockenen Verhältnissen ratsam.

Der Klomnock (2331 m), ein empfehlenswerter Gipfel für Ausflügler, aber auch für Bergwanderer

Tourenvarianten in Kürze:
- Der Autotourist wird sich den Klomnock von der Schiestlscharte (2015 m) aus nicht entgehen lassen, kann man doch in etwas mehr als 1 Stunde über kurzweiligem Rasen-Felsen-Gelände einen zünftigen Aussichtsgipfel ersteigen. Unschwierig, Dauer insgesamt 3 Stunden.
- Der Bergwanderer kann dagegen den Gipfel des Klomnock im Zuge einer ausgedehnten Nockbergewanderung besteigen: von St. Oswald bei Kleinkirchheim aus mit dem Sessellift zur Brunnachhöhe über den Mallnock (2226 m) in 1$^{1}/_{2}$ Stunden zum Klomnock; oder ohne Benützung der Aufstiegshilfe dieselbe

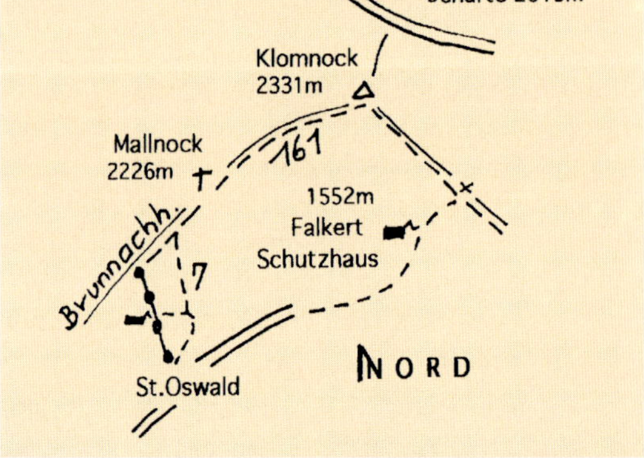

Touren auf einen Blick

Ausgangspunkt:
a) Ist die Nockalmstraße, Schiestelscharte, 2015 m.
In etwas mehr als 1 Stunde auf markiertem Weg zum Gipfel des Klomnock, 2331 m.
Höhenunterschied knapp über 300 m.
Gehzeit insgesamt 2$^{1}/_{2}$ bis 3 Stunden, unschwierig.
b) St. Oswald bei Kleinkirchheim, Sessellift Talstation Brunnachhöhe, 1356 m.
Von hier zu Fuß Weg Nr. 7 oder mit dem Lift zur Bergstation, 1902 m.
Weiter Weg Nr. 161 zum Mallnock, 2226 m.
Von hier möglicher Abstieg auf Weg Nr. 8 zum Falkert-Schutzhaus, 1552 m, oder weiter zum Klomnock, 2231 m.
Zum Ausgangspunkt zurück auf dem Weg Nr. 123 über das Falkert Schutzhaus nach St. Oswald.
Weitere Aufstiegsvarianten sind möglich.
Höhenunterschied rund 1000 m bzw. 430 m von der Bergstation Brunnachhöhe.
Gehzeit 2$^{1}/_{2}$ bis 3 Stunden, ohne Sessellift um 1 Stunde länger, unschwierig.

Route wählend, dann 1 Stunde länger; oder von St. Oswald zum Falkerthaus und über das Schönfeld zum Mallnock und Klomnock. Aufstiegsdauer $2^1/_2$–3 Stunden.

● Der Weiter- bzw. Rückweg kann zur Schiestlscharte oder über den Falkert mit Abstieg zum Falkertsee bzw. zurück zum Ausgangspunkt über das Falkerthaus gewählt werden. Alle Steige und Wege sind bestens markiert und bieten sehr schöne Nockerlebnisse. Der „Suchende" wird aber noch ausgedehntere Wanderungen in diesem Gebiet finden, so etwa den Weiterweg über Rodresnock, Moschelitzen (2310 m) nach Bad Kleinkirchheim.

Von der Schiestelscharte (Nockalmstraße) auf den Klomnock

Schiestelnock (2206 m)

Tourenbeschreibung:
Von der Schiestelscharte (2015 m), dem zweithöchsten anfahrbaren Punkt auf der Nockalmstraße, leitet ein Steig auf den südlich aufragenden, felsigen Schiestlnock mit Blick auf fast alle bekannten Erhebungen im Nockgebiet. Trittsicherheit und Schwindelfreiheit sind erforderlich. Gehzeit $1^1/_2$–2 Stunden.

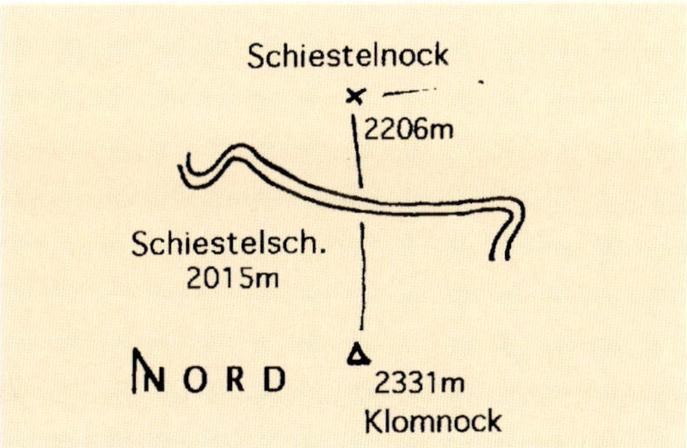

Tour auf einen Blick

Ausgangspunkt:
Ist die Nockalmstraße, Schiestelscharte, 2015 m.
Auf Steigspuren in knapp 1 Stunde auf den Schiestelnock, 2206 m.
Trittsicherheit erforderlich.
Höhenunterschied unbedeutend.

Motiv vom Aufstieg Schiestelscharte zum Schiestelnock

Simmerleck (2079 m)

Tourenbeschreibung:
Einer der letzten, von uns noch unerstiegene „Nocke“ war das Simmerleck, es ist einfach „übriggeblieben“. An einem schönen Augusttag fahren wir die Nockalmstraße, von Ebene Reichenau kommend, bis zum Winklbach hinauf, wo das wegen seiner unvergleichlichen Almrauschblüte so genannte Rosental beginnt. Hoch darüber sieht man die scharfe Schneide des Simmerleck. Wenige Meter von der Nockalmstraße, die hier eine enge Kehre macht, entfernt, steht am Rande einer breiten Forststraße eine Hinweistafel, die uns den weiteren Weg zeigen soll. In nordöstlicher Richtung wird „Pregartscharte und Turracher Höhe“ angezeigt, in die entgegengesetzte Richtung „Rosental-Falkert sowie Ebene Reichenau – Nockalmstraße“. Da wir von der Pregartscharte aus auf das Simmerleck wollen, folgen wir der angegebenen Richtung.
Wegmarken entlang der breiten Forststraße geben uns zunächst die Gewißheit, den richtigen Weg eingeschlagen zu haben. Doch bald kommen uns Zweifel, weil die Straße immer weiter weg vom gelegentlich sichtbaren Simmerleckgipfel führt. Wie sich später herausstellt, kommt sie höher oben nach einer weiten Schleife wieder zurück und zieht sich in den Einschnitt zwischen Rinsennock und Simmerleck. Da uns der „Straßenhatscher“ ohnedies fad wird, folgen wir einer alten Wegspur in den dichten Bergwald Richtung Gipfel. Jetzt, wo wir mühevoll den Weiterweg suchen, bemerken wir den schönen Wald erst so richtig. Mächtige Fichten, dazwischen vielästige Lärchen und später Zirben, ein Waldzauber, gemixt aus harzgewürzter Bergsommerluft und Insektengesumme, umgibt uns.
Wir queren auf Steigspuren in den Westhang des Simmerleck und gelangen in blumengeschmücktes Almgelände. Wir treffen auf den markierten Weg Nr. 176, der von der Pregartscharte auf der Westseite des Simmerleck zum Rinsennock führt und folgen diesem bis zum steilen Südgrat, der sich vom Gipfel bis in den Waldbereich herunterzieht. Weglos geht es jetzt über teilweise sehr steile Rasenhänge aufwärts. Doch der Steilaufstieg macht wenig Mühe, zu schön ist die Blütenpracht ringsum. In die Bergasterflächen mischen sich Kohlröserlgruppen, Wilder Lauch, Goldgelber Pippau, Bartnelken, Stahlblauer Tarant und in den Felswinkeln halb versteckt zahlreiche Türkenbundlilien und Steinbrecharten. Die Sonnenstrahlen bringen all die Blütenpracht zum Leuchten, und ein feiner Sommerwind streicht liebkosend darüber. Es tut uns jetzt nicht mehr leid, daß uns der Wegweiser unten beim Winklbach am Anfang des Rosentales irregeführt hat, wir hätten diesen wunderschönen Blumenhang auf der Südseite des Simmerleck sonst nie begangen.
Zum Simmerleck geht man aber besser von der Jausenstation Prießhütte auf markiertem Weg Nr. 109 in die Pregartscharte und von dort weglos über einen steilen Grasrücken zum Gipfel.
Über einige Felsschroffen und -stufen und viele Seifenkrautpolster erreichen wir den Gipfel des Simmerleck. Ein einfaches Knüppelholzkreuz, errichtet auf einem Steinsockel, schmückt diesen herrlichen Aussichtsgipfel.
Zu unseren Füßen schlängelt sich die Nockalmstraße zur Schiestlscharte und Eisentalhöhe hinauf, und überall verstreut auf den weiten Almen lagert das Weidevieh. Lange rasten wir

und genießen den Bergsommertag. Als Abstieg wählen wir den steilen rasigen Westhang, der bald überwunden ist. Eine kurze Wegstrecke folgen wir dem ansprechenden markierten Pfad bis zu den ersten Baumgruppen oberhalb des rauschenden Winkelbaches. Der markierte Weg überquert den Bach und verläuft am Osthang des Koflernock hinaus zur Jausenstation Prießhütte. Wir aber begleiten den Winklbach bei seinem Lauf über Geländeund Felsstufen in den Wald hinunter. Zeitweise ist der alte Weg noch gut erhalten und eine verwitterte Markierung deutlich erkennbar, dann aber ist vom Weg nichts mehr vorhanden, und doch erreichen wir ohne Schwierigkeiten den Ausgangspunkt. Ganz offensichtlich hat man diesen früheren Anstieg zum Simmerleck absichtlich verkommen lassen und dafür den längeren Weg von der Prießhütte gewählt und markiert. Gehzeit 5–6 Stunden.

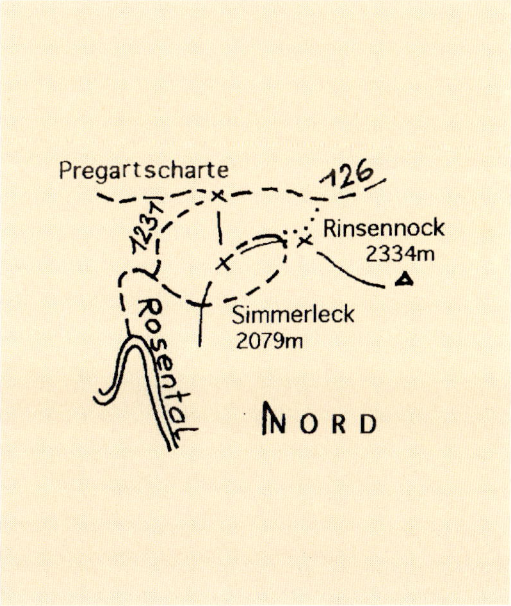

Blick vom Simmerleck gegen Westen zum Rosennock

Tour auf einen Blick

Ausgangspunkt:
Ist die Nockalmsstraße, Rosentalalm, ca. 1700 m.
Weg Nr. 1231 bis zum Einschnitt Rinsennock und Simmerleck folgen, ab da unmarkiert auf den Gipfel, 2079 m. Rückweg in die Pregartscharte und auf Weg Nr. 109 bis zur Jausenstation Prießhütte an der Nockalmstraße.
Höhenunterschied 300 m.
Gehzeit 5 bis 6 Stunden, unschwierig.

Wanderungen im Gebiet um den Falkert (2308 m)

Vom Falkertsee aus bieten sich viele Wanderungen und Gipfelanstiege an

Falkertseehütte (1872 m)

Für Bergwanderungen im Gebiet des Falkertsees vermittelt das 8 km lange, asphaltierte Bergsträßchen mit den beiden Ausgangsorten Wiedweg und Vorwald, westlich bzw. nördlich von Patergassen, eine günstige Basis. Bei einer Durchschnittssteigung von 8% und Maxima von 12% überwindet man von den Talorten einen Höhenunterschied von ca. 850 m.
Aus dem oberen Gurktal fährt man durch einige Serpentinen an der Ostflanke des Schwarzkofels und wendet sich nach Erreichen der von Seebach gebildeten Talstufe in nordwestlicher Richtung. Durch einen schönen Nadelwald gelangt man über die Baumgrenze hinaus in die Almregion und zur Falkertseehütte. Der Falkertsee liegt in eine hufeisenförmig angeordnete Bergformation eingebettet, die vom langgestreckten Fadenberg, von der Falkertspitze und der Moschelitzen gebildet wird.

Falkertspitze (2308 m) und Moschelitzen (2310 m)

Die Falkertseehütte ist günstiger Ausgangspunkt für eine Besteigung der Falkertspitze und der Moschelitzen (Rödresnock). Für den Anstieg stehen drei markierte Wege zur Wahl: Durch die südöstliche Flanke des Falkertkopfes (2197 m) leitet die Markierung 13 in die Hundsfeldscharte (2165 m), während der AV-Steig 159 direkt zum Gipfel der Falkertspitze führt.
Eine weitere Markierung, 1591, verläuft weiter südlich zur Falkertscharte (2190 m). Hochpunkte und Einsattelungen sind durch einen Gratweg verbunden, der interessante Möglichkeiten eröffnet. Gehzeit 2½–3 Stunden für beide Gipfel.

Höhenwanderung Klomnock – Falkertspitze (2308 m)

Ausgangspunkt ist die Brunnachhöhe. Die Klomnock-Höhenwanderung läßt sich bei entsprechend gesteigertem Zeitaufwand leicht bis zur Falkertspitze, eventuell sogar bis zur Moschelitzen (2310 m) ausdehnen. Aufstieg zum Klomnock, dann gegen Südosten hinab in die „Flache Scharte" (2100 m), 2 Stunden. Nun weiter auf dem gut bezeichneten Höhenweg, Markierung 1 (AV-Markierung 161), der Graterhebungen wie den Steinnock (2197 m) und den Falkertkopf (2197 m) umgeht und fast eben in die Hundsfeldscharte (2165 m) leitet, 2¾ Stunden; über den breiten Nordgrat auf die Falkertspitze.
Abstieg gegen Westen (Markierung 12, AV-

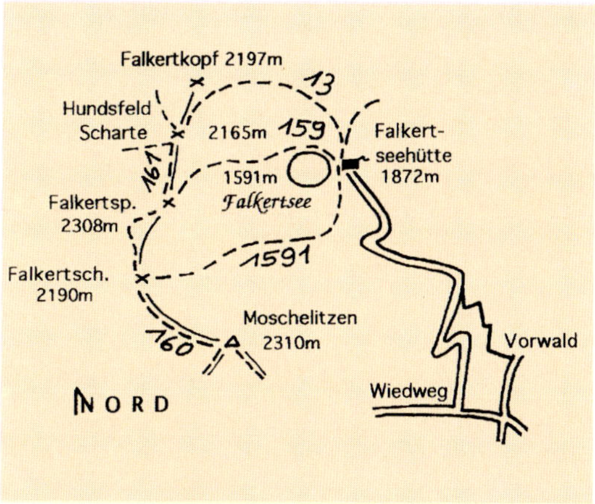

Markierung 161) über den Tanzboden zum Falkert-Schutzhaus (1552 m) und auf dem Talsträßchen zurück zum Ausgangspunkt an der Talstation des Brunnach-Sessellifts. Eine herrliche Höhenrunde, auch für Familien mit größeren Kindern. 5–6 Stunden, unschwierig.

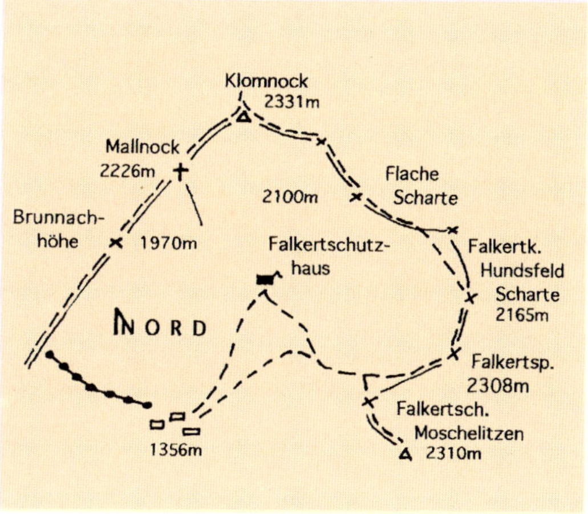

Tour auf einen Blick

Ausgangspunkt:
Ist immer die Falkertseehütte, 1872 m, die von Ebene Reichenau oder Patergassen oder Radenthein/Bad Kleinkirchheim über Wiedweg bzw. Vorwald mit dem Pkw erreicht wird.
a) Von der Hütte auf dem Weg Nr. 13 in die Hundsfeldscharte, 2165 m, und zum Gipfel der Falkertspitze, 2308 m.

b) Weg Nr. 159 am See vorbei, direkt zum Gipfel.

c) Weg Nr. 1591 in die Falkertscharte, 2190 m, und auf Weg Nr. 160 zum Gipfel Moschelitzen, 2310 m.
Verschiedene Abstiegsvarianten bzw. Rückweg zum Falkertsee.
Höhenunterschiede gering, unter 500 m.
Gehzeit jeweils 2 bis 3½ Stunden, unschwierig.

Auf dem „Normalanstieg" zum Großen Rosennock (2440 m)

Eine geradezu klassische Nockbergwanderung stellt die Besteigung des Großen Rosennock von der Erlacherhütte, 1636 m, zum Naßbodensee und über die „zahme" Südseite zum Gipfel dar.
Die mächtige Berggestalt des Großen und des benachbarten Kleinen Rosennock erhebt sich nördlich von Radenthein im Winkel zwischen Koflachgraben und Langalmtal. Der Große Rosennock ist mit 2440 m nur um einen Meter niedriger als der höchste Nockgipfel, der Eisenhut. Die umfassende Aussicht zeigt fast alle Gebirgsgruppen Kärntens, dazu im Norden die Schladminger Tauern und den Dachstein, im Süden die Julischen Alpen und das beinahe zu Füßen liegende Gipfelmeer der Nockberge.

Die Tour bietet keine Schwierigkeiten, verlangt aber doch etwas Ausdauer.

Tourenbeschreibung:
Von Radenthein fahren wir das schmale kurvenreiche Sträßchen hinauf in das reizende Bergdörfchen Kaning (1023 m) und 12 km weit durch das Langalmtal direkt bis zur Erlacherhütte in 1636 m Höhe. Auf der Fahrt nach Kaning fallen uns besonders schöne Bauernhäuser mit den typischen Vorratskästen auf.
Bei der Erlacherhütte fühlen wir uns im Zentrum des Nockgebietes. Schneeflecken zieren die Gipfel, es ist Juni, also erst der Beginn der Wanderzeit, um so mehr freuen wir uns auf die erste Bergblumenpracht in den Hängen des

Auf den Gipfel des Großen Rosennock

Rosennock. Und siehe da, kaum eine Viertelstunde sind wir auf dem markierten Güterweg (Nr. 170) unterwegs, tauchen im Kalkfels der Zunderwand große leuchtendgelbe Blüten des Petergstamm auf. Es sind wahre Riesenexemplare, und ihr intensives Goldgelb wetteifert mit dem Blau des Himmels. Die Lärchen legen eben das zarteste Grün an. Vergnügt und unbeschwert geht es zunächst noch den Güterweg gemächlich aufwärts, entlang der hellen dolomitenhaften Kalkfelsabstürze der Zunderwand. Wir folgen inzwischen der Wegmarkierung Nr. 171, die uns direkt unter die Abstürze der Wand führt. Zwischen den Schneeflecken tauchen herrliche Kuhschellenblüten auf, und die besonnten Hänge leuchten rot vom Frühlingsheidekraut. Knapp unter dem Naßbodensee biegen wir nach links (Weg Nr. 13) und steigen durch eine Latschenzone hinauf zum See. Holzbänke und -tische laden zur Rast ein, und gerne bleiben wir ein wenig an diesem wunderschönen Fleckchen mitten im Herzen der Nockberge.
Der Kontrast zwischen dem schroffen Kalk der Zunderwand und den abgerundeten Urgesteinsformen des Großen und Kleinen Rosennock erhöht noch den Reiz des Naßbodensees. Hangaufwärts windet sich der Weg in die gestufte Südflanke des Großen Rosennock, schroff stürzen Nord- und Ostseite in die Kare ab. Mit jedem Höhenmeter wird die Aussicht umfassender, der letzte Wegabschnitt gestaltet sich durch die gewaltige Gipfelschau sehr kurzweilig. Wenig später erreichen wir den Gipfel, den ein eisernes Kreuz ziert. Von den noch tief verschneiten Hohen Tauern bläst ein kühles Lüftchen herüber, doch im Windschatten wärmen die Sonnenstrahlen angenehm. Die beim Gipfelkreuz angebrachte Tafel weist folgenden Spruch auf:

„Freude dem, der kommt.
Friede dem, der hier verweilt.
Segen dem, der weiterzieht."

Errichtet vom Singkreis Ebene Reichenau – Juni 1982.
Sattgrün leuchten die Wiesen und Matten aus

dem Liesertal und Leobengraben herauf, die Wolkenwattebäusche wetteifern mit den Schneeflecken auf den Nocken. Lange genießen wir den Bergfrühling auf dem Gipfel des Großen Rosennock, um so mehr, als wir ihn heute ganz allein für uns haben. Wir wandern denselben Weg zurück, verweilen nochmals beim Naßbodensee, erfreuen uns bald darauf wieder an den wunderschönen Frühlingsboten und gelangen an den zu Tal eilenden und rauschenden Schmelzwassern vorbei zum Ausgangspunkt zurück. Gehzeit 6–8 Stunden.

Die „andere Tour" auf den Großen Rosennock (2440 m)

Fährt man von Radenthein kommend nach Kaning und weiter in den Koflachgraben, dann gelangt man an die Westseite des Großen Rosennock, die einen zwar steilen, aber raschen Anstieg auf den Gipfel vermittelt.

Tourenbeschreibung:
Ein strahlend schöner Spätherbsttag verleitet uns, diese Kurztour auf den Großen Rosennock zu unternehmen. Von Radenthein-Kaning kommend, fahren wir auf dem Güterweg in den Koflachgraben. Hier blühen noch die vielen Fenster- und Balkonblumen an den alten Bergbauernhäusern. Doch die Lärchen

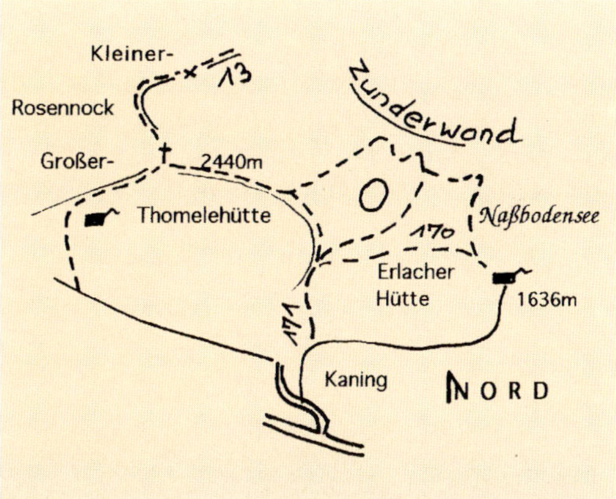

Touren auf einen Blick

Ausgangspunkt:
a) Ist die Erlacher Hütte, 1636 m, die von Radenthein kommend über Kaning durch das Langalmtal erreicht wird. Zuerst Weg Nr. 170, dann Nr. 171, unter der Zunderwand, weiter Weg Nr. 13 über den Naßbodensee, 2029 m, zum Gipfel, 2440 m. Gleicher Rückweg.
Höhenunterschied knapp 800 m.
Gehzeit insgesamt 6 Stunden, unschwierig, etwas Ausdauer erforderlich.

b) Unweit der Tonis Hütte, 1688 m, im Koflachgraben, in diese von Radenthein Richtung Kaning.
An der Wendenalm vorbei auf Steigspuren etwa 2 Stunden zum Gipfel.
Gleicher Rückweg.
Höhenunterschied etwa 750 m.
Gehzeit insgesamt 4 bis 5 Stunden, unschwierig.

Motiv unweit der Wendenalm auf der „anderen" Seite des Rosennock

Seite 129: Charakteristisches Nockbergenmotiv; aufgenommen vom Plattnock aus gegen Nordosten, mit Blick auf die Nockalmstraße (Eisentalhöhe) und in die Lungauer Berge

leuchten schon im Goldgelb, dunkelbraun gefärbt sind die Bergmatten, und eine glasklare Herbstluft gewährt ausgezeichnete Fernsicht. Herbstzauber empfängt uns, als wir beim Schranken den Motor abstellen. Mächtig ist der Höhenauftrieb, und rasch streben wir bergwärts, um den steilen breiten Gratrücken zu erreichen, der einen leichteren Aufstieg gestattet. Bald bleibt die Waldzone unter uns. Schweißtreibend ist der Aufstieg, jeder von uns sucht sich einen eigenen Weg. Noch 300 Höhenmeter, schätzen wir, müssen bis zum Gipfel überwunden werden. Wir verlassen den Rasenbereich und steigen steil in eine Blockhalde ein. Über Geröll und Felsrippen gewinnen wir gut an Höhe, bald stoßen wir sogar auf ein angenehmes Steiglein, das unter dem Vorgipfel in sanftes Gelände führt. Noch einige Stufen höher, und wir stehen zufrieden beim Gipfelkreuz.

Lange genießen wir die wärmende Herbstsonne und die Sicht über die nahe Millstätter Alpe zu den Julischen Alpen mit dem markanten Mangart, über das gegenüberliegende Großleobeneck zu den Hohen Tauern, über das Plattnock nach Nordwesten und Norden zu den Niederen Tauern usw.

Bis auf die Hochalmspitze weist fast kein Gipfel Schnee und Eis auf; der schöne Herbst hat für diesen, Ende Oktober, so seltenen Anblick gesorgt. Beim Abstieg halten wir uns, nachdem wir die Geröllzone passiert haben, wieder an den rasigen Gratrücken, der bequem in die Tiefe führt. Bei einer Steilstufe, bevor der Waldgürtel beginnt, blicken wir auf das Quellgebiet des Wendenbaches hinunter. Silbrigglänzend färben die Strahlen der Nachmittagssonne die netzartig im Sumpfgelände zusammenlaufenden Wässerchen. Ein kleiner silbriger Tümpel als Sammelbecken dienend, aus dem bereits ein kleines Bächlein eilig zu Tal fließt, vervollständigt dieses reizvolle Bild. Geradewegs durch den lockeren Bergwald hinunter und dann den Güterweg entlang. So kehren wir zum Parkplatz zurück. Gehzeit 4–5 Stunden.

Quellgebiet des Wendenbaches unterhalb des Rosennockgipfels

Auf das Plattnock (2316 m) vom Koflachgraben aus

Tourenbeschreibung:
Anfahrt von Radenthein und vor Kaning links in den Koflachgraben. Der Weg führt den Koflachbach aufwärts (Nr. 169) über mehrere sanfte Geländestufen in ein breites, almdurchsetztes Hochtal zur Kaninger Wolitzenalm mit der gleichnamigen Hütte und zwei reizenden Seen. Der Fahrweg ermöglicht ein gemütliches Wandern, und nach 1 Stunde vom Parkplatz aus erreicht man die Hütte. Eindrucks-

Tour auf einen Blick

Ausgangspunkt:
Von Radenthein Richtung Kaning und in den Koflachgraben bis zum Schranken, knapp unter 1700 m.
Zunächst Weg Nr. 169 bis zur Kaninger Wolitzenalm, 2070 m, dann Weg Nr. 17 zum Gipfel, 2316 m, wählen.
Rückweg wie Aufstieg bzw. verschiedene Varianten möglich.
Höhenunterschied knapp über 600 m.
Gehzeit insgesamt 4 bis 6 Stunden, unschwierig.

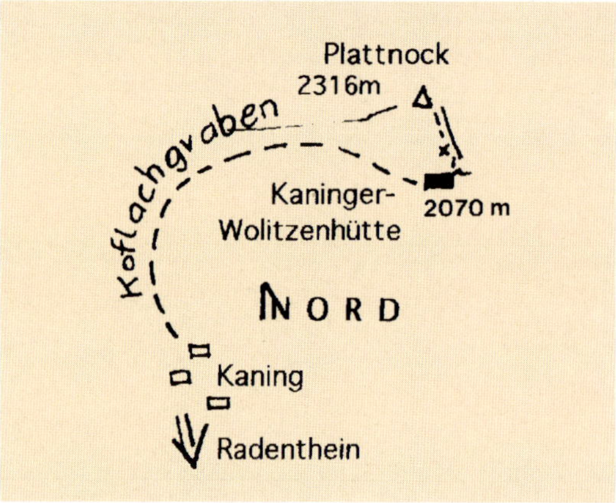

voll bauen sich die beiden Rosennocke sowie der Bergkamm mit dem Großleobennock, Saunock und Plattnock längs des Weges beiderseits auf. Bei Schönwetter lohnt es sich, im Hütten- und Seenbereich zu verweilen, der Gipfel des Plattnock ist leicht zu erreichen und nur $^1/_2$ Stunde von der Hütte entfernt. Man sollte auf diesen Gipfel allerdings nicht verzichten, denn er ist wie fast alle Nockgipfel ein hervorragender Aussichtsberg. Murmelpfiffe und Speikgeruch begleiten uns auf dem angenehmen Weg zum Plattnock. Der Tourenaufzeichnung entnehmen wir die folgende Gipfelschau, die man vom Plattnock erleben kann:
Hoch über der Autobahnbrücke, die im Liesertal den Leobengraben überspannt, sieht man die Reißeckgruppe, Hochalm- und Hafnergruppe, weiters die Radstätter Tauern; alle weiteren höheren Gipfel des Lungaues, die Schladminger Tauern und den Dachstein, viele weitere Gipfel der Niederen Tauern, den Zirbitzkogel, alle Nockberge, die Karawanken und die Lienzer Dolomiten.
Nachfolgend verschiedene Abstiegs- bzw. Weiterwandermöglichkeiten:
Muß man nicht in den Koflachgraben zurückgehen, ergeben sich von hier aus weitere interessante Wanderungen: zum Beispiel über das Hochplateau der Wolitzenalm (Weg Nr. 17) bis zum Thörl, das den Weiterweg zum Naßbodensee bzw. zur Erlacherhütte vermittelt. Besonders schön und beeindruckend ist der Abstieg vom Thörl, unmittelbar bei den Kalkabstürzen der Zunderwand. Wir sind bei spätherbstlichem Wetter diesen Weg gegangen, die Kalkwände waren zauberhaft mit Rauhreif überzogen und stellenweise mit langen Eiszapfen geschmückt.
Oder man wandert von den Hochflächen der Wolitzenalm auf derselben weiter bis zum Gipfelkreuz der Zunderwand. Auch eine sehr lohnende Wanderung, weil sich vom Gipfel interessante Tief- und Nahblicke auftun! Der Abstieg vom Gipfel ist zwar steil, aber markiert. An einer Weggabelung kann man sich für den Abstieg zur Erlacherhütte oder für den Weitermarsch auf Weg Nr. 13 zur Erlacher Bockhütte vorbei am Agerkopf zur Oswalder Bockhütte – Brunnachalm – St. Oswald entscheiden; oder zuerst Weg Nr. 13, dann 14 wählen und das Pfannock (2254 m) besteigen. Von hier aus führt ein Abstieg zu den kleinen Pfannseen, und es geht ein Rückweg zur Brunnachalm nach St. Oswald.
Eine weitere Variante ist, vom Pfannsee zum Unteren Oswalder Bocksattel, über die Kirchheimer Wolitzenalm zur Grundalm an der Nockalmstraße abzusteigen; oder zum oberen Bocksattel gehen und Weg Nr. 15 folgen mit Aufstiegsmöglichkeit zum Klomnock (2331 m) bzw. zur Schiesetelscharte und Nockalmstraße.
Ein dichtes, bestens markiertes Wegnetz überzieht dieses schöne weitläufige Gebiet, das für kurze und ebenso für ausgedehnte Wanderungen mit und ohne Gipfelbesteigung geeignet ist. Dank der Aufstiegshilfen von St. Oswald herauf und der Nockalmstraße wandern an schönen Sommertagen „Prozessionen“ von Ausflüglern zu den leicht erreichbaren Gipfeln. Gehzeit zwischen 4 und 6 Stunden.

Links: Preiselbeere (Vaccinium vitis-idaea)
Rechts: Moosbeere (Vaccinium uliginosum)

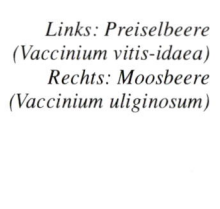

Der Große Königstuhl, der Dreiländerberg (2336 m)

Auf dem Gipfel des Großen Königstuhl

Obwohl er von mehreren Nockbergen an Höhe übertroffen wird, bietet der Königstuhl aufgrund seiner günstigen Lage ein zu Recht gerühmtes Panorama. Die Besteigung des Großen Königstuhles, auf dessen Gipfel die Grenzen Kärntens, der Steiermark und Salzburgs zusammenlaufen, ist auf verschiedenen Wegen möglich.

Einige Tourenvorschläge in Kürze:

- Einen besonders günstigen, hochgelegenen Ausgangspunkt erschließt der von Innerkrems ausgehende Sessellift. Von seiner Bergstation (2120 m) erreicht man zu Fuß in wenigen Minuten den Gipfel des Grünleitennock (2160 m). Fast einzusehen vom Grünleitennock ist auch der Weiterweg zum Königstuhl. Zunächst kurzer Abstieg zur Grünleitenscharte (ca. 2040 m), dann geht es bergan zum Friesenhalssee und zur Königstuhlscharte, etwa 1 Stunde Gehzeit. Hier trifft man auf den AV Weg 125, der über den Westgrat in einer $^1/_2$ Stunde zum Gipfel leitet. Zum Abstieg bieten sich ebenfalls mehrere Varianten an. Steigt man ab nach Innerkrems bzw. zur Talstation des Grünleitennock-Liftes, hält man sich auf der Königstuhlscharte rechts und folgt weiter der Markierung 125, die zwei Graterhebungen, die Friesenhalshöhe (2246 m) und den Seenock (2260 m) überquert, sich dann aber – die Kammhöhe verlassend – steil hinab gegen die Saureggeralm wendet. Weiter auf gutem Weg, Markierung 116, talauswärts. Beim Anwesen „Stockreiter“ überquert man den Kremsbach und erreicht das zur Hoffmanns-Hütte führende Sträßchen, an dem knapp 1 km

Der Rosaninsee am Fuße des Großen Königstuhl

Tour auf einen Blick

Ausgangspunkt:
a) Innerkrems, mit Sessellift zur Bergstation, 2120 m.
Über das Grünleitennock, 2160 m, zur Grünleitenscharte und nach Weg 118 zum Friesenhalssee.
Aufstieg zur Königstuhlscharte und zum Großen Königstuhl, 2336 m.
Höhenunterschied gering, da Sesselliftauffahrt.
Gehzeit zum Gipfel $1^1/_2$ bis 2 Stunden.

b) Eisentalalm an der Nockalmstraße.
Auf schmalem Pfad Richtung Eisentalhöhe, nach 200 m halbrechts über den Hang zu Viehzaun.
Jenseits des Zaunes noch 100 m, dort Beginn eines nicht markierten Steiges.
Auf diesem bis zum Weg 122 von Karlbad und weiter nach 122 bis zum Weg 118, diesem rechts folgend zum Gipfel.
Gehzeit 3 Stunden.

westlich die Liftstation liegt. Eine weitere Variante, den Königstuhl zu besteigen, bietet sich von der Zechneralm (1930 m) an. Von hier wandert man zunächst in etwa 45 Minuten zum Friesenhalssee und weitere 45 Minuten auf den Gipfel.

• Bequem auf den Königstuhl gelangt man vom höchsten Punkt der Nockalmstraße, der Eisentalhöhe (2180 m). Oberhalb des Parkplatzes findet man einen Durchlaß in der Abzäunung und folgt dem Steig über grasige schattenlose Hänge zum Gipfel. Gehzeit etwa 20 Minuten.

• Eine weitere interessante Wanderung zum Großen Königstuhl ist auch von der Eisentalalm, an der Nockalmstraße gelegen, möglich. Man stellt auf der Eisentalalm sein Fahrzeug ab und geht zunächst auf schmalem Pfad nach Norden aufwärts in Richtung Eisentalhöhe. Nach ca. 200 m wendet man sich halbrechts und wandert nordöstlich über den Hang in leicht überschaubarem Gelände bis zu einem Viehzaun, den man in einer Mulde an einem burgartigen Felsen gut überqueren kann. Nun noch ca. 100 m in nördlicher Richtung am Zaun entlang; dort beginnt ein schmaler, nicht markierter Steig, der sich leicht abwärts in nördlicher Richtung am grasbewachsenen Osthang der Eisentalhöhe zur Friesenalm hinzieht und an einem Viehzaun endet. Man folgt ihm nach Osten, bis man zu einem Durchstieg auf den vom Karlbad heraufkommenden Weg 122 trifft. Auf diesem leicht aufwärts bis zum Weg 118, der von der Grünleitenscharte herüberkommt; diesem folgt man dann in südöstlicher Richtung zum Großen Königstuhl. Gehzeit insgesamt 3 Stunden.

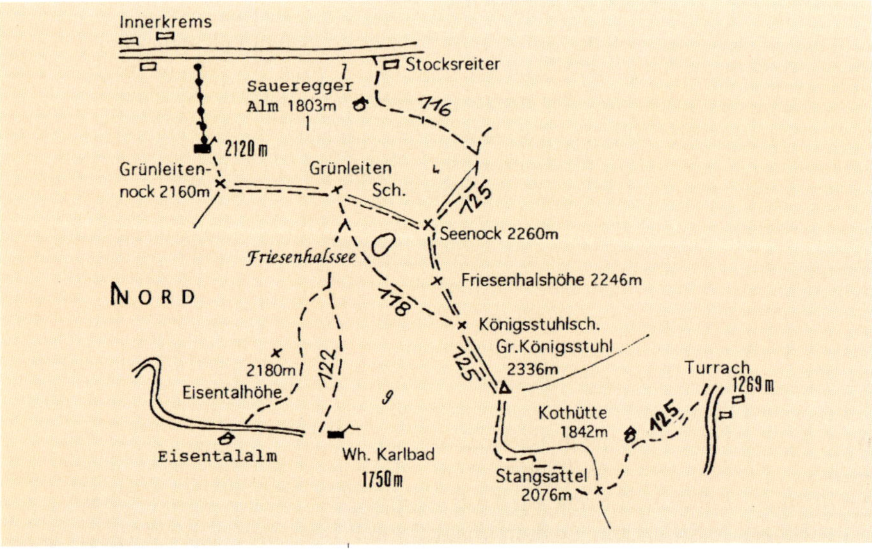

Vom Ort Turrach auf den Großen Königstuhl

Auf dem Karlnock, mit Blick zum Nachbargipfel, den Großen Königstuhl

Von den vielen bekannten Anstiegen zu diesem interessanten Aussichtsberg wurde schon berichtet. Hier soll eine längere, weniger begangene und kaum bekannte Wanderung beschrieben werden.

Tourenbeschreibung:
Ausgangspunkt ist der Ort Turrach, 1269 m. Am oberen Ortsende geht rechts – deutlich beschildert – eine schmale Straße in den Werchzirbengraben. Bereits nach 1 km versperrt ein Schranken die Weiterfahrt. Ausgedehnte Waldungen mit gepflegten Aufforstungen begleiten uns an einem schwülen Frühsommertag. Für den Nachmittag sind schwere Gewitter angekündigt, daher müssen wir zügig marschieren. Die breite Forststraße macht ein rasches Fortkommen möglich. Der Nesselbach ist gebändigt bis zur Wildbachverbauung. Hier wechseln wir über eine Brücke auf die andere Bachseite und folgen einem kleinen Pfad. Wild rauschen jetzt die Wasser. Wir treffen auf die Skiabfahrt nach Turrach und folgen weiter einer angenehmen Forststraße. Beiderseits des Wegrandes blühen viele Bergblumen, heimische Orchideen, Storchschnabel u. a. m. Wir erreichen die deutlich gekennzeichnete Abzweigung Winkleralm, Großer Königstuhl und wenden uns rechts, Nr. 125 folgend, in den Bergwald. Im Frühsommer gibt es noch viel Schmelzwasser, oft ist der Weg ein kleiner Bach. Die Markierung läßt keine Wünsche offen, so daß es nicht weiter stört, umgefallenen Baumriesen und Geäst ausweichen zu müssen. Über eine morsche Holzbrücke querend, folgen wir einem uralten, oft kaum mehr vorhandenen Knüppelweg. Kein Windhauch kühlt uns, die Luft steht förmlich. Der Pfad kreuzt eine Forststraße und führt uns in lichten Zirbenwald. Knapp unter den Kothütten, 1842 m, wandern wir durch herrlich blühenden Almrauschbestand, der uns über die steile Flanke bis fast unter den Stangsattel begleitet. Die Markierung führt uns in eine breitere Rinne und von dort über Rasenrücken direkt in den Sattel. Weiter orientierten wir uns zuletzt nur nach den roten Marken, Pfad war keiner zu erkennen. Nur 2¹/₂ Stunden haben wir vom Parkplatz bis hierher benötigt, außer einigen Fotopausen haben wir keine Rast eingelegt.

Tour auf einen Blick

Ausgangspunkt:
Ist der Ort Turrach, 1269 m.
Beim Ortsende, Richtung Turracher Höhe, Hinweisschild „Großer Königstuhl“, Weg Nr. 125 beachten.
Nach 1 km Schranken, von hier zu Fuß weiter auf dem Weg Nr. 125 und in 1¹/₂ bis 2 Stunden in den Stangsattel, 2076 m.
Von da in 1 Stunde über den Gipfel des Karlnock zum Großen Königstuhl, 2336 m.
Abstieg wie Aufstieg.
Oder Varianten, z. B.: Weg Nr. 125 über Friesenhalshöhe, 2246 m, und Seenock, 2260 m, zum Grünleitennock, 2160 m, nach Innerkrems.
Oder vom Seenock Abstieg über die Saueggeralm, 1803 m, nach Innerkrems.
Höhenunterschied über 1100 m.
Gehzeit insgesamt bis zu 8 Stunden, unschwierig, Ausdauer erforderlich.

Wegweiser im Bereich des Stangboden, am Fuße des Stangnock

Linker Hand baut sich der rotfelsige Gipfel des Gregerlnock auf, und rechts (südlich) sind es die Felskare des Stangnock, die den Blick etwas einengen. Unter einem Stacheldraht hindurch wandern wir an zwei Unterstandshütten vorbei, rasten kurz bei einer Quelle und genießen diesen Weg über den Stangboden, der eine genußvolle Höhenwanderung durch Latschenfelder und Almwiesen bietet. Ein neues Wegkreuz weist auf die Abzweigungen zum Karlbad (Weg Nr. 117, 1 Stunde), in den Schneegrubsattel und zum Großen Königstuhl. Aus den Wänden des Stangnock pfeifen uns die Murmeltiere nach, sie können sich kaum beruhigen. Heiß brütet die Sonne in die Rasenhänge des Karlnock, dessen Gipfel ein schmuckloses Holzkreuz aus Knüppeln „ziert". Von da sehen wir unser heutiges Ziel, und in $^3/_4$ Stunde, vom Stangsattel aus gerechnet, erreichen wir den Großen Königstuhl. Insgesamt waren wir $3^1/_2$ Stunden unterwegs.

Im Norden bauen sich dunkle Wolken auf, und nach kurzer, aber eindrucksvoller Gipfelschau treten wir den Rückweg im Sinne des Aufstieges an. Nach der rosaroten Almrauschpracht tauchen wir wieder in den jetzt kühlen Zirben- und Bergwald ein, springen über kleine Bäche hinunter zur Forststraße und in der Mittagshitze zum Ausgangspunkt zurück. $2^1/_2$ Stunden haben wir für den Abstieg benötigt. Gesamtgehzeit 6–8 Stunden.

Blick vom Wöllaner Nock zur Kaiserburg ober Bad Kleinkirchheim

Westliches Nockgebiet

Wöllaner Nock (2145 m)

Tourenbeschreibung:
Südlich über Kleinkirchheim erhebt sich der Wöllaner Nock, der höchste Gipfel der Afritzer Berge. Die Kaiserburgbahn erleichtert wesentlich die „Besteigung“ dieses Nockberges. Von ihrem Endpunkt aus hat man nur mehr 40 Minuten Aufstieg. Das markierte Weglein verläuft über die dem Wöllaner Nock vorgelagerte Kuppe der Kaiserburg (2055 m), die ihren Namen einigen großen an dieser Stelle abgelagerten Marmorblöcken verdankt. Beim Abstieg folgt man dem AV-Steig 167, der gegen Westen zur Walderhütte (1667 m) hinableitet. Unterhalb einer unbenannten Kuppe (2000 m), die man nördlich umgeht, zweigt rechts im spitzen Winkel ein blau markiertes

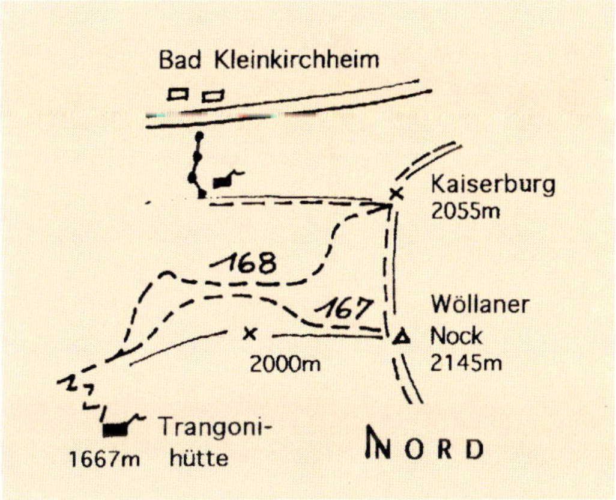

Weglein ab. Es leitet ohne größeren Höhenunterschied durch die Westflanke des Wöllaner Nock zum Ausgangspunkt zurück. Gehzeit $1^1/_2$–2 Stunden.

Aufstieg zum Wöllaner Nock, von Arriach aus

Tour auf einen Blick

Ausgangspunkt:
Von Bad Kleinkirchheim mit der Gondelbahn bis zur Bergstation, 1915 m.
Weiter über Kaiserburg, 2055 m, zum Gipfel des Wöllaner Nock, 2145 m, in weniger als 1 Stunde.
Abstiegsvarianten über Weg Nr. 167 Richtung Trangonihütte, 1667 m, und zur Bergstation der Gondelbahn zurück (Weg Nr. 168), oder vom Gipfel zur Walder Hütte, 1960 m, und Abstieg nach Arriach.
Höhenunterschied unbedeutend.
Gehzeit je nach Variante mindestens 2 Stunden, unschwierig.

Teilansicht von Arriach am Fuße des Wöllaner Nock

Wieser Nock (1974 m) und Priedröf (1963 m)

Tour auf einen Blick

Ausgangspunkt:
Ist die Kirche von St. Oswald bei Bad Kleinkirchheim, 1319 m.
Auf markierten Wegen Nr. 6 bzw. 16 und 1623 zur Scharte, 1730 m, und auf Weg Nr. 1 über den Wiesernock, 1974 m, zum Priedröf, 1963 m.
Rückweg Nr. 3 nach St. Oswald (Staudach) bzw. verschiedene Varianten möglich.
Höhenunterschied über 600 m.
Gehdauer bis zu $4^1/_2$ Stunden, bei Liftbenützung entsprechend kürzer, unschwierig.

Tourenbeschreibung:
Der Priedröf, südlichste Kuppe auf dem leicht wanderbaren Höhenrücken zwischen St. Oswald (1319 m) und dem Langalmtal, läßt sich in mehrere Rundwanderungen einbeziehen. Eine empfehlenswerte Runde beginnt an der Kirche von St. Oswald und folgt dem markierten Weg 6 bzw. 16 (AV 1623) bergwärts zur Scharte (1730 m), von der dortigen Wegespinne weiter auf Weg Nr. 1 über den Wieser Nock zum Priedröf, $2^1/_2$ Stunden. Die Benützung der Nockalmbahn verkürzt den Aufstieg um ca. 2 Stunden.
Vom Gipfel hat man prächtige Tiefblicke auf Millstätter See, Brennsee, Afritzer See und auf den Ort Radenthein. Die Runde läßt sich entweder über Wieserberg, Markierung 163, und den „Hohen Schartenweg", Markierung 162, bis zur Scharte fortsetzen, um sich dann wieder

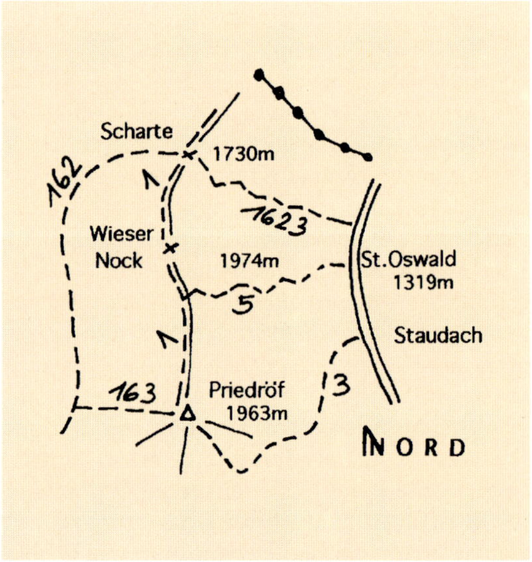

auf den Anstiegsweg zurückzubegeben, oder man nimmt vom Priedröf den Direktabstieg, Weg Nr. 3, hinab nach St. Oswald (Staudach). Als Alternativen bieten sich für die Bergabwanderung Weg Nr. 4 über die Nockalm-Hütte oder Weg Nr. 5 über die Südostflanke des Wieser Nock an, 4$^{1}/_{2}$ Stunden.
Benützt man von St. Oswald den Sessellift zur Brunnachhöhe (1902 m), so kann man bequem über das Spritzegg zur Wegespinne auf der Scharte gelangen. Von dort setzt man dann seine Höhenwanderung, wie vorstehend wahlweise beschrieben, fort. Sämtliche Wanderungen in diesem Gebiet vermitteln eine Vielzahl landschaftlicher Eindrücke und eignen sich besonders für Familien.

Die Millstätter Alpe auf ruhigen Wegen

Die Millstätter Alpe, der Aussichtsbalkon über dem Millstätter See, ist bei schönem Ausflugswetter beliebtes Ziel von jung und alt. Kein Wunder, erreicht man doch die kaum über 2000 m hohen Gipfel wie Tschiernock, Hochpalfennock, Millstätter Alpe bereits nach kurzen Anstiegen, denn die meisten Ausgangspunkte wie Hansbauerhütte, Sommereggerhütte, Lammersdorfer Hütte, liegen allesamt über 1600 m.
Ausgangspunkt: Von Gmünd nach Eisentratten und weiter mit dem Pkw in den Nöringgraben zum Nöringtörl (1666 m), ca. 3 km östlich des Gasthauses Thomanbauer.
Der roten Markierung, Weg Nr. 194, folgend durch den Wald, später im Almgelände an der Brandlochalmhütte vorüber zum „Törl", ca. 1900 m (Kreuz), zwischen Hochpalfennock und Kamplnock, 1$^{1}/_{4}$ Stunden. Ganz nahe die Millstätter Hütte des AV Spittal, 1876 m, bewirtschaftet vom 15. Juni bis 15. September (Unterkunft für 14 Personen). Nun nach roter Markierung am Kamplnock vorbei (oder über diesen) nach Südosten zum Grünen Törl und auf den Gipfel der Millstätter Alpe (2091 m) 1 Stunde, zusammen ca. 2$^{1}/_{4}$ Stunden; zum „Törl" zurück 1 Stunde und nach Markierung über den Hochpalfennock und eine weitere Erhebung auf den Tschiernock (2088 m), großes Kreuz, 1$^{1}/_{4}$ Stunden, insgesamt 4$^{1}/_{2}$ Stunden.
Rückkehr zum Ausgangspunkt: auf demselben Steig vom Tschiernock zum „Törl" und zum Nöringtörl 2$^{1}/_{4}$ Stunden, insgesamt ca. 7 Stunden.
Zur Rückfahrt kann die bessere, aber kurvenreiche Straße am Magnesitbruch vorbei durch die Schlucht des Kaningbaches nach Radenthein genommen werden, unterwegs Abzweigung nach Kaning-Dorf (1023 m).

Tourenbeschreibung:
Wir fahren von Radenthein kommend Richtung Kaning, biegen aber vor dem Ort links westwärts ab und fahren auf einem schmalen Sträßchen durch den Schwarzwald Richtung

Wegweiser auf dem Nöringtörl

Touren auf einen Blick

Ausgangspunkt:
a) Ist Gmünd/Eisentratten. Mit dem Pkw in den Nöringgraben und zum Nöringtörl, 1666 m. auf dem Weg Nr. 191 ins Törl, 1904 m, und von hier in wenigen Minuten zur Millstätter Hütte, 1876 m.
Auf dem Weg Nr. 191 entweder zum Hochpalfennock, 2099 m, oder auf die Millstätter Alpe, 2091 m.
Verschiedene Wander- und Abstiegsvarianten.

b) Ist Radenthein, Richtung Kaning zum Magnesitbruch und Nöringtörl.
Weiter wie unter a).
Geringe Höhenunterschiede.
Gehzeit je nach Variante bis zu 7 Stunden, unschwierig.

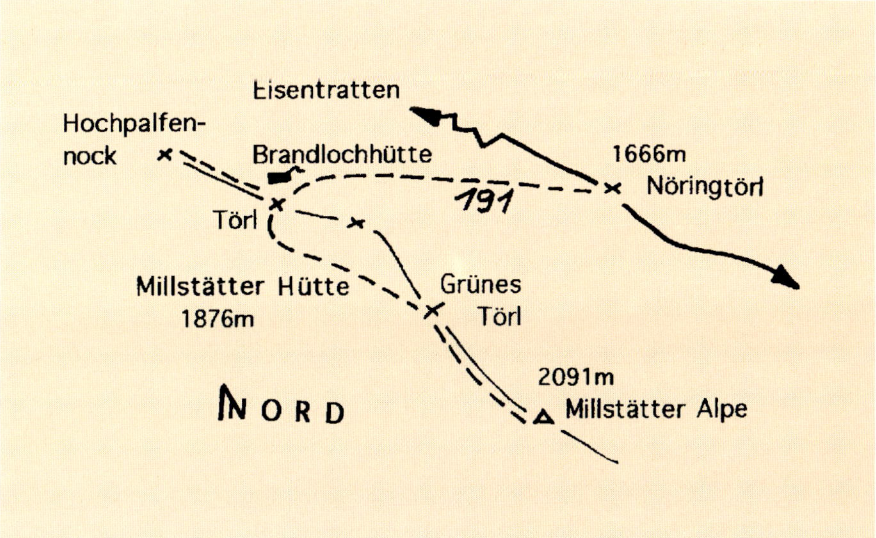

Die Millstätter Hütte unweit des Milltätter Törl am Fuße des Kamplnock

Magnesit-Bergwerk. Das zunächst enge Tal weitet sich, je höher wir kommen. Die schlechte Straße erlaubt nur ein langsames Fahrtempo. An den Halden des Bergwerkes vorbei, gelangen wir in das Nöringtörl. Im Gegensatz zur Südseite der Millstätter Alpe parken nur wenige Autos, dies ist uns sehr recht, denn stabiles Schönwetter und die Ruhe der Berge garantieren somit ein nettes Wandererlebnis. Ostseitig grüßt der Rabenkogel (2059 m) herunter, er leitet den Gebirgszug ein, der über das Großleobennock und Saunock zum Plattnock führt. Mit Ausnahme des letzteren Gipfels weisen die übrigen keinen Nockcharakter auf, es sind eher scharfe Schneiden. Der Wegweiser gibt als Gehzeit zum Millstätter Törl $1^1/_2$ Stunden an. Durch lockeren Hochwald windet sich ein angenehmes Weglein bergwärts. Es folgt freundliches Almgelände mit zahlreichen Wassertümpeln, wenig später bleibt der Wald gänzlich zurück, und das ganze weite Almengelände der Millstätter Alpe wird sichtbar. Vieh lagert im saftigen Weideland. Im Westen leuchtet hellweiß der Gipfel der Hochalmspitze auf. Wir wandern ganz allein und freuen uns über den schönen Bergsommertag. Das Weglein geht nun in einen Güterweg über, der uns zum 1905 m hoch gelegenen Millstätter Törl führt. Ab hier ist es mit der Bergesstille urplötzlich vorbei, wie in einem Ameisenhaufen kommen wir uns vor, so wimmelt es von Ausflüglern und Halbschuhtouristen. Wir reihen uns ein und gelangen über sanftes Rasengelände und zuletzt über einige Felsstufen zum Gipfelkreuz des Kamplnock (2101 m).

Bei dem massiven Holzkreuz halten wir Rundschau. Im Westen und Norden erkennt man die einzelnen Gipfel der Hohen Tauern, das Maltatal mit der gewaltigen Staumauer, der Kölnbreinsperre, die Lungauer Berge und viele mehr. Zu unseren Füßen liegt die Millstätter Hütte (1876 m), dicht besetzt sind die Bänke von fröhlichen Menschen. Und ein kleiner Zipfel des Millstätter Sees blitzt auch in der Mittagssonne herauf.

Wir wandern den Höhenrücken, der sich vom Kamplnock zur Millstätter Alpe in südöstlicher Richtung hinzieht, weiter; wir wollen auf einem anderen Weg, einfach unmarkiert im Gelände, zum Ausgangspunkt Nöringsattel zurückkommen. Vorbei an roten Blütenpolstern von Seifenkraut und blauen Wasseraugen, in denen sich Wolken und Wanderer spiegeln, geht es abwechslungsreich fast eben dahin, weidende Pferde geben uns dabei das Geleit. Gegen Nordosten wird nun ein weiter Bereich von Nockbergen sichtbar, davon am auffälligsten der von hier sehr sanfte Rücken des Rosennock.

Den Abstieg bewältigen wir unschwierig zunächst über freies, fast ebenes Almgebiet, später über Steilstufen in den Wald hinunter zum Parkplatz. Auf dieser „wilden“ Route taucht besonders auffällig der lange Rücken des mehrgipfeligen Gebirgszuges des Mirnock im Südosten auf. Keine Frage, daß wir bei diesem

„Nebelwald"stimmung auf dem Weg zum Mirnock

Abstecher querfeldein keine Menschenseele angetroffen haben. Die Weiterfahrt vom Nöringsattel aus nach Nöring und Eisentratten vermittelt interessante Eindrücke von einem recht selten besuchten Teil des Nockgebietes. Gehzeit je nach Variante bis 7 Stunden.

Auf steilem Weg zum Rindernock (2024 m)

Unmittelbar vor dem Afritzer See von Villach kommend, verlassen wir die Straße nach Radenthein und fahren zunächst in westlicher Richtung am Campingplatz vorbei auf schmalem Sträßchen bergwärts. Wir sind sehr spät im Herbst unterwegs, daher ist die Mautstelle unbesetzt, und so geht es, ohne den üblichen Obolus entrichten zu müssen, zügig den Lierzberg hinauf. Zähe Herbstnebel kleben am Berghang, melancholisch stimmt auch so manch aufgelassener Bergbauernhof.
Bald darauf stoßen wir durch den Nebelvorhang und parken bei den in warmes, herbstliches Sonnenlicht getauchten Hütten der Wieseralm. Golden leuchten die Lärchen, es grüßen die bekannten „Nocke" aus nah und fern.

Tourenbeschreibung:
Der markierte Weg Nr. 183 führt uns von der Wieseralm an auffällig mächtigen Exemplaren von Lärchen durch Block- und Felsgelände steil bergauf. Umfassend ist die Aussicht in das Gipfelrund, als wir dem Gratrücken zum Gipfel folgen. Die verschiedenen Pfade, die hier heraufführen, sind schon längst vereinsamt an diesem späten Oktobertag. In aller Ruhe genießen wir die Gipfelrast. Ein „wilder" Abstieg auf teilweise guten Steigen in zunächst nordwestlicher, später südlicher Richtung zur Wieseralm bringt neue interessante Eindrücke von dieser Seite des Mirnock. Die Dauer der Wanderung beträgt etwa $3^1/_2$ Stunden.

Tour auf einen Blick

Ausgangspunkt:
Ist die Wieseralm, 1600 m, die von Afritz oder Radenthein erreicht wird.
Aufstieg nach Weg 183 steil zum Rindernock, 2024 m.
Weiterweg zum Mirnock möglich.
Höhenunterschied rund 500 m.
Gehzeit 3 Stunden.

Über das Bodeneck zum Mirnock (2110 m)

Um den Aufstieg übers Bodeneck zum Mirnock zu erreichen, kann man entweder von Döbriach am Millstätter See oder aus dem Drautal über Ferndorf–St. Paul–St. Jakob durch die Streusiedlung Gschrieb zum Gasthof Possegger (1222 m) fahren.

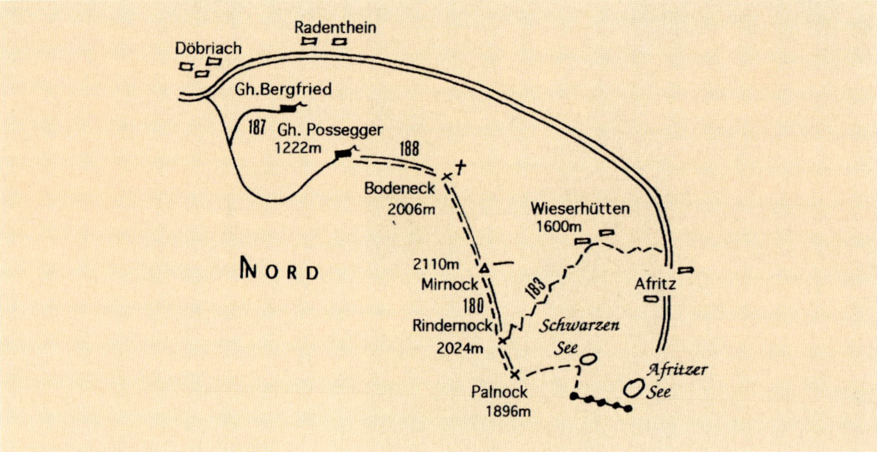

Touren auf einen Blick

Ausgangspunkt:
a) Vom Drautal oder von Radenthein über die Streusiedlung Gschriet zum Gasthaus Possegger, 1222 m.
Auf markiertem Weg Nr. 188 über das Bodeneck, 2006 m, zum Gipfel des Mirnock, 2110 m.
Abstieg auf derselben Route.
Höhenunterschied fast 900 m.
Gehzeit 4$^1/_2$ bis 5 Stunden.

b) Von Afritz mit den Verditz-Sesselliften bis zur Mittelstation in etwa 1300 m oder gleich bis zur Bergstation in rund 1800 m.
Über die Friesneralpe, 1828 m, auf markiertem Weg Nr. 180 zum Palnock, 1896 m.
Weiter über den Rindernock zum Mirnock (2110 m).
Verschiedene Abstiegsvarianten.
Höhenunterschied gering.
Gehzeit mindestens 2$^1/_2$ Stunden, unschwierig.

Tourenbeschreibung:
Wir wählen die Anfahrt von Döbriach aus. Wir folgen dem asphaltierten Sträßchen bis zum Parkplatz beim Gasthof Possegger. Triefende Nässe und Nebeldunkelheit empfangen uns hier, vom vielgerühmten Tiefblick zum Millstätter See hinunter kann bei der heutigen Waschküche keine Rede sein. Laut Wetterbericht liegt die Nebelobergrenze bei 1400 m, darüber herrscht laut Vorhersage strahlend schönes Spätherbstwetter, daher gehen wir hoffnungsvoll über Wiesen steil in den dichten Wald hinein. Die dicke Nebelsuppe ist förmlich zum Riechen. Im Wald folgen wir dem steilen Weg. Nach etwa $^1/_2$ Stunde lichtet sich der Nebel, und plötzlich bricht die Sonne durch. Ihre Strahlen leuchten durch die Fichten, und bald darauf wandern wir im sonnigwarmen Spätherbsttag. Flechtenbärte bewegen sich leise, der lichter werdende Wald gibt den Blick frei über das wogende Nebelmeer zu den vielen Gipfelzacken der Steiner und Julischen Alpen. Preiselbeeren versüßen den Aufstieg zum Bodeneck. Der Blick in Richtung Großglockner und das Gipfelmeer ringsum begleitet uns, während der beständige Bodennebel jede Sicht in die Tiefe zum Millstätter See unmöglich macht. Wo bleibt heute das berühmte Wetterloch über dem See? Über ockerfarbene Rasenhänge, an ausgetrockneten Tümpeln vorbei, gelangen wir auf einer breiten Hochfläche an der Südseite des Kammes sanft ansteigend zum Mirnock. Knapp über 2 Stunden haben wir gebraucht bis in die sonnenüberflutete Gipfelregion. Zufrieden treten wir nach einer ausgiebigen Gipfelschau den Rückweg im Sinne des Aufstieges an. Der Mirnock ist wirklich ein lohnendes Bergziel, egal von welcher Seite man auch immer den Aufstieg wählt.

Der große Berg Mirnock (2110 m)

Tourenvarianten in Kürze:
Von Afritz auf Bergstraße mit Pkw oder mit den Verditz-Sesselliften bis in eine Höhe von 1300 m. Nun nach roter Markierung durch Wald zum hübschen kleinen Schwarzen See (1971 m), 1$^1/_2$ Stunden, und nach blauen Marken über den Kamm zur Friesner Alpe (1828 m), $^1/_2$ Stunde. Weiter nach Westen auf dem Kamm zum 1896 m hohen Palnock, $^1/_2$ Stunde, zusammen 2$^1/_2$ Stunden.
Rückkehr zum Ausgangspunkt auf dem Anstiegsweg.

Weitere Mirnocktouren:
Zufahrt vom Afritzer See auf Güterweg zu den Wieserhütten (1600 m), von dort Markierung auf den Rindernock (2024 m, steil), 1$^1/_4$ Stunden, und $^1/_2$ Stunde über den Kamm zum Mirnock, insgesamt 1$^3/_4$ Stunden.
Von Gassen und Kroa bei Afritz führen mehrere markierte Steige zum Palnock, ca. 3–4 Stunden (steil).

Der vielgipfelige Mirnock von der Gerlitze aus, dazwischen die Ortschaft Arriach mit der katholischen und evangelischen Kirche

Register

Bildnachweis:
Sämtliche Fotos stammen vom Autor

Die Deutsche Bibliothek – CIP-Einheitsaufnahme

Katschner, Bert:
Die schönsten Bergtouren im Lungau und Nockgebiete / Engelbert Katschner. – Graz ; Wien ; Köln : Verl. Styria, 1994
ISBN 3-222-12248-2

Printed in Austria
Graphische Gestaltung: Franz Hanns, Wien
Lithographie: Repro Team, Graz
Satz: Zehetner Ges. m. b. H., Oberrohrbach
Druck und Bindung: Wiener Verlag, Himberg
ISBN 3-222-12248-2